아버지의 그림자:

삼전도 항복과 조선의 국가정체성 문제

삼전도 항복과 조선의 국가정체성 문제

아버지의 그림자

사□계절

병자호란 때 조선은 왜 전투다운 전투도 거의 없이 허무하게 패했을까? 한국 역사에 관심이 있다면, 누구라도 마음에서 솟구치는 의문 가운데 하나이다. 나도 학창 시절 한때는 그렇게 생각했다. 정신만 제대로 차리고 응전했다면 항복까지는 피할 수 있지 않았겠는가, 라는 안타까움이 뒤섞인 마음이었다. 하지만 대학교 사학과에 진학하고 머지않아 생각이 변했다. 당시 양국의 군사력은 비교 자체가 무의미할 정도로 워낙 차이가 컸다는 사실과 마주했기 때문이다. 그러자 질문도 자연스레 달라졌다. 어차피 상대가 안 되는 걸 알면서, 그래서 질 줄 뻔히 알면서도 왜 굳이 전쟁을 불사하여 치욕을 당했을까? 당연한 의문이었다. 물론 이에 대한 설명은 널리 알려져 있었다. 이를테면, 척화라는 헛된 명분론에 빠져서 끝내 나라를 망쳤다는 진단이다. 시세를 제대로 읽지 못한 척화론을 헛된 명분론으로 치부하여 부정적으로 보았으니, 당연히 주화론이야말로 현실을 직시한 현명한 선택이라는 양단 구도 같은 설명이 마치 정설처럼 회자하였다.

그런데 나로서는 그런 설명이 별로 마음에 와닿지 않았다. 일국을 다스리는 최고 위정자들이 바보일 리는 없다. 오히려 그들은 대체로 영리하고 상황 파악도 빠르며, 과단성이나 지도력도 남다른 편이다. 권력을 쥔 자들이야말로 이해관계에 따른 계산이 매우 빠른 법이다. '현실'에서 권력을 쥔 자는 본능적으로 '현실적'이기 마련이다. 척화·주화 논쟁 구도에서 대개 인조와 그 측근, 곧 최고위 공신 세력이 주화를 주장한 것도 그런 이치라 할 수 있다. 그런데 대간을 중심으로 들불처럼 일어나 척화를 외친 자들도 모두 조선의 최상위를 점한 최고 엘리트 기득권층이었다. 고위 공신 중에도 척화를 부르짖은 이가 적지 않았다. 당시의 논쟁을 공신 대 비非공신의 대립 구도로 단순화하여 보기 어려운 이유이다. 따라서 역사가라면 척화론을 표피적으로만 이해할 게 아니라, 그들이 무엇을 위해 (무엇을 지키려고) 승산도 없는 전쟁을 선택했는지 그 진짜 속내를 찬찬히 들여다볼 필요가 있다.

현대인이 보기에는 준비도 안 된 상태에서 무조건 싸우자는 주전主戰, 곧 척화론이 헛된 명분론처럼 보일 수도 있다. 하지만 당시 다수의 위정자에게도 그것이 과연 헛된 명분론에 지나지 않았을까? 무엇과 대조해 볼 때 헛되다는 얘기인가? 조선왕조라는 나라를 기준으로 볼 때 헛되다는 의미인가? 하지만 우리 개개인은 항상 나라를 가장 중시하는가? 목숨이나 명예, 재산이나 기득권을 유지할 수만 있다면 나라야 망하건 말건 자기 잇속을 먼저 생각한 사례는 인류 역사에 헤아릴 수 없을 정도로 많다. 따라서 척화론을 헛된 명분론이라 몰아세우려면, 지금보다는 훨씬 더 구체적이고도 분명한 판단 기준과 논증이 필요하다.

국가를 개인으로 축소해 보아도 마찬가지다. 개인의 목숨을 기준으로 삼아 헛되다는 뜻인가? 하지만 지금도 자기 목숨을 스스로 버리는 사람은 얼마든지 있다. 자살률은 한국이 세계 1등인 지 벌써 오래다. 그렇다면 자살은 모두 헛된 행위일까? 일본 경찰에 붙잡혀 고문 끝에 죽임을 당한 독립투사의 죽음이 헛된 행위일까?

자기 목숨을 버릴지언정 동료의 이름 불기를 거부한 그의 선택이 헛된 명분일까? 그렇지는 않을 테다. 그렇다면 헛되다는 의미는 무엇인지, 헛되다고 판난하는 주체는 과연 누구인지, 실권을 잡은 자들이 왜 자기들 기득권을 완전히 잃을지도 모를 일에 굳이 목숨을 걸었는지, 또는 왜 그럴 수밖에 없었는지 등을 심도 있게 탐구할 필요가 있다. 그래야 척화론의 본질과 그 역사적 의미를 제대로 이해할 수 있을 테다.

이 책에서는 조선왕조의 국가정체성이라는 시각에서 이 문제에 접근한다. 조선의 국가정체성이라면, 곧 조선을 독점적으로 지배하던 양반 엘리트 지배층의 정체성과 불가분의 관계이다. 또한 그런 정체성은 당시 조선의 양반 지배 구조와도 직결되어 있었다. 삼전도 항복을 일회성의 치욕으로 간주할 수 없었던 이유도 바로 이런 정체성 문제의 근간이 뿌리째 흔들린 너무나도 중대한 사안이었기 때문이다. 이런 문제의식이 바로 이 책의 출발점이다.

더 나아가, 이 책에서는 그런 역사적 경험을 현재 대한민국 시점으로 끌어와, 정치적 양극화 현상의 심각성과 유비하며 대화를 시도한다. 지금도 대한민국의 국가정체성 문제에 대한 진정한 합의가 안 된 상태인지라, 정치판과 온 나라가 극단적 대립으로 치닫는다고 진단할 수 있다. 이 책은 국가정체성 문제라는 프레임으로 조선과 한국을 연결하여 통시적·역사적으로 유비하며 이해하는 작업의 조그마한 결실이다.

이런 의문과 문제의식이 컸기 때문이었을까? 나도 미처 몰랐는데, 지금까지 나는 병자호란이나 그 후유증에 대한 논문을 적잖이 발표하였다. 이를테면, 중원이 오랑캐에게 더럽혀졌으니 이제 조선만이 진정한 중화라는 자부심을 강조하던 '조선중화' 의식을 비판적으로 다루었다. 명 황제의 은덕을 기리고 사대 의리를 지키려는 의례인 대보단大報壇의 설립과 운용 및 그 역사적 의미를 통시적으로 고찰하였다. 삼전도 항복의 엄청난 충격과 그로 인한 정신적 공황 상태 및 그런 트라우마를 해소하려는 맥락에서 등장한 북벌론의 실상도 비판적으로 검토하였다. 북벌 운동마저 실패한데 따른 이중 트라우마를 벗어나기 위한 몸부림의 하나로 나타난 현상, 즉 수치스러운 역사적 경험을 자랑스러운 성공의 역사로 윤색한 의도적 '기억 조작' 사례도 일부 발굴하여 학계에 소개하였다. 해당 논문을 모아보니 예닐곱 편이 훌쩍 넘는다. 학술 저서에서도 일부 다루었다. 그래서 그것을 한데 묶어 책으로 발전시켰다.

　　나는 지금까지 모두 여섯 권의 저서를 출간하였다. 『조선시대 해외파병과 한중관계』(2009), 『정지된 시간: 조선의 대보단과 근대의 문턱』(2011), 『우리가 아는 선비는 없다』(2011), 『중종의 시대: 조선의 유교화와 사림운동』(2014), 『모후의 반역: 광해군 대 대비폐위 논쟁과 효치국가의 탄생』(2021), 『유자광, 조선의 영원한 이방인』(2인 공저, 2023) 등이다. 모두 애초부터 저서로 쓰겠다고 구상한 후에 작업을 시작하였다. 나의 집필 스타일이 그렇다. 그런데 이 책은 내 인생에서 처음 시도하는 방식을 따랐다. 이미 개별적으로 발표한 논문들을 한데 모아 기승전결의 완성도를 갖추어 저서로 묶는 새로운 작업이었다. 새로운 스타일이라 호기심도 은근하였다. 하지만 책을 구상하고도 선뜻 실행에 옮기지는 못했다. 다른 집필 작업이 눈앞에 줄줄이 매달려 있었기 때문이다.

그런데 우연히 사계절출판사의 이창연 선생과 연이 닿았다. 나의 구상을 말씀드리자마자 그 자리에서 선뜻 출간에 동의하셨다. 이미 발표한 연구를 토대로 한 집필이기에, 한두 달 정도 집중하면 탈고할 줄 알았다. 하지만 역시 책은 책이었다. 기승전결을 잘 갖춰서 책의 완성도를 높이기 위해서는 새로운 장章도 집필해야 했고, 이미 발표한 논문일지라도 전후 문맥을 충분히 고려해 '리모델링'하는 작업이 만만치 않았다. 차라리 늘 해오던 방식대로 처음부터 책을 구상하고 집필하는 편이 더 낫겠다는 생각이 이따금 나를 엄습하였다. 그러다 보니 탈고하기로 한 날짜를 두어 차례 미룰 수밖에 없었다. 그래도 재촉 없이 조용히 기다려주신 이창연 선생께 감사드린다. 또한 사계절출판사 인문팀, 함께 책을 만든 박다애·신종식 디자이너 및 여러 담당자 분들께도 깊은 감사를 드린다.

2024년 5월

계승범

왜 국가정체성 문제인가?

왜란과 호란은 조선뿐만 아니라 동아시아 국제 질서에 중대한 변화를 일으킨 전쟁이었다. 조선(1392~1910)으로서도 당연히 미증유의 전란이었다. 국제 질서의 변동을 촉발했을 뿐만 아니라, 내부적으로도 두 전란은 조선왕조의 근간을 심각하게 흔들었다. 전쟁터는 언제나 조선이었기 때문이다. 전쟁을 종식하는 협상 과정에서도 조선은 상대국과 대등한 위치를 점하지 못했다. 임진왜란(1592~1598) 중의 평화협상 과정에는 제대로 참여하지도 못했다. 종전 방식도 일본이 자국 안팎의 정세 변화에 따라 전격적으로 철수했을 뿐이지, 무슨 조약에 따른 결과는 아니었다. 이에 비해 병자호란을 종식하는 방식은 맹약 체결이었으며, 사실상 조선의 항복이었다.

동아시아 국제 질서 맥락에서 볼 때, 두 전쟁은 비슷하면서도 사뭇 달랐다. 임진왜란은 중원의 제국 질서를 바다 건너 남쪽에서 공격한 전대미문의 전쟁이었다. 다만 명(1368~1644)과 조선이 연합한 물리력이 일본의 도전을 물리칠 만하였기에, 중원 중심의 동아시아 국제 질서라는 전통적 패러다임 자체는 건재하였다. 전통 질서의 획기적 변화는 19세기 말 청일전쟁(1894~1895) 때까지 약 300년이라는 시간이 더 필요했다.

이에 비해 병자호란(1636~1637)은 만주Manchu의 청(1636~1912)이 중원에 자리한 기존의 명과 전면전을 치르기 전에 후방의 한반도를 먼저 아우르기 위한 침공이었다. 거란(요, 916~1125)·여진(금, 1115~1234)·몽골(원, 1271~1368)이 중원을 본격적으로 침공하기 전에 한반도의 고려(918~1392)를 먼저 공격하거나 외교적 압력을 가한 패턴의 연장이었다. 한반도를 확실하게 제압하지 않고는 중원의 새로운 패자霸者로 군림하기 어려운 지정학적 요인이 컸다. 누가 중원의 새로운 패자가 되는가의 문제였지, 중원을 중심으로 한 동아시아 국제 질서 패러다임의 변화는 아니었다.[1]

중원에서 제국이 바뀔 때면 고려는 그것을 천명天命으로 간주하여 새로운 제국 질서에 동참하였다. 때로는 전쟁도 마다하지 않았지만, 결국에는 새로운 패권국의 질서에 순응하는 현실적 결정을 내리곤 하였다. 고려가 조공을 바치고 책봉을 받은 중원의 제국은 무려 아홉 나라였다. 5대에 속하는 후당-후진-후한-후주 등은 차치하더라도, 송(960~1279)에서 요로, 요에서 금으로, 금에서 원으로, 원에서 명으로 황제국(책봉국)을 수시로 바꾸는 등 고려는 형세에 따라 태도를 바꾸는 '갈아타기 선수'였다. 한 예로, 귀주대첩에서 거란군을 궤멸한 후에 고려 조정이 취한 외교 노선이 거란제국을 새로운 황제국으로 인정하고 책봉·조공 관계를 맺은 사실을 들 수 있다. 몽골과는 40년을 싸웠어도, 결국에는 원이 주도하는 새로운 국제 질서에 순응한 것도 마찬가지 맥락으로 이해할 수 있다.

이처럼 고려 '선배'들은 황제국을 수시로 바꾸면서도 윤리적·이념적 부담은 거의 없었다. 그런데 약 300년 후 조선 '후배'들은 명의 쇠락과 청의 흥기를 천명이 바뀐 결과로 인정하기를 단연코 거부하였다. 심지어 남한산성에 고립된 극한 상황에서조차 차라리 여기서 함께 죽자는 극단적 척화론이 수그러들 줄 몰랐다. 도대체 왜 그랬을까? 조선 전기(15~16세기) 200여 년 사이에 한반도의 지배 엘리트들에게 무슨 일이 있었던 것일까?

고려 선배들이 형세에 따라 중원의 패자를 황제로 인정한데 반해, 조선 후배들은 갈아타기를 완강히 거부하며 스스로 이념적·윤리적 공황 상태에 빠졌다. 이는 한반도 지배 엘리트들의 중화中華 인식에 어떤 중대한 변화가 발생했음을 강하게 시사한다. 그게 아니라면 조선 후비들도 명·청 교체를 천명에 따른 결과로 수용했을 것이다. 어쩌면 고려가 금의 요구를 받아들여 전쟁을 피한 것처럼 병자호란이 발생하지 않을 수도 있었다.

흔히들 중화의 요건으로 공간(중원)·종족(한인漢人)·문화(유교) 세 가지를 거론하는데, 고려 선배들은 종족 요인을 별로 개의치 않았다. 중원의 패자가 수시로 바뀌는 상황에서는 굳이 종족 문제를 고민할 필요가 크지 않았기 때문이다. 누구라도 중원의 새로운 패자로 떠오르면, 종족과 무관하게 (한인이 아니더라도) 그것을 천명에 따른 결과로 받아들였다.

그러나 조선은 달랐다. 조선인이 보기에 명은 단순히 강대국 차원을 넘어, 하-은-주-한-당-송-명으로 이어지는 유교적 중화 문명의 주인공, 곧 중화 문명국이자 천자국天子國이었다. 특히 조선에서는 종족 변수를 중시한 주자학적 화이관華夷觀이 매우 강고하였다. 그 결과 16세기에 접어들 무렵에는 명·조선 관계의 본질을 이전의 군신 관계에 부자 관계를 추가해 이해하기 시작했다. 충忠과 효孝에 동시에 기초한 이른바 군부君父·신자臣子 관계로 이념화한 것이다.

그런데 군신 관계(충)와 부자 관계(효)에는 근본적 차이가 있었다. 군신 관계는 군주의 태도 여하에 따라 가변적이었다. 군주가 왕도를 떠나 악을 행하고 간쟁을 듣지 않으면 신하 스스로 군신 관계를 끊고 떠날 수 있었다. 심지어 반정反正이나 역성혁명易姓革命도 가능했다. 곧 충은 영원불변의 절대적 가치가 아닌, 상대적 가치였다. 이에 비해 부자 관계는 부모가 아무리 패악하더라도 자식으로서는 관계를 스스로 끊을 길이 유교적 테두리 안에서는 없었다. 이렇게 효는 상황을 초월하는 영원불변의 절대적 가치였다. 바로 이 점이 조선이 고려 때와 달리 황제(천자)를 바꾸는 데에 심각한 이념적 부담을 가진 이유였다.[2]

17세기 전반 명·청 교체라는 격변기를 맞아 조선이 명과 청 사이에서 이해득실을 주체적으로 따지기보다는 형세에 상관없이 무조건 명에 사대事大하고 청을 배척할 수밖에 없었던 것은 바로 이 때문이었다. 충효에 기초한 사대 의리를 포기하지 않는 한, 윤리·이념적으로 볼 때 조선이 취할 대응 방법은 명과 운명을 함께하는 것 외에는 없었다. 정묘호란(1627) 때 조선은 위기를 모면하고자 후금(1616~1636)과 형제 관계를 맺었다. 여기까지는 받아들일 수 있는 일이었다. 그러나 홍타이지Hong Taiji(皇太極, 1592~1643)가 대청大淸을 천명한 뒤 새롭게 요구한 군신 관계는 도저히 용인할 수 없는, 패륜 그 자체였다. 위기에 처한 아버지(명)를 돕기 위해 자식(조선)이 바로 달려가기는커녕 아버지를 죽이려는 원수(청) 앞으로 나아가 머리를 조아린 것이 삼전도 항복(1637)의 핵심 본질이었다.

바로 이런 점 때문에 조선의 엘리트들은 삼전도 항복을 병가지상사兵家之常事로 치부할 수 없었다. 국가의 수치 차원을 넘어, 소중화小中華라는 조선왕조의 레종데트르raison d'être(존재 이유)를 스스로 파기한 데 따른 이념적 공황에 빠질 수밖에 없었다. 당시에는 조국이니 민족이니 하는 개념이 없었다. 그렇다 보니 조선왕조의 존망보다 더 중요한 가치가 적잖이 존재하였다. 대표적인 예가 바로 중세적 '보편 문명', 곧 중화였다. 구체적으로는 한인이 주도하는 유교적 중화 문명이었다. 조선이 지리적으로는 중화의 바깥 곧 이적夷狄의 땅에 자리했지만, 문화 차원에서는 어엿한 소중화로서 중화의 일원이라는 의식이 깅고하였다. 조선이 명에게 사대한 이유는 명을 그런 유교적 보편 문명의 담지자로 인식했기 때문이지, 그들이 초강대국이었기 때문만은 아니었다. 1644년 명의 몰락을 조선인이 그저 한 제국의 멸망이 아니라 천붕天崩, 곧 하늘이 무너진 일로 받아들인 이유도 바로 그런 문명 의식 때문이었다. 이 점이 바로 남한산성에서도 척화론이 강고했던 까닭이다.

유교 사회 조선에서 육두문자를 제외하고 가장 심한 욕은 "의리 없는 놈"일 터였다. 의리란 인간관계의 본질이자 기본 윤리다. 가정에서 의리를 지켜야 할 최고 대상은 부모이며, 그것이 바로 효이다. 국가 사회에서는 그 대상이 군주이고, 그것이 바로 충이다. 군위신강君爲臣綱과 부위자강父爲子綱 같은 핵심 윤리 강령에 그 관계가 잘 드러난다. 따라서 "의리 없는 놈"이란 바로 인간의 도리를 지키지 않는 사람에 대한 비난이고, 그래서 인간이 아니라는 뜻의 심한 욕이다. 이는 곧 "금수만도 못한 놈"과 일맥상통한다.

이처럼 조선의 문명론적 이념 무장이 워낙 철저했기에, 삼전도 항복은 일회성의 치욕으로 끝날 수 있는 사안이 아니었다. 성문을 열고 항복하러 나가는 순간 인조仁祖(재위 1623~1649)와 대신들은 이미 인간이기를 포기하고 금수를 자처한 패륜적 존재로 전락할 터였다. 그래서 죽음을 불사하자는 척화론이 한겨울 산성에 갇혀 얼어 죽고 굶는 상황에서도 쉬이 식지 않았다. 물론 이런 명분론의 기저에는 양반사대부가 주도하는 조선의 지배 구조를 지키려는, 즉 기득권을 놓을 수 없다는 현실적 의도도 강하게 작동하였다.[3] 이들이 자신의 이해관계를 관철하기 위해 공개적으로 제시한 합리화의 명분이 바로 명에 대한 의리론이었다는 사실에 주목할 필요가 있다. 또한 그 사대 의리야말로, '중원의 중화 제국은 반드시 한인이 세운 나라여야 한다'라는 종족 변수가 조선에서 매우 강하게 작동했음을 잘 보여준다.

이로부터 조선왕조에서 왜란과 호란이 갖는 의미상의 중대한 차이가 발생했다. 왜란은 7년간 조선을 전쟁터로 바꾸어놓고 막대한 물질적 타격을 입혔다. 하지만 정신적으로는 군부·신자 관계라는 이론이 현실에서 제대로 작동하고 있음을 증명하며, 조선 엘리트들의 명에 대한 사대 의리와 명을 중심으로 한 중화 의식이 더욱 확고해지는 기틀을 제공하였다. 이른바 재조지은再造之恩 논리는 그 좋은 예이다.[4] 이에 비해 호란의 물질적 피해는 왜란보다 훨씬 덜했으나, 정신적 충격이 심대하였다. 교화를 받은 소중화의civilized 국왕이 야만의barbaric 오랑캐에게 항복한 사건은, 더욱이 북경에 엄존하는 명 황제를 배신하고 그의 원수인 청 황제에게 머리를 조아렸다는 사실은 조선 조야朝野에 심각한 충격을 안겼다. 지난 200여 년 동안 조선왕조는 사민士民에게 충·효라는 유교적 기본 가치를 줄기차게 강조했으며, 국왕은 명 황제를 군부로 섬기면서 그 실천을 가시적으로 솔선수범하였다. 그런데 삼전도 항복으로 말미암아 국왕 인조와 그 측근 핵심 세력은 조선왕조의 정체성을 송두리째 부정하는 '패륜'을 범했다. 후폭풍은 거셀 수밖에 없었다. 조선은 심각한 이념적 공황에 빠졌으며, 끝내 그 충격을 온전히 극복하지 못한 채 개항(1876)을 맞았다고 해도 과언이 아니다. 이 책은 바로 이런 역사 과정에 대한 보고서라 할 수 있다.

20세기가 저물도록 병자호란을 천착한 단행본은 하나뿐이었다. 1986년 국방부에서 한국사의 주요 전쟁을 군사사軍事史 시각에서 다룬 시리즈의 하나로『병자호란사』를 펴냈다.[5] 책의 구성은 전쟁의 배경을 설명하고 그 영향을 분석하는 전형적인 전쟁사 서술 구조를 따랐으며, 각각의 전투와 전황을 꽤 구체적으로 탐구하였다. 실증 면에서 다소 오류가 있기는 해도, 전투와 협상을 중심으로 병자호란을 파악하기에는 지금도 유효한 책이다.

이후 21세기에 들어와 지금까지 모두 세 종의 학술서가 나왔다. 2009년에 한명기가『정묘·병자호란과 동아시아』를 출간한 데 이어, 2019년에는 불과 달포 사이에 두 권의 학술서가 출간되었다. 2월 말에 구범진이『병자호란, 홍타이지의 전쟁』을, 4월 초에는 허태구가『병자호란과 예, 그리고 중화』라는 굵직한 연구서를 냈다.[6] 그때까지 병자호란을 총체적으로 다룬 책이『병자호란사』하나뿐이었음을 고려할 때, 지난 10여 년 사이에 세 학자가 내놓은 개별 학술서들은 학계의 경사라 할 수 있다.

이 책들은 연구 시각과 내용에서 각기 독특한 장점을 자랑한다. 한명기의 연구는 한반도에서 벌어진 일대 사건을 동아시아 차원으로 확대 조명하여 병자호란 연구의 지평을 넓혔다. 구범진의 연구는 그동안 국내 시각 일변도라는 접근법의 한계를 훌쩍 뛰어넘어, 침공의 당사자인 홍타이지(청 태종)를 주인공으로 삼아 청의 의도와 전황을 정치하게 살폈다. 허태구의 연구는 새로운 진전을 이루었다. 전쟁 당사자의 입장을 밝히거나 관점을 확대하는 차원을 넘어, 병자호란과 척화론의 의미를 '유교적 예禮와 중화 인식'이라는 사유 체계 맥락에서 조명하였다.[7]

영어권 학계에서도 병자호란을 다루기는 하지만, 연구가 그다지 활발한 편은 아니다. 무엇보다도 병자호란을 청과 조선 사이에서 발생한 독자적 사건이 아니라 청이 중원을 공격하는 과정에서 조선을 무력으로 평정한 사건, 다시 말해 청이 장기간에 걸쳐 전개한 중원 정복 전쟁 중 후방에서 발생한 부수적 사건으로 치부하기 때문이다. 병자호란을 직접 다룬 논문이 거의 없다시피 한 현실은 그 당연한 결과이다.[8]

한국사에서 병자호란의 중요성은 이를 나위도 없다. 전쟁의 결말인 삼전도 항복이 조선왕조의 역사 진행 과정에 끼친 엄청난 후유증 때문이다. 솔직히, 조선 후기 정치·지성사의 흐름은 병자호란이 남긴 충격에서 벗어나거나 혹은 그 충격을 상쇄하기 위한 자기 몸부림이었다고 해도 지나치지 않다.[9] 북벌이니 소중화니 하는 시대적 담론은 삼전도 항복과 명·청 교체의 충격에서 벗어나려는 자구책의 대표적 사례였다. 엄밀히 말해서, 조선왕조는 수명을 다하고 역사의 뒷장으로 넘어갈 때까지도 후유증을 완전히 해소하지 못했다. 항복의 후유증이 그토록 오랫동안 심각하게 작용한 이유는 그 사건은 일회성으로 끝날 치욕 정도가 아니라, 조선왕조의 국가정체성 문제와 직결된 사안이었기 때문이다. 병자호란이라는 전쟁 그 자체보다는 삼전도에서 행한 항례降禮가 조선 조야에 훨씬 더 크고 깊은 충격을 주었다.

이 책의 「2장. 광해군 대 말엽 외교 노선 양상과 정사 논쟁, 1618~1622」는 명과 후금 사이에서 조선의 지배 엘리트들이 보인 인식의 실상과 논쟁의 성격을 천착한다. 명과 후금 사이에서 조선이 어떤 노선을 취할지는 인조반정(1623) 전부터 이미 중차대한 사안이었다. 광해군光海君 재위(1608~1623) 마지막 5년 동안 국왕과 신료들이 극한의 대립까지 불사한 최대 현안이었다. 갈등은 급기야 신료들이 무력으로 국왕을 몰아내는 극단적 방식으로 결말이 날 정도로 심각했고 폭력적이었다. 따라서 삼전도 항복의 전후 맥락을 제대로 이해하기 위해서는 광해군 대의 외교 노선을 둘러싼 논쟁의 실상과 성격을 그 배경으로 파악할 필요가 있다. 특히 여기서는 외교 노선 논쟁을 정사正邪 논쟁 구도로 몰고 간 광해군과 신료들의 논리에 주목한다. 주자학적 유교 국가에서 어떤 논쟁이 정론과 사론의 대립 구도로 붙었다면 이미 절충의 여지가 없는, 그래서 어느 한쪽이 다른 한쪽을 척결해야만 결론이 난다는 뜻이었다.

　　「3장. 정묘호란의 동인과 목적, 1623~1627」은 호란의 I라운드라 할 수 있는 정묘호란을 다루되, 후금이 조선을 갑자기 침공한 이유를 집중적으로 고찰한다. 예전에는 정묘호란의 동인으로 인조 정권이 광해군과는 달리 친명배금親明排金 정책을 분명히 한 점을 강조하였다. 이런 데에는 광해군의 '중립 외교' 노선이 적절했다고 주장한 역사가들의 시각이 한몫했다.[10] 하지만 구체적 증거는 별로 없다. 이후의 수정주의 해석에서는 후금 내부의 경제 사정을 전쟁의 주요 원인으로 꼽는 경향이 강했다. 1620년대 내내 만주를 강타한 심한 가뭄으로 인해 주요 물가가 폭등하자, 이를 해결하기 위해 조선을 침공했다는 것이다.[11] 전쟁을 일으킨 당사자인 후금 내부의 동향에 주목한 것은 고무적이나, 이 또한 구체적 증거는 허약하다. 이 장에서는 이런 기존 견해를 모두 비판하고, 침공의 주체인 홍타이지의 생각과 전략에 초점을 맞춰 새롭게 고찰한다. 정묘호란의 동인은 9년 후 병자호란의 동인과도 곧바로 연동되기에, 제대로 파악해둘 필요가 있다.

「4장. 척화론의 양상과 명분, I627~I642」에서는 정묘호란 이후 조선을 뒤덮은 척화 논의의 양상을 그 논리 구조를 중심으로 고찰한다. 전황이 불리하여 마지못해 후금과 강화했으나, 조야에서는 강화가 아니라 사실상 항복이라는 인식이 편만하였다. 조정도 그런 여론을 무시할 수는 없었기에, 이후 후금과의 관계에서 어정쩡한 태도를 취했다. 맹약에 따라 세폐를 보내면서도 척화 여론을 의식하여 세폐 품목과 물량을 축소한 것이 대표적이다. 이로 인하여 후금의 반발을 사는 것은 물론, 조정 안팎의 두 적대 세력(척화와 주화) 사이에서 우왕좌왕하며 확실한 선택을 주저하였다. 한동안은 모호한 태도가 일정 부분 유효했다. 후금이 요서 지역에서 명과 대치하는 동안에는 조선을 전면적으로 침공하기 쉽지 않았기 때문이다. 그러나 홍타이지가 국호를 청으로 바꾸고 스스로 황제를 칭한 I636년 봄 이후, 조선은 양자택일이 불가피한 상황으로 급속히 빨려 들어갔다. 군부의 나라인 명이 엄존하는데 그 원수인 청과 군신 관계를 맺어야 하는 급박한 상황은 척화 논의에 기름을 끼얹었다. 이제라도 전쟁 준비에 만전을 기하면 청과 싸워 승리할 수 있다는 (그러나 희망 사항에 불과한) 극단적인 척화론까지 등장하기에 이르렀다. 홍타이지의 황제 대관식에 참석한 조선 사신이 고두례를 거절하여 외교적 분쟁을 일으킨 사건도 실은 홍타이지를 황제(곧 천자)로 인정할 수 없다는 결사적 저항의 표현이었다. 척화 여론이 워낙 거세다 보니 국왕 인조도 팔도에 전쟁을 준비하라는 격서를 내렸다. 그런데 그중 하나를 평안도에서 청 사신에게 빼앗기면서 조선의 처지는 더욱 궁지에 몰렸다. 청이 조선을 다시 침공한다면, 조선은 절대로 승리할 수 없음이 당시에도 자명하였다. 그런데도 조선은 왜 척화론으로 뒤덮였을까? 특히 척화론자들이 "나라가 망하는 한이 있어도"라고 말하며 그보다 더 중요하게 생각했던 가치는 무엇일까? 한편 척화 명분 아래에서 작동한 현실의 이해관계는 어떠했을까? 이 장에서는 정묘호란부터 병자호란을 거쳐 2차 심옥深獄(1642)에 이르는 시기에 조선의 여론을 압도한 척화론의 명분과 그 실제를 파헤친다.

「5장. 전쟁 원인의 기억 바꾸기, 1637∼1653」은 청이 조선을 재침한 근본 이유(명분)를 청과 조선이 상당히 다르게 기록했음을 확인하고 그 의미를 분석한다. 청 사료에 따르면, 청 태종은 남한산성의 인조에게 자신이 천명을 받아 천하를 평정한 새로운 황제이니 조선은 하늘의 뜻에 순종하라는 권유와 함께 하늘에 거역하려는 인조를 질책하고 조롱하는 내용으로 가득한 서신을 보냈다. 이에 비해 조선 사료는 그런 내용을 거의 다 생략한 채 명에 대한 사대 의리를 지키려 최선을 다하다가 병란을 당했다는 내용이 핵심을 이룬다. 동일한 서신을 필사한 기록이 어떻게 이렇게 다를 수 있을까? 이 장에서는 『인조실록』의 사관들이 청 태종이 보낸 서신 자체를 아예 다른 내용으로 바꿔 실록에 기재한 사실과 서신을 축약할 때 침공의 원인을 조선의 기호에 맞게 의도적으로 조작한 정황을 고찰한다. 이를 통해 병자호란이라는 역사 사건은 삼전도 항복으로 종료되었지만, 조선은 이를 '역사 기록 전쟁'으로 전환하여 이후에도 계속 저항을 이어갔음을 조선의 국가정체성 문제와 관련하여 설명한다.

「6장. 북벌론의 실상과 기억 바꾸기, 1649∼1690」은 호란이 끝난 후에도 조선을 강고하게 지배한 숭명배청崇明排淸 의식과 그 '파생상품'이랄 수 있는 북벌론을 다룬다. 나아가, 북벌을 실현하지 못하면서 등장한 기억의 의도적 조작 정황을 통시적 맥락에서 살핀다. 효종孝宗(재위 1649~1659)의 북벌 의지야말로 순수하고 절실했다고 보는 통설과는 달리, 효종조차도 북벌을 내부 단속용 정치선전propaganda 구호로 최대한 활용한 점을 입증하고 강조한다. 특히 북벌론이 조정을 뒤덮던 효종 시기에 되레 정벌 대상인 청의 징병에 순응해 그들의 지휘하에 출정해야 했던 나선정벌(1654, 1658)의 '우울한' 기억을 후대에 북벌의 성공으로 조작한 상황을 확인한다. 1680년대에 청 제국의 천하 평정이 분명해지면서 조선은 계속 북벌을 주장할 수도 없었고, 그렇다고 그 실패를 공식적으로 자인하기도 어려웠다. 북벌 논의를 어떤 식으로든 마무리해야 할 필요가 커진 1690년 무렵 숙종肅宗(재위 1674~1720)은 1650년대의 나선정벌을 조선이 북쪽 오랑캐를 물리친 사건으로 조작하는 일에 앞장섰다. 이 장에서는 바로 그런 '기억 바꾸기' 과정을 추적하고, 그 의미를 천착한다.

　　마지막 에필로그의 제목은 「조선의 국가정체성과 '아버지의 그림자'」로 잡았다. 이 책의 문제의식을 역사학의 생명이랄 수 있는 시간성을 고려하여 통시적으로 도출한 결론이다. 조선의 국가정체성이라는 문제는 현재 대한민국의 국가정체성 문제와도 상통한다. 10여 년 전에 있었던 '건국절' 파동이나 최근 육군사관학교 교정 내 독립유공자 흉상 철거 '도발'을 비롯해 대북 정책, 한중 관계, 한미 관계, 한일 관계 등을 놓고 첨예하게 대립하는 21세기 한국의 정치 지형도는 대한민국은 어떤 나라이며, 어떤 나라여야 하는지에 대한 국민적 합의가 확실하지 않기에 나타나는 현상이라 할 수 있다. 대한민국은 미국 덕분에 탄생하여 그들 덕분에 공산 세력으로부터 살아남을 수 있었고, 그 덕분에 경제 발전에 성공했으니, 앞으로도 국제 질서나 환경의 변화를 초월하여 미국의 품에 온전히 안겨 있어야 한다는 생각으로 무장한 사람들이 대립의 한 축을 형성한다. 다른 축은 세계 정세의 변화에 따라 대북 정책이나 미·중·일·북 등을 상대하는 외교 노선에도 변화를 줄 필요가 있다고 말하는 사람들이다. 어떤 선택 자체가 문제라는 얘기는 아니다. 진짜 문제는 해방과 함께 분단과 전쟁이라는 핏빛 형극荊棘이 한국 현대사에 짙게 드리운 탓에, 대한민국의 국가정체성이나 레종데트르를 놓고 아직도 국민적 합의가 명확하지 않은, 심지어 공통분모조차 크지 않은 상황이다. 이런 현실을 굳이 이 책의 에필로그에서 소환하는 이유는 350여 년 전 조선이 처한 상황도 지금과 꽤 흡사했기 때문이다. 역사를 "과거를 현재로 끌어와 대화하는"일로 정의한다면, 병자호란이라는 조선의 경험을 냉전(1950~80년대)을 겪은 데 이어 21세기 현재 악화일로의 신냉전 상황과 유비하며 대화하는 일은 큰 의미가 있을 것이다. 삼전도 항복과 명·청 교체 및 척화론의 득세를 조선의 국가정체성 문제라는 시각에서 새롭게 조명하고, 그것을 바탕으로 현재를 고민해보자는 취지이기도 하다.

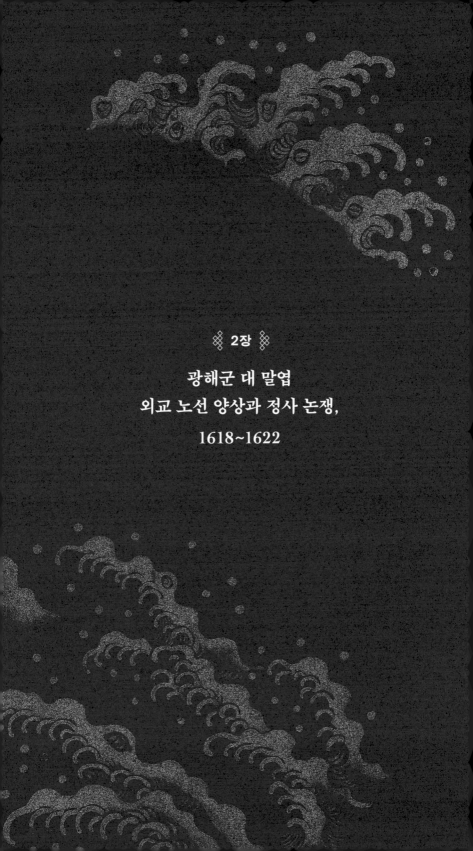

2장

광해군 대 말엽
외교 노선 양상과 정사 논쟁,

1618~1622

17세기 전반 명·청 교체기를 맞아 외교 노선을 둘러싼 조선 조정의 논쟁은 1618년부터 1644년까지 사반세기가 넘도록 치열하였다. 삼전도 항복으로 조선의 선택권이 사실상 없어신 후에도 숭명배청崇明排淸을 외치는 목소리는 잦아들지 않았다. 이 시기 중에서도 특히 광해군 대의 외교 노선 논쟁에 대해서는 이미 적지 않은 연구가 쌓여 있다.[1] 광해군 대가 많은 관심을 받는 이유는 논쟁이 처음으로 불붙었다는 점 외에도, 왕의 폐위라는 극단적 방법으로 결말이 났기 때문이다. 특히 인조반정이 결과적으로 호란을 초래했다는 이해가 학자들 사이에서 정설처럼 자리 잡은 상황도 일조하였다. 그런데 기존 연구들은 논쟁 기간 5년을 종합적으로 다루지 않았다. 논쟁이 가장 격렬하던 광해군 재위 마지막 2년(1621~1622) 동안의 상황을 구체적으로 다룬 연구도 최근에야 등장하였다.[2]

1621년 1~3월에 후금이 요동遼東 지역을 장악함으로써, 명과 조선의 육상 교통로가 끊어졌다. 이에 따라 명과 후금 사이에서 한쪽을 분명히 선택해야 하는 상황이 조선을 옥죄었다. 눈치를 보거나 절충안으로 상황을 타개할 여지가 거의 사라지면서 논쟁은 극단적 대립을 거쳐 파경으로 치달았다. 이를테면, 광해군은 명 황제의 추가 징병 칙서를 공개적으로 거절하기를 서슴지 않았으며, 신료들은 그런 광해군의 왕명을 노골적으로 거부하며 수시로 파업을 일삼았다.

명과 후금 사이에서 조선이 취할 행보를 놓고 벌어진 이때의 논쟁 양상과 그 성격은 약 5년 후 정묘호란 이후로 명과 청 사이에서 조선의 처신을 두고 격렬하게 벌어진 척화斥和 대 주화主和 논쟁의 예고편이자 판박이였다. 전자가 국왕 광해군의 강제 폐위로 결말이 났다면, 후자는 국왕 인조의 굴욕적 항복으로 이어졌다. 따라서 삼전도 항복의 의미와 그 파장을 고찰하는 이 책에서는 먼저 광해군 대 말엽에 격렬하게 벌어진 외교 노선 논쟁의 양상을 살피고 그 성격을 진단할 필요가 있다. 이때의 논쟁이야말로 이 책의 전체 배경에 해당하기 때문이다.

후금과의 국서 교환 문제

1619년 3월 조·명 연합군의 침공을 물리친 후금은 요동 지역에 대한 공세로 전환하는 한편 조선을 더 강하게 압박하였다. 여러 차례 국서를 보내 명과 후금 사이에서 한쪽을 선택하라고 거듭 재촉하였다. 명은 명대로 조선에 수시로 차관을 파견하여, 후금을 배후에서 견제하도록 독려하였다. 명과 후금의 전쟁에서 명이 이길 수 없다고 확신한 광해군은 후금과의 직접 대화를 통해 나라의 안위를 도모하고자 했다. 그러나 이런 노선은 신료들의 거센 반대에 부딪혔다. 비변사를 필두로 모든 신료는 후금과의 대화 창구를 폐쇄하고 명과의 동맹을 더욱 굳건히 함으로써 난국을 타개하려 했다. 따라서 후금과의 대화 여부, 후금에 항복한 장수들의 가족 처벌 여부, 명의 추가 징병 수락 여부, 명 조정에서 일던 조선감호론朝鮮監護論에 대한 대응 등 여러 사안을 놓고 광해군과 신료들은 사사건건 대립하였다. 그렇지만 명에서 추가 청병 칙서를 보내지 않았고 후금도 조선과의 전쟁을 원치 않았으므로, 아직은 절충의 여지가 있었다. 다른 말로, 대명 사대를 계속 유지하면서도 동시에 후금과의 대화를 은밀히 모

색하는 일종의 이중 외교가 어느 정도는 가능하였다.[3]

　　그러나 1621년 1월부터 3월 사이에 후금이 요양遼陽과 심양瀋陽을 잇달아 함락하고[4] 요동 지역을 장악하자 상황은 급변하였다. 육상 교통로가 끊긴 명과 조선의 위기의식은 매우 고조되었다. 그렇지만 후금은 여세를 몰아 대공세를 취하지 못했다. 후금 지도부 안에 지속적인 팽창에 반대하는 세력이 있었을 뿐만 아니라 내부 권력 투쟁도 만만치 않았기 때문이다. 또한 갑자기 늘어난 영토와 인구를 일단 후금의 통치 질서 안으로 흡수하여 재조직하는 문제도 중요한 현안이었다. 이런 요인이 작용하여 요동 장악 후 후금의 공세는 잠시 주춤하였다.[5] 누르하치Nurhachi(努爾哈赤, 1559~1626)는 명과 조선 두 나라를 동시에 적으로 삼아 전쟁을 벌이기보다는 외교적 방법으로 조선을 먼저 제어하는 노선을 선호했다. 그럼에도 조선을 대하는 후금의 태도가 매우 고압적으로 바뀐 것은 당연한 결과였다.

　　누르하치는 심양과 요양을 점령하자마자 "만주국 칸이 조선국 왕에게 서신을 보낸다[滿州國汗致書朝鮮國王]"라는 문장으로 시작하는 국서를 조선에 보냈는데, 조선 왕을 가리켜 "너[汝]"라고 하대하였다. 핵심 내용은 요동에서 조선으로 넘어간 난민을 모두 돌려보내라는 요구였다.[6] 약 두 달 후에 국서를 다시 보냈다. 이번에는 예전과는 달리 오직 황제만 쓸 수 있는 "조詔"라는 표현을 썼으며,[7] 사신이 만포滿浦가 아닌 의주義州로 와서 국서를 전달하였다.[8] 이는 앞으로 후금이 명을 대신할 것이라는 분명한 의사 표시였다. 조선은 그동안 명과의 교통은 의주를 통하고, 후금과의 교섭은 만포와 회령에서 시행했다. 조선 조정은 회신 여부는 차치하고, '의

주'에 도착한 후금의 '조서'를 수신할 것인가를 심각하게 고민하였다. 이 조서를 접수하는 것만으로도 대명 사대의 근간이 흔들리기 때문이었다. 이는 앞으로 벌어질 논쟁의 성격이 이전과는 매우 다를 수밖에 없음을 잘 보여준다.

의주부윤 정준鄭遵(?~1623)의 보고[9]를 통해 후금의 조서 소식을 접한 조선 조정은 배금론排金論으로 뒤덮었다. 비변사에서는 후금을 기습하여 적장의 목을 베야 한다고 기세를 올리면서, 대의를 내세워 서신을 거부해야 한다고 주장하였다.[10] 영의정 박승종朴承宗(1562~1623)이 후금의 침입 가능성을 역설하며 광해군의 우려에 동조하는 듯했지만, 그의 결론도 역시 전쟁 준비였다.[11] 당시 비변사는 대북과 소북 정파가 주도하되 서인과 남인도 두루 참여하고 있었다.[12] 따라서 배금론을 주도하던 비변사의 목소리는 당시 양반 신료들의 중론이라고 보아도 무방하다. 이렇듯 비변사를 필두로 온 조정이 후금의 국서를 절대로 받아서는 안 된다는 주장으로 뒤덮었다.

반면에 광해군은 후금과의 대화를 강조하였다. 그는 후금의 국서가 '조서'임을 알고서도 받아서 읽기를 개의치 않았다.[13] 그뿐만 아니라 즉시 차관을 파견하여 우호적으로 답하라고 명하는 한편, 계속 반대하는 비변사를 향하여 세상 물정 모르는 선비에 불과한 비변사 당상들이 군사 업무를 어찌 알겠느냐고 질책하였다.[14] 광해군의 독촉에도 비변사는 차관 파견은 가하지만 회신은 불가하다고 버텼다.[15] 비변사가 차관 파견에 동의한 이유는 광해군의 성화가 있기도 하였으나, 그보다는 명 조정의 의심을 사지 않을 나름의 구실을 찾았기 때문이다. 의주에 도착한 후금의 국서를 거부했다는 소문이 이미 명에도 퍼졌을 테니 이제는 차관을 보내더라도 의심을 사지 않으리라는 판단이었다. 여기에 후금의 내부를 정탐하기 위해 차관을 보낸다는 구실도 덧붙일 생각이었다.[16] 실제로 이후 요동 군문의 허락을 받고서야 차관이 후금으로 건너갔으며, 서신 없이 사람만 가는 어색한 상황이 벌어졌다.

만포첨사 정충신鄭忠信(1575~1636)이 차관으로 결정되었다. 그런데 정충신은 명 조정 몰래 후금에 들어가야 한다면 죽는 한이 있어도 명령을 따르지 않았을 것이라고 말했다.[17] 이 정도로 조정 신료들은 대명 사대에 해가 될 소지가 있는 일을 극구 꺼렸다. 정충신이 술회했듯이, 이들은 중국 몰래 후금과 왕래하면 훗날 천하의 비난을 면치 못할 것이라고 여겼다. 심지어 정충신은 의주로 귀환한 뒤 곧바로 서울로 향하지 않고 압록강 어귀의 용천龍川에 가서 모문룡毛文龍(1576~1629)에게 후금을 정탐한 내용을 먼저 보고하였다.[18] 이런 행동을 당연시한 정충신과 조정 신료들의 태도는 당시 양반사대부들의 대명 의식을 여실히 보여준다.

한편 후금은 조선과 정식으로 우호 관계를 맺고 그것을 온 세상에 공표하길 원했다. 명·후금·조선의 삼각관계에서 후금이 원한 것은 조선이 제안한 것처럼 명의 눈을 피해 각보지계各保地界하는 정도의 은밀한 관계 유지가 아니라, 후금과 조선의 우호 관계를 공개적으로 수립하는 것이었다. 명의 맹방이던 조선을 후금의 우방으로 포섭함으로써 후방의 위협 요인을 제거할 뿐 아니라, 명을 외교·전략적으로 고립시키려 했다. 따라서 후금은 기회만 있으면 조선에 우호 관계의 공식 체결을 요구하였다.

양구리Yangguri(楊古利)와 정충신의 회담에서 그러한 의도가

[표I. 양구리(후금)와 정충신(조선)의 회담]

번호	안건	양구리 (후금의 입장)	정충신 (조선의 입장)
①	우호 관계 유지 방법	맹약을 체결하자.	신의면 충분하다. 내가 임의로 결정할 수 없는 문제다.
②	명과의 관계	우리(후금)와 사귀겠다면, 앞으로 남조(명)를 어떻게 대하겠는가?	명과는 영원한 군신·부자 관계이므로 변할 수 없다. 인군人君은 의리로 섬기고, 이웃은 신의信義로 사귄다.
③	사신 교환	차관 파견에 대한 답례로 우리도 서울에 차관을 보내겠다.	전례 없는 일이며, 내 소관 밖이다.
		함께 사귀자면서, 이미 여러 차례 보낸 서간에도 답장이 없고 이제는 차관의 왕래조차 거부하니 이게 신의가?	차관 왕래는 전례가 없으므로 내가 결정할 수 없지만, 돌아가서 보고는 하겠다.
④	모문룡	모문룡이 군사를 요구하면 조선은 결국 도울 것이다.	아니다. 도우려 했다면 벌써 도왔을 것이다.
⑤	조선군 포로	석방을 원한다면, 몸값을 먼저 지불해야 한다.	포로 문제는 내가 알 바 아니다.
⑥	교통로	기어이 만포로 돌아가려는 이유가 무엇인가?	나는 만포 관원이므로, 만포로 돌아가서 보고해야 하기 때문이다.
		아니다. 모문룡이 지금 용천에 있으므로, 의주의 길을 열지 않고 중국인의 눈을 피해 몰래 돌아가려는 속셈이다. 사귀든지 말든지 태도를 밝혀라. 이미 진강로鎭江路에 접대를 지시하였으니, 그 길로 돌아가라.	그렇게 하겠다.

그대로 드러났다. 후금의 도성에 도착한 정충신은 열흘간 환대를 받으며 누르하치의 총신인 양구리 등을 만났다. [표I]의 ①처럼 신의가 있으면 충분하지 맹약 의식은 필요 없다는 조선과는 달리 후금은 맹약을 계속 요구했다. ③의 사안도 마찬가지로, 후금과 조선이 사신을 공식적으로 교환한다면 명을 압박하는 효과는 매우 클 터였다. ⑥의 교통로 문제에서, 중국의 눈을 피해 만포로 돌아가겠다는 정충신을 거의 강제로 모문룡의 군사들이 출몰하는 의주 방

면으로 돌아가게 한 이유도 정충신의 후금 방문 사실이 요동 지역에 널리 소문나기를 원했기 때문이다. 아울러 만포를 통해 후금을 방문한 조선 차관을 굳이 의주를 통해 돌아가게 한 소지는 이제 후금이 명을 대신하겠다는 단호한 의지 표현이었다.

후금의 태도는 당시 명과 후금 사이에서 조선이 직면한 고민의 성격을 잘 보여준다. [표I]의 ②에서 앞으로 명을 어떻게 대하겠느냐는 질문은 곧 후금과 명 가운데 어느 쪽을 택할지 결정하라는 의미였다. 이에 대해 정충신은 주저 없이 명과의 군신·부자 의리는 영원하다고 답하였다. 조선과 후금 사이에 어떠한 관계가 새롭게 성립할지에 상관없이 조선과 명의 기존 관계는 바뀌지 않는다는 것이었다. 다른 말로, 후금과의 관계가 조선의 대명 사대에 지장을 주는 정도까지 발전해서는 안 된다는 뜻이었다. 나아가 후금이 굳이 양자택일을 촉구한다면 조선은 명을 택하겠다는 선언이었다. 어명을 받고 차관으로 온 신하가 국왕의 입장을 전달하기는커녕 오히려 왕의 뜻을 저버리고 비변사의 논리에 따라 행동했다.

결국 회담은 결렬되었다. [표I]에 정리한 여섯 안건 중에서 모문룡을 돕지 않겠다고 답한 ④를 제외하면 (이조차도 지키지 않았지만) 어느 것도 합의하지 못했다. 따라서 이 회담은 양국의 생각 차이를 다시 확인한 것에 지나지 않았다. 그런데도 후금은 정충신을 극진히 환대했으며, 누르하치를 만나지 못하고 돌아가는 그를 위로하였다. 조선과 전쟁을 원치 않는 대조선 온건파가 정국 주도권을 잡고 있었기 때문이다. 그런데 정충신에 따르면, 당시 후금 조정에서 온건론을 이끄는 장본인이 바로 누르하치였다.[20] 후금에 억류 중인 조선 포로들도 누르하치는 조선에 대해 매우 우호적이라고

증언한 바 있다.[21]

　정충신이 특별한 성과 없이 돌아오자, 광해군은 정식 국서로 회신하라고 다시 명하였다. 그러나 비변사가 불가를 고집하면서 또 한 차례 격렬한 논쟁이 벌어졌다. 비변사는 명의 이목이 집중되어 있다는 이유와 우호를 위해서라면 신의로 족하지 굳이 국서를 보낼 필요 없다는 원칙을 되풀이했다.[22] 심지어 광해군의 독촉에 제대로 회계回啓하지 않는 형태로 반대 의사를 표했다.

　광해군의 성화가 빗발치자, 석 달쯤 후 비변사는 영의정 박승종의 뜻으로, 미봉책(후금과의 대화)을 추진하려 해도 온 조정이 정론正論(배금론)을 숭상하며 비변사를 비난하는 탓에 직무를 제대로 수행하기 어려워 황공하다고 아뢰었다.[23] 마치 왕의 뜻을 따르고 싶다는 말처럼 들리지만 결국 왕명을 따르지 못하겠다는 말이다.[24] 이에 광해군은 중국의 역대 제왕도 때에 따라 미봉책을 썼지만 당시에 비난하는 의논이 없었다고 지적한 뒤, 비변사가 시세에 맞게 이론을 변통할 줄 모르고 썩어빠진 논의로 국사를 망치고 있다며 당상들을 싸잡아 질책하였다.[25] 비변사는 이번에도 회계하지 않는 방식[26]으로 광해군의 질책을 아예 무시하였다.

　바로 이때(1621년 12월) 후금의 새 국서가 의주에 도착하였다. 내용은 요동 난민이 조선 땅에 들어오는 것을 용납하지 말라는 경고였다.[27] 특히 이 국서를 받고 열흘쯤 후에 후금 기병대가 모문룡을 제거하려고 용천에 침입한 사실[28]로 미루어 보아, 모문룡을 비롯한 요동 난민을 계속 조선 영내에 머물게 한다면 무력으로 응징하겠다는 최후통첩이 포함되어 있었을 가능성이 크다. 그런 만큼 국서의 표현이 그 어느 때보다 흉악하였다.[29]

위기가 고조되고 광해군의 독촉이 빗발치자 비변사는 의주 부윤에게 답서를 보내게 하는 미봉책으로 압록강이 녹을 때까지 버티자고 회계하였다.[30] 그러나 이것마저도 비변사의 신심은 아니었다. 왜냐하면 답서 작성에 적극적이지 않았기 때문이다. 용천에 침입한 후금 군대가 한인만 공격하고 조선군과 충돌 없이 사흘 만에 철수하자, 비변사는 곧 회신에 미온적인 입장으로 돌아섰다. 이에 광해군이 진노하였다.

> 우리나라 병력이 과연 요양의 병력만 한가? (그러니 후금에) 답서를 보내지 않을 수 없다. 적을 결코 당해내지 못할 것을 분명히 알면서도 그저 한때의 사의邪議(배금론)를 두려워하여 (답서 작성에 나서지 않고 있으니) 종묘사직을 어쩌려는 것인가? (이는) 또한 그저 자기 자신만 사랑하고 나라의 위망은 돌아보지 않는 (작태)다. 아울러 왕으로 (하여금) 기미를 고집하도록 하는 것은 곧 훗날 (기미를 주장한) 죄를 왕에게 돌리려는 의도다. 옛날의 대신들이 과연 이 같았는가?[31]

결국 두 역관이 의주부윤이 작성한 서신을 가지고 요동에 들어갔다. 하지만 요동 정세가 어지러워 길이 막혔다는 이유로 서신을 전달하지 않고 그냥 돌아왔다.[32] 이후 역관을 다시 보내라는 광해군의 불같은 독촉에 비변사는 넉 달 넘게 회계조차 하지 않았다. 광해군은 누차 독촉하였다.

> 나라를 위한 도모가 좋지 않아 적병이 (이미) 강에 다다랐으니,

종묘사직의 위기가 조석에 박두하였다. 왕이 주는 옷을 입고 왕
이 주는 음식을 먹으면서 어찌 종묘사직의 위망을 염려하지 않
는단 말인가? 비변사는 (일을) 파하고 나가버리기를 일삼으니,
이렇게 하고도 (종묘사직이) 무사할 수 있겠는가?[33]

그런데도 비변사는 협조하지 않았고, 임금의 명은 효과를
보지 못하였다.

조선을 대하는 후금의 자세는 날로 고압적으로 변했다. 결
국 후금이 그동안 양국을 오가며 외교 업무를 전담했던 조선 역관
하서국河瑞國(?~1622)과 그 일행을 처형하는 사건이 발생하였다.[34]
또한 광해군의 재촉으로 파견한 박규영朴葵英과 역관 황연해黃連海
는 후금에 억류되었고,[35] 정충신이 가지고 간 서신은 양구리가 찢
어버리는[36] 등 양국 사이에는 긴장이 고조되었다.

이런 일련의 사건이 후금 측 기록에는 보이지 않아 진상을
정확히 알 수는 없으나, 『광해군일기』의 논평에 따르면 하서국은
자꾸만 말을 바꾸다가 처형되었다.[37] 그런데 이 기록을 당시 정세
에 비추어 다시 생각해보자. 1621년 후금은 압록강 하류의 임반관林
畔館을 기습한 사건 이후 더욱 강경하게 모문룡 문제의 해결을 촉구
했다. 그런데 조선이 반응하지 않자, 이리저리 임기응변식으로 변
명하던 하서국에게 분풀이한 것으로 보인다. 서신을 찢은 행동도
광해군의 독촉에 못 이겨 비변사에서 작성하여 보낸 내용이 정충
신과 8개월 전에 나누었던 이야기([표1]의 내용)와 대동소이했기 때
문이었을 것이다. 특히 1622년 3월에 명의 감군어사監軍御使가 병사
4000명을 이끌고 용천에 상륙하여 모문룡 군사와 합세한 상황에

신경이 더욱 날카로워진 후금 지도부는 모문룡 문제 해결에 계속 미온적인 조선에 한층 더 분노했을 가능성이 크다.[38]

광해군은 모문룡과 삼군이 군사 행동 없이 곧 돌아갈 것이라고 해명하는 서신을 후금에 속히 보내서 그들의 의심을 풀어야 한다고 거의 매일 독촉하였다. 이제는 비변사도 국서를 보내는 것에 마지못해 동의하였다. 그러나 이번에는 국서의 서명을 놓고 문제가 생겼다. 조정 신료 가운데 누구도 그 문서에 서명하기를 원치 않았기 때문이다. 후보에 오른 사람들이 모두 상소를 올려 완강하게 고사하자,[39] 비변사에서는 아예 가공의 이름으로 서명하는 방법을 제안했다. 이에 광해군은 미루고 떠넘기는 폐습을 고치라고 비변사를 질타하는 한편, 예조정랑 이담李譚에게 서명하도록 명하고, 앞으로는 고사하는 상소는 아예 들이지 말라고 덧붙였다.[40]

이후에도 국서의 격식 문제로 두 달 이상을 더 끌다가, 마침내 그해 9월에 역관 문희현文希賢(?~1623)이 국서를 가지고 후금으로 들어갔다. 국서는 "조선 국왕이 후금국 칸 전하에게 서신을 보낸다[朝鮮國王致書後金國汗殿下]"라는 문장으로 시작하였다.[41] 그 내용은 먼저 이웃 간의 신의를 재차 강조한 뒤, 하서국 일행을 처형한 일과 박규영 등이 아직 귀국하지 못하는 이유를 따져 물었다. 또한 모문룡의 군사 행동은 조선 조정에서도 전혀 모르는 일이니, 그것을 구실 삼아 문제를 일으킨다면 그 책임은 후금에게 있다는 점을 분명히 밝혔다. 마지막은 좋은 회신을 바란다는 말로 맺었다.[42]

국서를 받고 후금이 보인 반응을 구체적으로 알 수는 없다. 하지만 늘 그랬듯이, 비록 내용이 만족스럽지는 않더라도 조선과 우호를 유지하길 바라는 마음에서 받아들인 것 같다. 특히 조선 국왕이 처음으로 누르하치를 "후금국 칸 전하"라고 예의를 갖춰 불러준 것에 나름대로 의미를 부여한 듯하다. 마침 모문룡이 무리를 이끌고 섬으로 옮겨간 점도[43] 후금의 심기를 누그러뜨리는 데 일조하였다. 실제로 광해군이 조정 신료들의 반대를 무릅쓰고 국서를 후금에 보낸 1622년 9월 이후부터 정묘호란 발생 직전인 1626년 12월까지 약 4년 동안 후금은 요서 공략과 내부 사정 등으로 인하여 조선에 어떤 압력도 가해오지 않았다. 그 결과, 이후로 조선과 후금 사이에는 아무 문제도 발생하지 않았다.[44]

요동 난민과 징병 칙서

1621년 3월에 심양과 요양이 후금에 떨어지자, 요동에 거주하던 한인 중 일부가 난리를 피해 조선으로 밀려들었다. 배후에서 후금을 견제할 세력의 필요성을 절감한 명 조정은 조선으로 들어간 요동 난민을 규합하려 하였다. 이런 정세에 부응하여 난민을 모아 군대를 조직하고 독자 세력을 구축한 이가 바로 모문룡이다. 무리를 이끌고 바다를 건너온 그는 의주와 용천 사이에 주둔하면서 요동에 진주한 후금군의 배후를 견제했다. 이에 후금이 모문룡의 제거를 꾀하면서 조선 침공 가능성이 매우 커졌다. 조선에게 모문룡의 존재는 중대 현안이었다. 그의 세력을 받아들인다면, 국제 무대에서는 조선이 명을 도와 후금에 맞서겠다는 의미로 비칠 것이 자명하였다. 따라서 모문룡 문제를 놓고 조선 조정은 심각한 고민에 빠졌으며, 그 결과 광해군과 신료들 간의 극한 대립이 발생했다.

1621년 여름, 모문룡은 난민을 규합하여 용천 근방에 기지를 세우고 압록강을 건너 진강鎭江 지역을 기습하였다.[45] 그의 경솔한 군사 행동은 광해군이 그동안 어렵게 구축한 후금과의 선린 관계를 위협하였다. 모문룡의 존재 자체가 후금의 침입을 유발하는 결정적인 구실이 될 수 있었다. 이 때문에 광해군은 모문룡을 조선의 "헤아릴 수 없는 화근"으로 인식했다.[46] 그는 모문룡에게 속히 강변에서 철수하여 조용히 숨어 있거나 아예 본국으로 돌아가도록 강력하게 이르라고 비변사에 지시하였다.[47] 후금에게 그 어떤 구실도 주지 않겠다는 뜻이었다.

비변사는 모문룡 무리가 후금을 자극할 것이라는 점에 동의하였으나, 이번에도 왕명을 선뜻 따르려 하지 않았다. 모문룡을 보는 시각이 기본적으로 광해군과 달랐기 때문이다. 비변사는 후금의 조선 침공보다 명의 장수 모문룡이 조선의 보호를 받지 못한 채 영내에서 참변을 당할 경우 받게 될 후세의 비난을 더욱 우려했다.[48] 그들은 이미 조선에 들어온 명의 장수를 쫓아내는 행동은 손님을 대접하는 도리에 어긋날 뿐 아니라 후일에 명과의 관계에서 문제가 될 수 있다는 이유를 대며[49] 광해군의 명령을 따르지 않았다.

아울러 모문룡의 역할을 기대한 비변사의 정세 판단도 왕명 불복에 일조하였다. 빗발치는 광해군의 독촉에 비변사는 다음과 같이 답변했다.

> 하늘의 도로 말하자면, (지금 비록) 악惡이 (세상에) 가득하지만 (하늘은) 어지러움을 싫어합니다. 이 오랑캐로 말하자면, (지금 비록) 승승장구하지만 교만합니다. (그러니) 어찌 (저 오랑캐가)

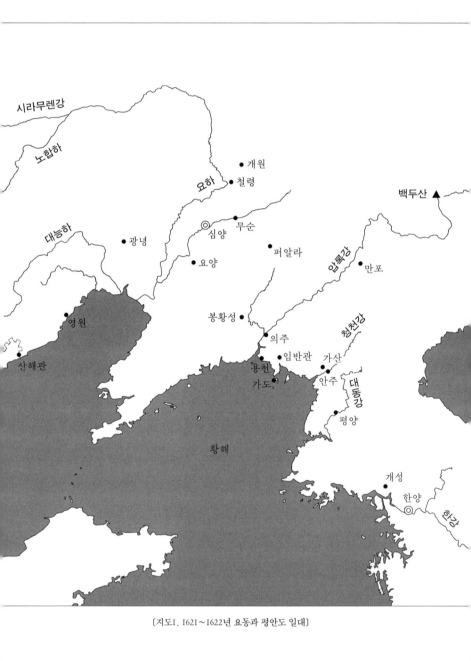

시라무렌강

노합하

요하

대능하

개원

철령

백두산 ▲

심양 무순

광녕

요양

퍼알라

압록강

만포

봉황성

의주

청천강

영원

산해판

임반관

가산

용천
가도

안주

대동강

황해

평양

개성

한양

한강

[지도I. I621~I622년 요동과 평안도 일대]

쇠약해지는 날이 없겠으며, 어쩌 그것을 (틈) 탈 (기회가) 없겠
습니까?[50]

후금의 배후에서 허점을 노리는 모문룡의 역할을 긍정적으
로 본 것이다. 광해군이 모문룡을 나라에 화근이 될 위험 요소로 보
았다면, 비변사는 그에게서 후금의 배후를 견제할 잠재력을 보았
다고 할 수 있다.

이렇듯 조선 조정은 모문룡의 거취를 정리하지 못한 채 시
간만 끌다가 결국 광해군의 예상대로 후금의 침입을 받았다. 이해
12월 15일에 후금 기병대가 얼어붙은 압록강을 건너 의주를 지나
모문룡의 군사들이 진을 치고 있던 임반관을 기습하였다. 모문룡
은 간신히 피신했지만, 많은 한인이 피살당했다.[51] 후금군은 인근
용천을 돌아 남쪽으로 가산嘉山까지 진격하였으나 모문룡을 붙잡
지 못하고 며칠 뒤 강을 건너 철수하였다.[52]

그런데 이 사건은 후금이 사전에 예고한 일이었다. 앞서 언
급했듯이, 침입 열흘쯤 전에 후금은 난민을 받아들이지 말라는 내
용의 서신을 의주부윤에게 전달하였다. 서신의 정확한 내용은 알
수 없으나, 이후의 사태를 고려하면 조선이 적절한 조치를 취하지
않으면 직접 모문룡을 제거하러 압록강을 건널 수밖에 없다는 경
고 및 조선에는 나쁜 감정이 없으니 서로 대적하지 말자는 제안이
담겼을 가능성이 크다.

후금의 서신을 놓고도 광해군과 비변사는 대립하였다. 쟁점
은 응전 여부였다. 승패와 상관없이 즉각 응전해야 한다는 비변사
와 달리, 광해군은 후금군과 불화를 일으켜서는 안 된다며 제지했

다. 양자의 의견 대립은 사건 발생 후에도 이어졌다. 광해군은 후금군은 한인을 치기 위해 들어왔으니 적대 행위를 자제하고 저들이 스스로 물러가도록 두라고 여러 차례 엄명했다. 골자는 명[모문룡]과 후금의 싸움에 휘말리지 말라는 것이었다.

그러나 도원수 한준겸韓浚謙(1557~1627)을 비롯하여 비변사 당상들은 적이 내지에 들어온 이상 싸움은 불가피하다고 주장하였다. 후금군과 맞서 싸움으로써 명 조정과 모문룡에게 조선의 태도를 확실하게 보여주어야 한다고도 했다. 예로부터 전투 개시 여부는 야전 사령관의 판단에 맡겼으니, 이번 일도 왕이 관여할 사안이 아니라는 식의 억지를 쓰면서 군 최고 통수권자인 왕의 권위에 도전하였다.[53]

후금의 임반관 침입 사건은 저들이 조선군과의 충돌을 피하다가 사흘 만에 철수하며 확전 없이 종결되었다. 이후 모문룡이 살아남은 한인을 규합하고 기지를 재건하면서 그의 거취 문제를 놓고 광해군과 비변사의 의견 충돌 및 후금과의 긴장이 이어졌다. 신료들은 모문룡을 명의 분신分身으로 인식했으며, 그가 평안도 지방에 주둔하는 한 명이 요동을 상실했을지라도 그로 인한 충격이 조선에 직접 닿는 일은 피할 수 있을 것이라고 판단했다. 모문룡을 후금의 침입을 막아줄 방파제로 본 것이다.

모문룡을 긍정적으로 인식한 결과 1624년에는 그의 송덕비를 세웠고,[54] 그가 죽은 후에는 후금을 막은 공적을 인정하며 죽음을 애도하는 의견이 많았다.[55] 물론 일부에서는 부정적 견해를 제기하였다.[56] 그러나 이런 부정적 평가는 대개 인조반정(1623) 이후에, 다른 말로 모문룡이 조선 영토 안에 자신의 군사 기지를 구축한

지 몇 년이 지나도록 이렇다 할 공적은 없이 조선의 군량만 타 먹고, 정묘호란 당시에는 전혀 군사 행동을 취하지 않고 오히려 후금과 내통하기에 이르자 나타나기 시작한 반응이라는 사실에 주목해야 한다. 요컨대 모문룡이 진강을 기습한 1621년 여름과 명 조정의 감군어사가 조선으로 와서 모문룡 등 요동 난민을 격려한 1622년 여름까지 신료들의 중론은 그에 대하여 매우 긍정적이었다. 한 예로 훗날 모문룡을 힐난한 심광세沈光世(1577~1624)도 「가도의 소식을 듣고[聞椵島消息]」라는 시에 모문룡이 처음에는 조선인의 지지를 받았다고 적었다.[57] 모문룡에 대한 신료들의 인식이 애초부터 그를 싫어했던 광해군의 정세 판단과 정면으로 부딪히면서 조정은 극단의 대립으로 치달았다.

한편 앞서 설명한 것처럼 명 조정은 모문룡과 조선을 격려하고 고무하기 위해 감군어사를 파견하였다. 어사 양지원梁之垣은 1622년 3월에 병선 60여 척에 수군 4000명을 태우고 용천에 도착했다. 한 달 뒤 그는 칙서를 휴대하고 한양에 당도했다.[58] 명은 감군을 통해 조선에 군사와 군량을 요구하였고, 그 경비 명목으로 은 3만 냥을 보내왔다. 또한 난민을 산동으로 옮길 목적으로 선박 100척을 요구하였다. 결국 명이 조선에 요구한 것은 크게 병력·군량·선박 등 세 가지였다.[59] 감군어사의 조선 방문은 가뜩이나 모문룡의 존재에 촉각을 곤두세우던 후금을 더욱 자극하였다.

이번에도 비변사는 즉각 수용해야 한다고 했으나, 광해군은 강력히 반대하였다. 광해군은 오히려 감군어사에게 조선의 요구 세 가지를 제시하였다. 첫째는 요동 난민의 조속한 도서 이주, 둘째는 명 선박의 조선 포구 정박 금지, 마지막은 감군의 압록강 강변 순시 계획 취소였다.[60] 요구의 골자는 명의 난민과 군사가 조선의 섬(가도)에 머무는 것은 허용할 수 있으나, 그 밖의 국경 일대에 머물거나 조선 본토에 배를 대는 일은 용인할 수 없다는 것이었다.

광해군은 처음부터 방문을 반기지 않았다. 그가 서울로 오는 도중에도 감군접반사 이정귀李廷龜(1564~1647)와 부사 박정길朴鼎吉(?~1623)에게는 물론이거니와 비변사와 승정원에 여러 차례 전교하여 모문룡과 요동 난민을 빨리 섬으로 옮기게 하고 경솔히 행동하여 문제를 일으키지 말도록 감군에게 강력하게 전하라고 지시하였다.[61] 그러나 왕명은 허공에 흩어졌다. 누구도 따르려 하지 않았기 때문이다.

> 우리나라의 인심은 매번 명 장수의 의심을 불러일으킬까 염려하여 미루고 지체하여 결정을 내리지 못한다. (이 때문에) 장차 종묘사직의 위태로움을 보게 되었고, 앉아서 풍진의 변란에 이르렀다. 천하 만고에 어찌 이렇게 통탄할 일이 있겠는가? 비록 백 번을 하유해도 이정귀는 아프다며 지금껏 평산에 머물러 있고, 박정길은 한 가지 일도 주선하지 않고 있다. … 왕명을 (염두에도) 두지 않으며, (감군을) 잘 타이르려는 약간의 의지조차도 없으니, 통탄할 만한 정상은 말로 설명하기 힘들다.[62]

이렇게 광해군이 누차 재촉하였지만, 상황은 바뀌지 않았다. 결국 명 장수들이 자꾸만 조선으로 온다면 조선은 후금이 아니라 그들 때문에 무사할 수 없을 것[63]이라고 호통을 치기에 이르렀다. 명의 존재가 조선의 안위에 도움이 되기는커녕 장애물이 되었다고 신료들 앞에서 천명한 셈이다. 이 장면은 광해군의 대명관對明觀 및 정세 판단을 극명하게 보여준다. 그러나 신료들도 완강했다.

양자의 대립은 감군이 제시한 3대 요구 사항의 처리를 논의하는 과정에서 잘 드러났다. 사안별로 살펴보면 다음과 같다. 첫째, 병력 요구에 대하여 비변사는 평안도 지역에서 병사를 더 차출하여 국경을 지키며 충분忠憤을 가다듬어야 한다고 주장했다.[64] 그러나 광해군은 단호히 거부했다. 조선 군사를 요충지에 머물게 하라는 구체적인 내용을 담은 칙서에도[65] 불구하고, 광해군은 칙서를 작성할 때와 지금은 상황이 다르다는 이유를 들며 출병을 거부하였다. 칙서를 작성할 때는 요서가 건재했으므로 명이 군사를 다시 일으킬 가능성이 다소나마 있었지만, 광녕廣寧마저 함락되어 산해관山海關 동쪽 땅을 거의 다 상실한 지금은 그럴 전망이 요원하니 군사를 섣불리 움직일 수 없다는 논리였다.[66]

둘째, 군량 요청에 대해서도 비변사는 수락 의사를 밝혔다. 심지어 명의 군량 요구는 당연한 일이니 조선 군사의 군량을 줄여서라도 제공해야 한다고 극언하였다. 광해군은 이 또한 완강히 거부했다. 그는 군량이 필요하다면 산동의 곡식을 실어오라고 못 박았다.[67]

셋째, 비변사는 선박 요청을 적극적으로 수락해야 한다고 주장했다. 다만 100척을 일시에 준비하기에는 기일이 촉박하니 준비되는 대로 10여 척씩 묶어서 보내자고 제안하였다. 세 번째 안건에 대해서는 광해군도 이의를 제기하지 않았다.[68] 유독 선박만 수락 의사를 밝힌 이유는 그 용도 때문인 것 같다. 선박의 용도는 조선에 들어와 있는 요동 난민 중에서 본토 귀환을 원하는 자들을 산동으로 데려가기 위함이었다. 또한 감군은 선박 값을 지불할 계획이었다.[69] 따라서 요동 난민이 조선에 머무는 것 자체를 싫어하던 광해군은 선박을 돈을 받고 넘기는 사안에는 크게 반발하지 않았던 것 같다.

이런 논쟁을 거쳐 마침내 광해군의 왕명을 받은 삼정승과 대신들이 양 감군을 찾아가 그의 부관인 마 도사馬都司를 만났다. 회담은 마 도사가 일방적으로 주도하였다. 대신들은 광해군의 뜻을 관철하려 노력하기는커녕 애초에 자신들이 비변사에서 기안한 내용도 제대로 펼치지 못한 채, 마 도사가 제시한 요구 사항을 그대로 수락하였다. 예를 들어 대신들은 후금은 조선의 원수이니 마땅히 칙서의 뜻을 받들어 군사를 더 늘려 국경을 방수하겠다고 답하였다. 그 결과 애초 비변사의 계획이었던 만 명에 새로 만 명을 더 보태 2만 명을 국경으로 보내라는 마 도사의 요구를 쉽게 수락하고 말았다. 군량의 경우 흉년을 강조하며 조달의 어려움을 피력했으나, 결국 전국에서 미곡을 징수하여 보급하겠다고 약속했다. 그런가 하면 모병毛兵(모문룡의 부대)의 강변 철수와 명 선박의 조선 포구 입항 금지 같은 광해군의 요구는 아예 거론조차 하지 않았다. 감군의 강변 순시는 재고를 요청하였으나, 마 도사가 일언지하에 거절하자 다시 거론하지 않았다.[70] 요컨대 이것은 회담이라기보다는 일방적으로 명령을 받는 것에 가까웠다.

이런 결과에 광해군은 분노하였다. 특히 왕의 뜻을 수행할 일말의 노력도 하지 않은 비변사의 태도에 격노하였다.[71] 그러나 비변사도 왕의 질책에 항명 수준으로 강력하게 반발했다. 대신들은 사세와 나라의 체면을 참작하여 이번 회담에 임했다고 응수하였다. 병력을 수락한 이유도 칙서에 쓰인 대로 앞뒤에서 서로 협력하는 형세를 갖추기 위해 국경 일대에 병력을 증강하기 위한 것이라고 설명했다. 그러면서 조신의 병력으로 조선의 경계를 지키라는 것인데 무슨 말로 쟁론할 수 있겠느냐고 반박하였다. 군량은 훗날 산동의 대병력이 조선으로 온다면 그때는 산동의 양곡을 요청해야겠으나, 지금 조선에 와 있는 명군은 수가 많지 않으니 마땅히 조선에서 보급해야 한다고 하였다. 아울러 칙서를 따르지 않는 일은 200년 충순忠順을 거스르는 큰 문제라고 지적하였다. 또한 산해관 밖이 다 함락되었다고 해서 번국藩國이 중국을 섬기는 도리가 달라질 수는 없다고 못 박았다.[72]

비변사의 노골적인 반발에도 불구하고 광해군은 비변사를 힘으로 누르지 못하였다. 종묘사직의 위태로움을 강조하며 비변사를 '설득'하거나, 고작해야 대신들과 마 도사의 합의 사항에 대하여 인준을 거부하는 게 할 수 있는 전부였다. 그 결과 실무회담에서 양측이 합의점을 도출했음에도 불구하고 진전은 전혀 없었다.

시간만 흘러가는 상황을 본 양 감군이 광해군에게 게첩揭帖을 보냈다. 그는 회담에서는 칙서를 따르겠다고 해놓고 한 달이 넘도록 일을 처리하지 않는 조선 조정을 비난하였다. 또한 이미 은 3만 냥을 받아놓고 군사나 군량 어느 것 하나 눈에 보이는 조치가 없으니, 이는 명백하게 칙서의 뜻을 거스르는 행위라고 질타했다.[73] 그래도 왕의 인준이 나지 않자, 즉각 시행하지 않으면 담당 관리를 군율로 처단하겠다는 등의 방자한 언동도 서슴지 않았다. 그러나 광해군은 끝내 비준하지 않았다. 결국 감군은 자신의 임무를 완수하지 못한 채 서울을 떠날 수밖에 없었다.[74]

1618년 4월 이후 광해군과 비변사는 외교 노선을 놓고 사사건건 대립했지만, 이번 논쟁은 매우 특별한 의미가 있었다. 광해군이 칙서의 요구를 '공개적으로' 거부했기 때문이다. 앞선 4년 동안은 비변사와 논쟁을 하더라도 칙서를 노골적으로 거부한 적은 없었다. 1618년에 요동 군문의 징병을 강력히 거부하다가 결국 수락한 일도 뒤늦게나마 칙서를 받았기 때문이었다.[75] 1619년의 패전 직후 명의 차관 원견룡遠見龍이 제기한 추가 파병 요청을 광해군이 일언지하 거절했을 때, 그 수락을 강력하게 주장하던 비변사가 끝내 광해군의 뜻에 굴복한 이유는 바로 칙서가 없었기 때문이다.[76] 1621년 3월 요동 함락 직후 관전寬奠 지역의 참장 왕소훈王紹勳이 보낸 협박성 징병 서한을 광해군이 거절했을 때,[77] 징병에 응하자던 신료들이 또다시 왕의 뜻에 따를 수밖에 없었던 까닭 또한 칙서가 없었기 때문이다. 그런데 이번에는 칙서에서 분명히 징병했는데도, 광해군이 상황 논리를 들어 칙서의 타당성을 부정하며 거부한 것이다.

황제의 명을 번국의 왕이 거부한 것은 일종의 항명이었다. 이제 더는 대명 사대 원칙에 얽매이지 않겠다는 선언으로 해석할 수도 있을 만큼 매우 심각한 행동이었다. 이때까지 광해군은 후금과의 우호 관계를 유지하며 명을 기만했을지라도 사대 원칙 자체를 부정한 적은 없었다. 따라서 1622년의 칙서 거부 사건은 광해군의 외교가 은밀하게 명을 속이는 차원에서 공개적으로 명을 기피하는 단계로 넘어갔음을 의미했다.

이 시기 광해군의 태도는 꽤 단호하여, 칙서를 아예 받지 않을 정도였다. 조선 사신들이 받아 온 칙서의 영칙례迎勅禮를 자꾸 연기하며 사신과 칙서를 영은문迎恩門 밖에 무한정 머무르게 하였다. 정변을 맞아 강제 폐위당할 때까지도 두 통의 칙서를 5개월이 넘도록 받지 않고 있있다. 조신 역사에시 칙서를 이렇게 오랫동안 도성 밖에 방치한 왕은 오직 광해군뿐이다. 감군이 한양에 머물던 바로 그 시간에도, 황제의 징병 칙서는 단호하게 거절하면서 후금에는 우호적인 답서를 보내라고 독촉한 광해군의 태도는 바로 이런 맥락에서 보아야 정확히 이해할 수 있다.

　신료들도 사태의 심각성을 충분히 알고 있었다. 논쟁 때마다 칙서의 뜻을 받들어야 한다고 누누이 강조한 것은 바로 이런 이유 때문이었다. 산해관 밖이 다 함몰되었다는 상황 논리로 파병을 거부하는 광해군에게 사대의 의리는 형편에 따라 변하는 것이 아니라고 간한 것도 마찬가지 이유에서였다. 그래도 광해군이 뜻을 굽히려 하지 않자, 신료들은 이제 그의 정통성을 의심하기 시작했다. 광해군이 감군어사의 목전에서 황제의 칙서를 거부하는 장면을 생생히 목격했기 때문이다.

　주지하듯이 조선의 왕은 명 황제의 책봉을 받아 봉토封土를 다스리는 '제후' 신분이었다. 문제는 이 원리가 단지 이론으로만 그치지 않고 현실에서도 거의 그대로 작동했다는 점이다. 조공을 바치고 책봉을 받는 일이 그저 형식만은 아니었다. 명 황제와 조선 국왕은 군위신강과 군신유의君臣有義에 기초한 엄연한 군신 관계였다. 따라서 광해군이 황제가 보낸 어사 앞에서 칙서를 대놓고 거부한 행동은 전통적 군신 관계를 끊겠다는 선언과도 같았다. 붕당을 초월하여 모든 신료들이 받은 충격의 본질이 바로 여기에 있었다.

　조선 신료들은 북경에 사신으로 가서 명 황제를 상대로 자신을 칭할 때 배신陪臣이라고 하였다. 배신은 제후의 신하가 천자를 상대로 자신을 낮추어 부르는 호칭이다. 즉 자기는 조선 국왕이 임명한 신하인데 왕이 황제가 임명한 신하(제후)이니, 자기도 결국은 황제의 신하라는 뜻이다. 명을 돕기 위해 조선군을 파병할지를 놓고 벌어진 조정 논쟁 초기에 비변사 신료들은 이런 말까지 하며 광해군의 뜻에 정면으로 맞섰다.

> … (비변사 당상들이) 서로 돌아보며 말하기를 "우리나라가 사대한 지 200년 동안 이처럼 치욕스러운 경멸을 당하고 명예를 더럽힘이 심한 적이 일찍이 있었던가?"라고 하였습니다. 성상의 의도하신 바는 본래 백성에게 은택을 베푸는 것이었고, 신들이 쟁론한 바는 단지 의리를 좇는 것이었습니다. 천조天朝에 죄를 짓느니 차라리 성상께 죄를 짓겠다(고까지 생각했습니다). 하지만 끝내 강력하게 변론하며 진언하지 못하여 (결국) 군신 상하가 모두 (명 황제의) 크나큰 질책을 받게 되었습니다.[78]

명의 장수가 조선이 명의 파병 요구에 따르지 않고 이리저리 핑계만 대는 태도를 크게 질타한 직후 비변사에서 그 대책을 아뢴 내용이다. 자기들은 즉각 파병을 외쳤는데 국왕 광해군이 갖가지 핑계를 대며 파병을 회피하다가 이제 요동 방면 명 장수의 호된 질책을 받았으니, 200년 사대의 역사상 이런 치욕이 어디 있느냐는 항변이었다. 특히 밑줄 부분이 압권이다. 파병하라는 천자의 칙서를 거부하여 천자에게 죄를 짓느니, 차라리 파병을 반대하는 전하의 뜻에 반하여 파병함으로써 전하에게 죄를 짓는 편이 낫다는 의미다. 신하로서 국왕의 명을 따르는 게 순리지만, 국왕의 뜻과 천자인 황제의 뜻이 충돌한다면 당연히 황제의 뜻을 따르겠다는 폭탄 선언이었다.

　이런 의식으로 무장한 신료들이었기에, 광해군이 감군어사 앞에서 끝내 뜻을 굽히지 않자 이제 왕의 정통성을 의심하기 시작했다. 조선 국왕보다 명 황제의 명을 더 중하게 여기는 신료(배신陪臣)들의 눈에, 감군어사의 목전에서 황제의 칙서를 노골적으로 거부한 광해군은 더 이상 조선의 국왕일 수 없었다. 조선 국왕은 양반 신료들의 지지와 명 황제와의 군신 관계를 정통성의 두 축으로 삼았다. 이런 상황에서 광해군의 행위는 일종의 '도박'에 가까웠다. 그래야 할 만큼 광해군도 절실했다.[79]

존호 문제

　광해군의 칙서 거부를 목도한 신료들은 마지막 카드를 빼들었다. 광해군에게 존호尊號를 받으라고 강청한 것이다. 존호란 왕의 공적이나 덕행을 기리기 위해 신하들이 왕에게 바치는 '칭호 title'였다. 존호를 청하면 왕은 대개 몇 번 거절하다가 못 이기는 척 받는 것이 상례였다. 광해군은 즉위 이후 역적 토벌 및 왜란 때의 공훈 등을 구실로 이미 여러 번 존호를 받았다. 그런데 광해군 재위 말년에 신료들이 광해군에게 강압하다시피 요청한 존호는 이전과 성격이 판이하였다. 신료들의 요구도 강경했지만, 광해군의 거부 의사도 그만큼 완강하였다. 그 결과 존호 문제가 광해군과 신료 간의 격쟁으로 발전하여 정변이 발생할 때까지 1년 가까이 계속되었다. 광해군 재위 말년에 존호는 왜 그렇게 중요한 쟁점이 되었을까?

존호를 받으라는 조정 여론은 1622년 5월 대간에서 시작됐다. 명분은 명에 대한 왕의 정성이 지극하여 황제로부터 칙서와 은 3만 냥을 하사받는 등 전례 없는 황은을 입었다는 것이다. 당연히 종묘에 경사를 고하고 그에 합당한 존호를 받아야 한다고 했다. 같은 시기에 광해군과 비변사는 명에 파병하는 문제를 놓고 첨예하게 대립하고 있었다. 따라서 존호 문제는 당시 정국과 밀접한 관련이 있었다. 양사(사간원·사헌부)에서는 다음과 같이 존호를 올리는 의도를 명쾌하게 밝혔다.

> 감군이 숙소에 머물 때 왕의 사대 정성을 드러내고, 황조皇朝에서 후하게 대우하는 은혜를 (널리) 펴서 (알려) (번)국으로서 마땅히 해야 할 일을 거행한다면, 그것이 어찌 감군에게(도) 영광이 아니겠습니까?**80**

> 화인華人들이 (조선에) 왕래하는 이때 황조에서 후하게 대하는 은혜를 (널리) 펴서 (알리고) (황제를) 감동시킨 전하의 정성을 드러내 사방에 전파하여 해와 별처럼 빛나게 한다면, 단지 오늘에만 영광을 더할 뿐만 아니라 문득 천하에도 찬사가 있을 것입니다.**81**

신료들은 문무백관과 감군이 지켜보는 가운데 종묘에서 명 황제의 은덕에 감사하는 행사를 주관하고 존호를 받으라고 왕을 압박했다. 또한 이것은 조선 국왕은 황제의 책봉을 받은 번국의 군주임을 명심하고 그 사실을 공개적으로 재확인하라는 '경고'에 다름 아니었다.

하지만 칙서를 거부하기로 마음을 굳힌 광해군에게 존호는 아무런 의미가 없었다. 당시 광해군은 후금과의 우호를 유지하는 쪽으로 온 신경을 집중하고 있었다. 그것이 종묘사직을 재앙에서 구하는 유일한 길이라고 믿었기 때문이다. 광해군이 명의 칙서를 공개적으로 거부하는 동시에 후금에 역관을 보내 모문룡과 감군이 본국으로 돌아갈 것이라고 알린 행위는 명은 조선의 안위를 보존하기는커녕 오히려 방해할 뿐이라는 무언의 선언이었다. 이런 그가 존호를 수락할 리 없었다. 황은에 감사하는 의식을 행하고 존호를 받는 순간 파병은 거절할 수 없는 일이 될 게 자명했기 때문이다.

이에 대간뿐 아니라 비변사·홍문관·승정원·예문관·시강원 등 각 관청도 연일 존호 수락을 청하였다. 감군이 한양을 떠나자마자 문무백관은 집무를 중지하고 정청庭請을 개시하여 하루에도 세 차례씩 계사啓辭를 올리기 시작했다. 종실도 정청에 참여하고,[82] 왕비까지 광해군에게 사대 원칙을 준수해야 한다고 강조할 정도였다.[83] 고립무원 상태에서 국사가 마비될 지경에 이르자 광해군은 존호 수락 의사를 내비쳤다. 하지만 이리저리 핑계를 대며 수락을 번복하곤 하였다. 신하들이 존호 문제를 처음 꺼낸 공을 놓고 다툰 일과 인경궁仁慶宮 문에 벼락이 떨어진 일 등을 구실로 삼았다.[84] 이처럼 존호 문제는 몇 달 더 이어졌다.

그렇지만 광해군도 백관의 정청을 언제까지 무시할 수는 없었다. 나라가 위급한 시기에 국가 업무의 마비 사태를 방치할 수 없었기 때문이다. 결국 광해군은 5개월 정도 지난 10월에 친히 고묘제를 거행하였다.[85] 이후에도 날짜를 좀 더 미루다가 11월에 '건의수정창도숭업建義守正彰道崇業'이라는 존호를 받았다.[86] '의를 세워정을 지켰으며 도를 밝혀 업을 드높였다'라는 의미이다. 여기에서의·정·도는 모두 '사대의 도리'를 가리키며, 업은 '나라의 기업' 정도로 해석할 수 있다. 따라서 존호의 뜻만 보아도 왜 광해군과 신료사이의 대립이 극한으로 치달았는지 알 수 있다.

　　그런데 광해군이 존호를 받았음에도 불구하고 존호 문제는끝나지 않았다. 불과 아흐레 만에 예조에서 또 다른 존호를 올리면서 곧바로 백관의 정청이 이어졌다. 신료들은 황제가 칙서와 선물을 연이어 하사함은 조선 국왕을 자식처럼 여기고 그 충정을 치하한 전례에 없던 은총이니, 그에 어울리는 존호를 받아야 한다고 주장하였다.[87] 1622년 당시 명 황제가 계속해서 칙서와 선물을 보낸것은 사실이다. 요동을 상실한 이후 광해군을 설득하여 명을 돕게하려고 많은 선물과 칙서를 수시로 조선에 보내왔다. 신료들은 그것을 빌미로 계속 존호 문제를 연장함으로써 광해군을 압박하였다. 그렇지만 광해군도 더는 물러서지 않았다. 존호의 수락은커녕아예 영칙迎勅 자체를 거부하였다. 그 결과 이 추가 존호 문제는 국가 업무를 다시 마비시켰으며, 이런 상황은 광해군이 폐위당할 때까지 이어졌다.

　　칙서의 요구를 공개적으로 거부했을 뿐 아니라 황제의 은총과 사대 정성을 기리는 존호까지 일관되게 거부한 광해군은 이제명의 번국인 조선의 왕일 수 없었다. 번국의 사대 도리를 정正과 의義 개념으로 인식하는 신료들의 눈에, 칙서를 거부하고 후금과 대화를 모색하는 광해군의 태도는 사邪이자 불의不義로 보일 수밖에 없었다. 이제 광해군의 권위는 결정적으로 추락했으며, 레임덕 현상이 나타났다. 광해군은 신료들로부터 철서하게 고립되었으며 승정원마저 그를 외면했다. 그 어떤 붕당과 소규모 정치 그룹도 광해군을 지지하지 않았다. 신료들은 왕에 대한 항의 표시로 집무를 내려놓기 일쑤였다. 일부 고위 대신은 아예 등청하지 않는 방식으로 불만을 표출했다. 그 결과 광해군 재위 마지막 10개월 동안 조선의 행정은 사실상 마비 상태였다. 광해군과 신료들은 다시는 화합할 수 없을 정도로 어긋나버렸다. 정변이 일어나기 좋은 환경은 이렇게 조성되고 있었다.

정사 논쟁의 의미

광해군 말엽의 외교 노선을 두고 왕과 신료가 벌인 논쟁은 단순한 외교 문제가 아니었다. 대명 사대를 국가 정책의 한 근본으로 천명한 조선에서 외교의 시작과 끝은 항상 명과 닿아 있었기 때문이다. 명을 '하나의' 대국大國이 아닌 '유일한' 상국上國으로 보고, 심지어 군부의 나라로 섬기던 조선에서 사대 원칙을 저해하는 새로운 국제 관계는 단순히 외교 문제를 뛰어넘어 국가정체성 문제와 직결될 수밖에 없었다.[88] 흔히 사대교린을 붙여 말하지만, 엄밀히 말해 교린은 사대와 동등한 위계가 아니다. 사대를 전제해서만 가능한 부수적인 외교 노선이었다. 이처럼 사대를 절대적 가치로 보는 한 조선이 명과 다른 나라 사이에서 중립 외교를 추진하는 것은 이론적으로 불가능하였다. 교린과 기미 같은 방식이 결코 진정한 의미의 중립 정책이 될 수 없는 이유가 바로 여기에 있다.[89]

광해군 대 후반의 외교 노선 논쟁은 당시의 구도가 정파 간 대립이 아니었다는 점에서도 잘 드러난다. 따라서 이때의 논쟁을 당쟁 구도로 설명하는 것은 사실과 어긋난다. 당시 신료들은 외교 노선 문제에서는 당색을 초월해 공동 전선을 구축하여 왕에게 대항했기 때문이다.[90] 이 점은 조선의 정치 무대에서 대명 사대는 토론을 통해 조정이 가능한 하나의 정책이 아니라, 그 자체로 이미 절대적 가치였음을 시사한다. 후금과 대화해야 한다고 주장하는 상소가 5년 동안 단 한 통도 올라오지 않았다는 사실은 당시 재야 양반사회도 신료들과 동일한 외교 노선을 지지하고 있었음을 잘 보여준다.

신료들이 배금론을 가리키는 용어로 굳이 정론을 고른 까닭은 이런 맥락에서 봐야 제대로 이해할 수 있다. 동시에 당시 외교 노선 논쟁의 실체와 성격을 극명하게 보여준다. 1621년 봄에 후금이 요동을 장악한 후 조선으로 보낸 국서에 답하는 문제를 놓고 논쟁이 벌어졌다. 영의정 박승종은 속히 우호적인 답신을 작성하라는 광해군의 독촉에 다음과 같이 해명했다.

> 본래 신과 동료들은 의견이 시종일관 같아 다름이 없었습니다. 요즘 신이 오랫동안 병석에 있어 사람을 만나지 못했으니, 어찌 조금이라도 강화만을 주장하려는 마음을 지니고 있겠습니까? 다만 오랑캐의 세력이 점차 강해지는데 나라의 형세는 점차 약해지므로, 매번 예로써 스스로 공고하게 하여 먼저 병화兵禍를 완화하려 한 것뿐이었습니다. 그러나 정론正論을 주장하는

사람들에 대해서는 마음속으로 항상 기뻐하며 이르기를 "나라에 이런 정론이 없으면 안 된다. 모름지기 한편으로는 정론을 배양하고 한편으로는 적과의 문제를 미봉해나가야 한다"라고 하였으니, [이는] 진실로 군주를 사랑하는 정성에서 나온 것입니다.[91]

조정 신료들은 물론이거니와 박승종 본인도 후금 배척론을 정론이라고 불렀음을 알 수 있다. 반면 광해군은 후금에 보낼 답서의 작성을 노골적으로 기피하는 비변사를 다음과 같이 힐난했다.

우리나라 병력이 과연 요양의 병력만 한가? (그러니 후금에) 답서를 보내지 않을 수 없다. 적을 결코 당해내지 못할 것을 분명히 알면서도 그저 한때의 사의邪議를 두려워하여 (답서 작성에 나서지 않고 있으니) 종묘사직을 어쩌려는 것인가? (이는) 또한 그저 자기 자신만 사랑하고 나라의 위망은 돌아보지 않는 (작태)다.[92]

이렇게 후금과의 대화 자체를 거부하는 배금론을 사론邪論으로 규정하였다.

조선의 사대부는 도통이니 학통이니 종통이니 하며 결벽증에 가까울 정도로 정통을 따지는 주자학 지상주의에 빠져 있었다. 어떤 문제를 놓고 그에 대한 평가가 정론과 사론으로 갈렸다면, 그 문제는 대화를 통해 절충점을 찾기 어려운 사안임을 뜻하였다.[93] 대명 사대에 절대적 가치를 부여한 조선 양반 엘리트의 눈에 '중립'은 그 자체로 군부의 나라에 등을 돌리는 패륜 행위일 수밖에 없다. 요컨대 이 문제의 핵심은 정책 대결이 아니라 조선의 '국가정체성' 논쟁이었다. 또한 이것은 최근 한국 사회의 한미 관계와 한일 관계 논쟁 및 대북 정책 논쟁과도 흡사한 면이 있다.

대외관과 국내외 정세는 불가분의 관계다. 정세에 따라 수시로 변할 수 있으며, 실제로 그래야 한다. 그러나 조선 신료들의 대명관은 '상식'으로 이해할 수 없는 매우 독특한 성격이었다. 많은 학자가 조선과 명의 관계를 중국적 질서하에서 이루어진 책봉·조공 관계의 전형적 예로 보지만,[94] 나는 조·명 관계를 중국적 질서에서 이루어진 예외적이고 특이한 관계로 보고자 한다. 왜냐하면 번국(조선)이 망하는 한이 있더라도 황제국(명)에 대한 의리를 지켜야 한다는 주장은 말할 것도 없고, 심지어 황제국이 완전히 멸망해 사라졌음에도 기존의 사대 의리를 영원히 유지해야 한다는 논리는 유교 정치이론 어디에도 없기 때문이다. 더 나아가 책봉·조공 관계를 군신 관계로만 보지 않고 부자 관계로 이해하고 실제로 그렇게 실천까지 한 예는 동아시아 역사상 조명 관계가 유일하다. 즉 명을 대국이 아닌 상국, 더 나아가 군부로 보는 순간 이미 조명 관계는 춘추전국시대의 사대자소事大字小 관계에서 이탈한 셈이다. 더 나아가 한당 이래 중국적 책봉·조공 관계의 실제와도 다른, 몹시 변형된 관계일 수밖에 없다. 어떤 사례가 역사상 전무후무하다면, 그것은 희소하고 특수한 예로 보는 것이 더 합리적이다. 명과 조선의 책봉·조공 관계는 이런 시각에서 접근해야, 이미 명이 망해 사라진 후에도 계속 숭명배청을 내세울 수밖에 없었던 조선 후기 정치·지성사의 흐름을 이해할 수 있을 것이다.

◈ **3장** ◈

정묘호란의 동인과 목적,

1623~1627

정묘호란은 한동안 잠잠하던 배금론, 곧 척화 논의가 조정을 다시 휩쓰는 결정적 계기였다. 이때 등장한 척화론의 논리 구조는 광해군 대 외교 노선을 놓고 조정에서 빌어진 논쟁에 등장한 정론과 동일했고, 병자호란 당시 남한산성의 극한 상황까지 그대로 이어졌다. 삼전도에서 항복함으로써 조선의 주체적 외교 노선이 사실상 불가능해졌어도 척화론의 기세는 꺾이지 않았다. 심지어 의리의 대상이던 명이 몰락한(1644) 후에도 척화론의 위세가 여전하더니, 결국 북벌론으로 발전했다. 따라서 척화론의 기폭제 역할을 한 정묘호란의 발발 이유를 당시 정세와 연동해서 살필 필요가 있다.

앞에서 확인했듯이, 광해군이 후금에 우호적 국서를 보낸 1622년 초겨울을 기점으로 조선과 후금 사이의 외교적·군사적 긴장은 크게 완화되었다. 이후 후금은 명과 자신 사이에서 한쪽을 선택하라는 식의 고압적인 국서를 더는 조선에 보내지 않았다. 광해군의 회신을 통해 조선을 어느 정도 자기편으로 돌려세우고 후방을 안정시켰다고 판단한 누르하치는 요서 지역으로 총공세를 펼쳤다. 그런데 불과 5년도 안 되어, 후금은 아무런 선전 포고나 사전 움직임도 없이 느닷없이 조선을 침공하였다. 1627년의 정묘호란은 그야말로 뜻밖의 사건이었다. 긴장이 꽤 완화된 상황에서 왜 갑자기 조선을 침공했을까?

정묘호란의 발발 이유에 대해서는 인조반정을 계기로 조선의 대외 정책이 친명배금 노선으로 급변한 데 따른 후금의 군사적 대응이라는 해석이 정설처럼 군림하였다. 10년 후에 재발한 병자호란에 대한 설명도 대동소이하다. 호란은 피할 수 있던 전쟁이었음에 주목하여, 인조 정권을 비판하고 광해군의 외교 정책을 높게 평가하는 추세가 확연하였다. 1930년대에 이나바 이와키치稻葉岩吉 등이 설명 틀을 제시하였고, 해방 후에는 이병도가 이어받아 확산시켰다.[1] 이후 거의 모든 교과서와 개설서에서 이를 그대로 수용하다 보니 대중에게도 통설로 각인되었다. 그렇지만 이 설명은 '아마 그랬을 것'이라는 추론에 불과하다. 정변(반정)을 계기로 조선의 외교 노선이 바뀌었다고 전제하면서도 정작 구체적 논증은 제시하지 않았기 때문이다. 후금이 왜 조선 침공을 4년이나 미루다가 선전 포고도 없이 갑자기 실행에 옮겼는지도 설명하지 않았다. 따라서 통설에 대한 비판적 검토가 필요하다.

최근에는 호란의 주요 원인을 조선보다 후금 쪽에서 찾는 움직임이 대세이다. 김종원에 따르면, 정묘호란은 후금 내부의 정치·사회·경제적 요인이 복합적으로 작용해 일어났다. 그는 정치·군사적 요인으로 팔기八旗 내부의 알력, 연정 체제의 권력을 홍타이지로 집중하려는 의도, 영원성寧遠城 패배 이후 저하된 후금군의 사기 진작용 군사 작전, 배후의 모문룡 제거, 모문룡을 지원하는 조선을 확실히 제압할 필요 등을 두루 꼽았다. 이 밖에도 요동 지역 한인의 반란과 도주로 인한 내부 소요 및 식량과 생필품 부족 같은 후금의 사회·경제적 형편도 중시하였다.[2] 김종원의 연구는 정묘호란의 원인에 관한 가장 종합적이고 상세한 설명을 제공한다.

한명기는 정변 후에도 조선의 외교 정책 기조가 바뀌지 않았다고 설명하고 후금 내부의 경제적 곤경에 주목했다. 특히 정묘호란은 후금의 만성적 식량 부족 문제를 해결하기 위한 출병이었음을 강조했다.[3] 하지만 정묘화약, 곧 전후의 맹약을 보면 후금은 조선에 식량을 요구하지 않았으며 징발 품목도 주로 면포였다.[4] 오히려 후금은 조선에 명과 관계를 끊으라고 정치적 압력을 가하는 데 주력했다.[5] 목전의 식량 문제를 해결하기 위해 출병했다면 왜 다량의 식량을 요구하지 않았을까? 이 점은 경제적 요인을 조선 침공의 주요 동인이나 원인 내지는 목적으로 보는 견해에 의문을 불러일으킨다.[6]

최근에 한명기는 정묘호란의 발발 이유를 종합적으로 재조명하였다. 그에 따르면 모문룡 제거가 침공의 핵심 이유였다. 명과 전면전을 시작하기 전에 배후의 불안 요소를 제거하려는 군사적 행동이었다. 조선을 회유하여 화호和好하고 경제적 이득을 취하는 것은 그다음이었다면서[7] 자신의 이전 견해를 일부 수정하였다. 하지만 압록강을 건넌 후금이 왜 가도 공격에는 총력을 기울이지 않은 채 남진 속도를 늦추면서 조선과 강화 협상에 주력했는지 의문이다.[8] 특히 1621년 초 후금이 요동 전역을 장악한 뒤 내부에 선박 제조와 운행에 능숙한 한인이 적지 않았음을 고려할 때 더욱 그렇다. 따라서 이 견해도 재검토가 필요하다.

이번 장에서 나는 정묘호란이 발생한 시점(타이밍)에 주목하려 한다. 누르하치가 죽고 홍타이지가 즉위한 지 불과 석 달 만에 후금은 선전 포고도 없이 전광석화처럼 조선을 침공했다. 누르하치와 달리, 처음부터 대조선 강경 노선을 선호한 홍타이지의 즉위야말로 침공의 제일 동인일 수 있기 때문이다. 먼저 정변 후 침공까지 4년(1623~1626) 동안 조선과 후금의 관계가 어떠했는지 살핀다. 정변을 계기로 조선의 외교 정책에 어떤 변화가 발생했는지 확인하기 위함이다. 이를 통해, 정변 후 조선의 외교 노선과 후금의 침공 사이에는 별다른 인과관계가 없었음을 확인할 것이다. 다음으로 강화의 결과물로 등장한 맹약의 내용을 검토한다. 강화 협상 과정에서 후금이 조선에 요구한 다양한 내용은 침공의 목적·원인·배경·동인 등을 파악할 수 있는 결정적 자료임에도 그동안 분석이 불충분했다. 이를 복기하며 정묘호란의 발발 동기 가운데 경제적 문제가 과연 어느 정도로 중요했는지 확인할 것이다. 마지막으로 조선 공격에 대체로 미온적이던 누르하치가 죽은 후에 애초부터 조선 공격을 주창하던 홍타이지가 새 칸으로 즉위한 시점에 주목하여 정묘호란의 핵심 동인을 파악한다.[9]

정변 후 조선과 후금의 관계

정변을 계기로 조선의 외교 노선이 친명배금으로 분명하게 바뀌었고, 그 결과 호란을 초래했다는 설명이 한때 통설이었다. 하지만 이는 당대 조선과 주변 세계의 정황을 유추한 가설에 지나지 않는다. 최근에는 정변 후에도 조선의 외교 노선은 광해군 대와 거의 같았다는 주장이 제기되었다.[10] 하지만 이런 견해도 문제가 있다.

한명기는 인조 대의 외교 노선에서 "뚜렷한 배금의 기조를 볼 수 없다"라고 확언하였다. 그 근거로 광해군 때 후금에 보낸 국서와 거의 비슷한 내용의 대후금 정책을 비변사가 건의한 점, 1624년에 모문룡이 요청한 군량 4000석을 완곡하게 거절한 점, 모문룡이 조선인 향도나 군사를 요청하면 핑계를 대며 거절하되 도저히 피할 방법이 없으면 중국 복장을 입혀 보내자고 비변사가 건의한 점, 함경도까지 들어온 모문룡 군사들을 속히 퇴거하도록 종용한 점 등을 들었다. 이를 토대로 인조 초기 비변사의 정책을 "광해군이 취했던 기미책과도 같은 현상 유지책"으로 파악했으며, "후금의 원한을 살 수 있는 사단은 극력 피하는 것이 당시 조선 집권층이 취한 대외 정책의 뚜렷한 특징"이라고 해석하였다. 특히 대명 노선과 관련하여 그는 정변 이후 인조 정권의 대외 정책이 "친명 쪽으로 큰 가닥을 잡으면서도 대후금 정책의 경우에는 광해군 대의 그것과 별 차이가 없었다"라는 점을 강조하고, "명과의 관계를 더 강화하는 방향으로 전환된 것 이외에는 근본적으로 달라진 것이 없었다"라고 하였다.[11]

정변 직후 인조 정권이 취한 외교 노선의 본질을 파악할 때, 조선이 후금과 문제를 일으키지 않으려 조심한 사실만 강조해서는 불충분하다. 후금이 가만히 있는데 조선이 보란 듯이 모문룡 군대를 지원하거나 스스로 호전적 태도를 보여 긴장을 고조시킬 이유는 전혀 없었기 때문이다. 특히 조선이 취한 외교 노선의 성격을 규명하고자 할 때 조선의 후금 정책은 부차적인 문제이다. 그보다 대명 외교 노선, 곧 사대 정책의 변화 여부에 초점을 맞춰야 한다. 사대와 교린은 상호 대등한 가치가 아니었다. 무게 추는 절대적으로 사대로 기울어 있었다. 교린은 사대의 틀 안에서 작동한 부수 정책에 지나지 않았다. 따라서 정변 이후 조선의 외교 정책이 근본적으로 변했는지 논하기 위해서는 후금을 상대로 한 교린이 아니라 대명 사대에 어떤 변화가 있었는지 살피는 일이 급선무이다.

광해군 시기와 인조 시기의 대명 사대 외교 정책은 매우 달랐다. 칙서를 들고 조선에 온 감군어사의 징병 요구를 목전에서 일언지하에 거절한 광해군과는 달리,[12] 인조는 책봉을 받기 위해 명에게 매달리다시피 하였다.[13] 광해군은 모문룡의 활동을 억제하려한 반면 인조는 그의 요구에 순응하여 다량의 물자를 꾸준히 공급했다. 이런 대조는 광해군과 인조의 대명 외교 노선이 결정적으로 달랐음을 잘 보여준다. 정변을 계기로 조선은—반정의 명분에 따라—명에 대한 사대 의리에 충실한 노선으로 돌아온 것이다. 이는 반정교서의 내용을 통해 자명해진다. 광해군의 죄악을 낱낱이 열거한 반정교서에서 가장 중요하게 다룬 문제가 바로 광해군의 배명背明 행위였다.[14]

그렇다면 명과 후금이 서로 싸우는 상황에서 인조 정권은 어떻게 친명 사대를 분명히 하는 동시에 배금 행보를 하지 않을 수 있었을까? 그것은 1623~1626년 사이에 후금이 조선에 뚜렷한 적대 행위를 가해오지 않았기 때문에 가능하였다. 광녕을 점령한 누르하치는 이후 모든 신경을 요서 지역 공략에 쏟았다. 이런 사정의 대강을 확인하기 위해,『광해군실록』과『인조실록』에서 후금 관련 기사의 수와 내용을 추출하여 보자.

[표2]에 따르면 정변(반정) 후 © 시기 4년 동안의 기사는 연평균 20개 정도이다. 이는 외교 문제가 불거지기 전인 Ⓐ 시기에 비하면 다소 많지만, 외교 노선 논쟁이 치열했던 광해군 대 Ⓑ 시기에 비하면 현저하게 적은 수치다. 이 점은 Ⓑ 시기에는 후금의 압력으로 인한 사대와 교린의 충돌이 극심했던 반면에, 공교롭게도 정변 직후 © 시기에는 후금의 압박이 전혀 없어서 사대와 교린이 충돌할 일도 없었음을 보여준다.

© 시기에 후금 관련 기사는 격감했으며, 그마저도 변방 장

〔표2. 『조선왕조실록』의 후금 관련 기사, 1613~1628)[15]

시기 구분	서력	기사 수	주요 사건	비고
⒜ 광해군 5~9년	1613	4	7월 계축옥사 발발	접촉조차 없을 정도로 평온
	1614	8		
	1615	4		
	1616	8	1월 누르하치 후금 건국	
	1617	3		
⒝ 광해군 10~14년	1618	258	1월 후금의 요동 무순 점령 4월 명의 조선군 징병 요구	명·후금·조선 사이의 전쟁 또는 외교전
	1619	204	1619년 3월 사르후 전투 (명군 궤멸), 포로 처리 문제, 후금의 국서에 회신	
	1620	51	하는 문제, 조선감호론 문제 등으로 끝없는 논쟁	
	1621	125	1~3월 후금의 요동 장악 7월 모문룡 등 요동 난민 평안도 난입 12월 후금의 임반관 기습 침공	
	1622	103	5월 감군어사의 징병 칙서를 광해군이 거절 5월 이후 온 조정이 정청, 행정 마비 10월 광해군의 우호적 국서 후금 전달 11월 모문룡의 가도 이주	
⒞ 인조 1~4년	1623	20	3월 계해정변(인조반정)	평상적 상태 회복. 후금의 조선 압박 행위 없음. 후금은 요서 공격에 주력.
	1624	22		
	1625	24		
	1626	16	9월 누르하치 사망, 홍타이지 즉위	
⒟ 인조 5~6년	1627	424	1월 후금의 조선 침공(정묘호란)	침공과 강화 협상 으로 기사 수 폭증
	1628	93		

수들이 후금의 동태를 보고하는 일상적 내용이 대부분이다. 후금
은 조선에 단 한 통의 국서도 보내지 않았다.[16] ⒝ 시기에 누르하치
가 명과 후금 중 한쪽을 택하라며 고압적으로 몰아붙이는 국서를
무려 열 번 가까이 보냈던 상황과 비교하면, 정변(반정) 이후 ⒞ 시
기에 공교롭게도 조선은 사대와 교린이 충돌하는 외교 노선 문제
로 고민할 일이 없었음을 알 수 있다.

이런 상황에서는 그 누가 조선의 권력을 잡았더라도 후금을 적대할 이유가 없었다. 따라서 당대 국제 환경을 무시한 채 단지 인조 정권이 후금에 적대 행위를 하지 않았다는 사실만으로 대외 노선이 광해군 때와 같았다고 말할 수는 없다. 앞에서 살폈듯이, 광해군은 징병 칙서를 감군어사의 앞에서 거절함으로써 친명 사대 자체를 공개적으로 거부했기 때문이다. 정변 후 인조 정권이 가장 먼저 한 일은 광해군이 훼손한 친명 사대를 본래의 모습으로 되돌린 것이었다.

교린보다 사대를 중시한 조선에서 대명 태도가 바뀌었다면, 이는 곧 조선의 외교 노선이 바뀌었다는 뜻이다. 정변을 계기로 조선의 외교 정책은 근본적으로 바뀌었으며, 그 핵심은 강력한 친명 사대로의 복귀였다. 인조 정권이 후금에 대해서 현상 유지 정책을 펼 수 있었던 것은 당시 국제 정세 '덕분'이었다. 이 점이 바로 광해군과 인조 정권 외교 노선 사이의 근본적 차이이자, 국제 환경의 결정적 차이였다. 따라서 대명 노선이 이미 분명히 바뀐 상황에서 후금 정책에 큰 변화가 없었음을 강조하는 것은 별 의미가 없다.

인조 정권의 외교 노선은 광해군 대 비변사를 중심으로 한 신료들의 외교 노선과 같았다. ⑧ 시기에 외교 노선을 놓고 조정이 논쟁으로 휩싸인 것은 국왕(광해군)과 비변사(신료)의 견해가 정면으로 출동했기 때문이다. 따라서 인조 대의 노선이 광해군 대의 그것과 같았다고 말하려면, 그 비교 대상이 광해군 대 국왕의 노선인지 아니면 비변사의 노선인지 분명하게 구분해야 한다.

요컨대 정변을 계기로 조선의 외교 노선은 바뀌었다. 배금을 드러내지는 않았으나, 강력한 친명 노선으로 회귀한 것은 분명했다. 마침 조선에 대한 후금의 압박도 거의 없었다. 양국 사이의 긴장은 상당히 풀린 상태였다. 실제로도 평상적 관계를 유지할 수 있었다. 바로 이런 상황에서 후금은 선전 포고조차 없이 조선을 침공했다. 이런 정황은 인조 정권의 외교 노선과 정묘호란의 발발 사이에 직접적인 인과가 없었음을 잘 보여준다.

맹약의 내용으로 본 침공 목적

현재는 정묘호란의 원인 가운데 하나로 후금 내부의 경제적 문제를 꼽는 것이 통설이라 해도 과언이 아니다. 그렇지만 조선에서 주요 물자를 확보하겠다는 후금의 의도가 침공의 주요 동인으로 어느 정도 작용했는가에 대해서는 재고할 여지가 많다. 정녕 경제적 궁핍을 해결하기 위해 침공을 감행했다면, 강화 협상 과정에서 세폐의 종류나 수량을 놓고 조선을 강하게 압박했을 것이다. 하지만 후금은 그러지 않았다. 따라서 이번에는 맹약[17]을 체결하기까지의 과정에서 후금이 주로 무엇을 얻고자 조선을 채근했는지, 특히 어디에 우선순위를 두었는지 살펴보자.

후금은 압록강을 건넌 직후 조선 조정에 화친 의사를 거듭 제시하며 진군 속도를 늦췄다. 일정 거리를 남진하여 주요 성읍을 점령할 때면 으레 진군을 잠시 멈춘 채 서신을 보내 '정벌'의 명분을 밝히고 화친의 조건을 제시하였다. 조선은 화친에 소극적이었으나, 후금의 군사적 압력을 오래 버티지 못하고 강화 협상에 임하였다. 조선 조정은 훗날 이런 사정을 명에 보고하면서, 침공 직후부터 후금이 조선에 요구한 내용을 순서대로 잘 정리하였다.

[정주定州에서 보낸 글]

우리는 서로 원한이 없는데 조선은 왜 남조南朝(명)를 도와 우리를 치려는가? 조선은 모문룡을 치기는커녕 그에게 양식과 마초를 공급하며 돕는다. 신유년(1621년)에 우리가 모문룡을 잡으려 압록강을 건너되 조선 관민은 전혀 건드리지 않았음에도 조선에서는 아직 감사의 말 한마디 없다. 오히려 요동 난민이 모문룡에게 붙도록 조장한다. 우리 선한先汗(누르하치)께서 돌아가셨을 때 남조도 사신을 보내 조문하고 새 칸(홍타이지)의 즉위를 축하했는데 조선만은 그러지 않았다. 이 때문에 거병했으니, 속히 죄를 인정하고 강화에 응하라.

[안주安州에서 보낸 글]

우리 군대가 곧장 한양까지 쳐들어가기를 바라는가? 우리 군대가 잠시 안주에 머물지만, 만약 강화를 위한 차관이 오지 않으면 다시 진군할 것이다.

[평양平壤에서 보낸 글]

우리 두 나라 사이에는 원한이 없다면서 어찌 남조에는 은혜를 갚고, 우리가 베푼 은혜는 잊어버리는가? 심지어 기미년(1619)에 조선은 군대를 내어 우리를 쳤으니, 과연 누가 누구를 저버린 셈인가? 지금이라도 속히 사람을 보내 강화하라. 그러면 서둘러 돌아갈 것이다.

[중화中和에서 보낸 글]

진심으로 강화를 바란다면 남조를 섬길 일이 아니라 교통을 끊어야 한다. 만약 남조가 (너희 조선을) 꾸짖을지라도 우리가 가까이 있으니 두려울 게 무엇인가? 하늘에 맹세하고 영원한 형제의 나라가 되어 함께 태평을 누려야 하리라. 그러니 속히 대신을 보내어 우호를 정하자.[18]

후금이 조선을 압박하며 강조한 내용은 모두 정치·외교적 사안이었다. 물론 공격자 측에서 침공의 정당성을 공포하는 성격의 서신이므로, 이것만으로 후금의 침공 이유를 속단할 수는 없다. 동서고금을 막론하고 전쟁 초기에는 그럴듯한 명분으로 윤색한 거병 이유를 천명하기 마련이기 때문이다. 아무리 경제적 목적이 강했을지라도, 그것은 차후 전개할 강화 협상을 통해 드러내는 것이 역사에서는 매우 일반적이다. 그렇다면 실제 강화 협상에서 후금은 경제 문제를 어느 정도로 중시했을까?

조선 조정이 화친을 수락하자 본격적인 협상이 시작되었다. 안건 중에는 화친의 대가로 조선이 후금에 제공할 예물의 종류와 수량도 포함되어 있었다. 몇 차례 조율을 거친 주요 내용은 다음과 같다.

ⓐ 목면 4만 필, 면주 4000필, 포 4000필, 소 4000마리 등.[19]

ⓑ 목면 1만 5000필, 면주 200필, 백저포 250필, 호피 60장, 녹피 40장, 왜도倭刀 8자루, 안구마鞍具馬 1필.[20]

ⓐ는 아민Amin(阿民)이 조선에 통고한 주요 물품이고, ⓑ는 협상을 거친 뒤 조선이 실제로 건넨 품목과 수량이다. 후금이 요구한 품목과 수량을 조선이 협상을 통해 대거 줄였음을 알 수 있다. 또한 이 가운데 왜도와 안구마는 국가의 정식 공물보다는 개인, 곧 후금국 칸에게 제공하는 선물의 성격이 강하다. 호랑이 가죽과 사슴 가죽도 그 수량을 고려하면, 역시 선물의 성격이 짙다. 이렇게 보면 후금은 목면 1만 5000필 외에 면주 200필과 흰 모시 250필을 받고 화친에 응한 셈이다.

그렇다면 당시 후금에서 목면 1만 5000필은 어느 정도 가치였을까? 홍타이지가 즉위하던 1626년 무렵 요동을 포함한 후금 일대에서 말은 한 필에 대략 은 300냥, 소는 100냥, 면주 같은 비단은 한 필에 150냥, 포는 한 필에 아홉 냥의 가치를 지녔다.[21] 무명은 면주보다는 훨씬 저렴하고 일반 베보다 다소 비싸다. 이 점을 고려하여 ⓑ의 첫 세 가지 품목의 가치를 은으로 환산하면 20만 냥을 조금 웃돈다. 말로 환산하면 700마리 남짓이다.

그런데 조선 건국 초기만 해도 명은 으레 조선에서 공마貢馬를 수백 또는 수천 필 단위로 공출하였다. 말 값을 치르기는 했지만, 당시 명이 조선에서 가져간 공마의 규모를 짐작할 수 있다. 후금이 고작 말 700필 남짓의 경제적 가치를 조선에서 가져간다고 해서 경제 사정이 얼마나 호전될지 심히 의문이다. 참고로 후금이 정묘호란에 동원한 병력은 3만 6000명이었다.[22] 이 가운데 실제 전투 병력인 기병을 2만여 명으로만 잡아도, 당시 전투에 나가는 기병이 보통 한두 마리의 말을 여분으로 끌고 가는 점을 고려하면, 후금 군대는 적어도 4~6만 마리의 말을 보유했을 것이다. 따라서 후금이 조선에서 받은 말 700마리는 오히려 침공의 목적이 경제적 공출에 있지 않았음을 보여준다. 은으로 환산해도 마찬가지다. 광해군 대나 인조 집권 초기에 명의 칙사가 오면 흔히 뇌물을 주곤 했는데, 한 번에 수만 냥은 기본이었다. 따라서 후금이 20만 냥의 은으로 경제적 곤경을 해결하려 했다는 것은 어불성설이다.

이런 점은 홍타이지가 명의 요서 지역 사령관 원숭환袁崇煥(1584~1630)에게 요구한 세폐의 수량과 비교할 때 더욱 두드러진다. 조선이 아민 군영으로 ⓑ의 물품을 실어 보낸 날은 1627년 2월 15일이었다. 따라서 이 사실을 전하는 보고는 심양의 홍타이지에게 늦어도 20일쯤에는 이미 도착했음이 분명하다. 그러자 홍타이지는 23일에 원숭환에게 서신을 보내면서 휴전의 조건으로 금과 은 수백만 냥 외에도 다량의 공물을 요구하였다. 이후 명이 후금에 제공한 공물은 금 10만 냥, 은 100만 냥, 명주 100만 필, 모청포 1000만 필 등이었다. 그 밖에 교역의 형태로 매년 금 1만 냥, 은 10만 냥, 명주 10만 필, 모청포 30만 필 등이 명에서 후금으로 들어갔다.[23] 여기에 비하면 같은 시기에 후금이 조선에서 가져간 전리품의 경제적 가치는 차라리 무의미했다고 보는 편이 합리적이다.

기존 연구들은 1620년대에 후금의 경제적 곤경이 심각했다는 점에만 주목하여 정묘호란의 경제적 목적을 강조하는 경향이 강했다. 그러나 실제 세폐의 규모를 보면, 홍타이지가 갑자기 조선을 침공한 이유가 과연 자국의 경제적 문제를 풀기 위함이었는지 매우 의심스럽다. 당시 후금 내부의 경제 사정이 어려웠던 것은 사실이지만, 단지 그런 이유만으로 경제 문제를 곧바로 정묘호란의 목적이나 동인으로 볼 수는 없다.

혹시 후금은 조선과 맹약을 체결한 후에 개시開市 무역을 통해 조선으로부터 물품을 상당량 조달하려 하지는 않았을까? 정묘호란의 목적 가운데 하나가 설사 경제 문제 해결이었을지라도, 그것을 일방적 수탈이 아닌 변경 무역의 형태로 해결하려 했을 수도 있다. 그렇다면 개시를 둘러싼 조선과 후금의 협상 추이는 어떠했을까? 후금은 얼마나 촉급하게 개시를 압박했으며, 어느 정도 규모의 경제적 교역을 원했을까?

조선은 후금과 교역을 전혀 원하지 않았으므로, 개시 문제는 후금이 주도권을 쥐고 조선을 다그치는 양상을 보였다. 그렇지만 당면한 경제 문제 때문에 조선을 침공했다고는 보기 어려울 정도로 시일을 지체하였다. 후금의 개시 요구는 철군 후에 시작되었으나, 조선의 미온적인 태도로 인해 진척이 지지부진하였다. 맹약 체결 후 7개월이 지나서야 후금은 조선을 다그치기 시작하였다. 그래도 조선이 미온적 태도로 일관하자, 후금은 일방적으로 개시 날짜를 통고하는 등 점차 고압적으로 변했다.[24] 신료들은 개시를 계속 미루다가는 또 다른 화를 자초할 수 있으니 후금의 요구에 응할 수밖에 없다는 쪽으로 기울었다.[25] 척화파의 화신으로 알려진 김상헌金尙憲(1570~1652)조차도 개시가 부득이함을 인정할 정도였다.[26]

그런데 이런 상황에서 국왕 인조의 발언에 주목할 필요가 있다. 그는 봄과 가을에 개시를 여는 것은 그런대로 무방하나, 상인들이 관서 지역으로 몰려 일본과의 교역에 차질이 생기면 새로운 화근이 되지 않을까 걱정했다.[27] 개시로 인한 조선의 경제적 유출을 걱정하기보다는 일본과의 관계 악화를 더 우려했다. 이는 후금과 정식으로 교역하더라도 그것이 심각한 수준으로 조선의 경제를 수탈하지는 않으리라고 인조가 생각했음을 시사한다.

후금이 조선에 쌀 교역도 요구하였으나 현재 기록을 통해 확인할 수 있는 첫 개시 때의 수량은 5000석 정도였다.[28] 그렇다면 당시 5000석의 가치는 어느 정도였을까? 조선은 정묘호란 발발 직전인 1626년 상반기에만 모문룡에게 쌀 10만 석을 제공했다. 같은 시기에 평안도와 황해도에서 공세貢稅로 걷은 쌀은 관노비의 신공 11만 석을 포함하여 대략 18만 석이었다.[29] 황해도와 평안도에서 징수한 수량 가운데 절반 이상을 모문룡에게 보낸 셈이다. 따라서 조선이 개시를 통해 후금에 제공한 쌀 5000석은 지극히 적은 수준임을 짐작할 수 있다. 또한 1637년 삼전도 항복 이후 청이 조선에서 군량을 5만 석 또는 10만 석 단위로 징발한 데 비하면, 이때의 5000석은 국가 대 국가 차원의 교역으로 보기 힘들 정도로 소량이다. 이 정도의 교역으로 후금의 식량 사정을 얼마나 개선할 수 있었을지 의문이다. 심지어 후금은 개시에서 식량보다는 대단大緞과 노주주潞洲紬 같은 중국산 비단, 곧 사치품에 더 관심이 있었다.[30]

후금과 조선의 국경 무역은 맹약을 체결하고 1년이 지나도록 지지부진하였다. 후금은 당장 개시를 열라고 압박하는 동시에 조선의 이런저런 핑계를 대체로 수용하는 편이었다. 특히 첫 개시를 통해 후금으로 들어간 물량은 방금 막 전쟁을 통해 우열을 정한 국가 간의 무역(일방적 공출)으로 보기 어려울 정도로 양이 적었다.

요컨대 후금이 조선에서 가져간 경제적 가치는 맹약에 따른 예물의 성격이 강했고, 후금의 경제 사정을 호전시킬 만한 양도 아니었다. 따라서 정묘호란의 발발 요인 중에서 후금의 경제 문제를 강조할 근거는 사실상 없다. 특히 식량 문제가 협상 과정에 일언반

구조차 등장하지 않은 사실을 간과하면 곤란하다. 후금 내부의 경제 사정이 나빴다고 해서 그것을 곧바로 침공의 동인이나 목적으로 볼 근거는 없다는 것이다.

정묘호란의 발발 배경을 종합적으로 살핀 것으로는 지금까지도 전해종과 김종원의 연구가 으뜸이다. 그런데 전해종에 따르면, 협상의 최대 현안은 정치·외교적 사안이었다. 조선과 명의 전통 관계를 어디까지 용인할 것인가로 줄다리기가 이어졌다. 이뿐만 아니라 화친을 맹약의 방식으로 거행하는 문제도 매우 첨예한 쟁점이었다. 이 맹약 방식이 협상의 최대 난제였다. 세폐나 개시 같은 경제적 사안은 상대적으로 매우 소홀히 다루었다.[31] 정묘호란의 출병 동기 가운데 하나로 경제 문제를 최초로 지적한 김종원도 협상의 중요한 현안을 정치·외교와 맹약 문제에 치중하여 이해하였다.[32] 이럴 수밖에 없는 이유는 자명하다. 협상 과정을 거쳐 맹약에 제시한 내용이 죄다 정치·외교·군사적 사안이었기 때문이다.

홍타이지는 아민을 조선으로 출정시키면서 다음과 같이 명하였다.

조선은 여러 해 동안 우리 나라에 죄를 얻었다. 이치로는 마땅히 성토해야 한다. 그렇지만 이번 일(의 목적)이 오로지 조선을 치는 것만은 아니다. 명의 모문룡은 저 바다의 섬을 가까이하며 (그것을) 의지해 미쳐 날뛰며, 우리 반민叛民까지 받아들인다. 그러니 (이제) 군사를 정돈하여 가서 정벌하라. 만약 조선도 취할 수 있다면 모두 취하라.[33]

이처럼 원정군 사령관 아민에게 구체적 임무를 부여했다. 그 임무가 바로 침공의 이유이자 목적임은 자명하다. 침공의 이유를 명시한 사료는 이 『청태종실록』이 거의 유일하다. 따라서 홍타이지 쪽에서 보더라도 정치·외교·군사적 이유로 침공을 단행했음은 자명하다.

그런데 위 사료에서 "조선도 … 취하라"는 정확히 어떤 뜻일까? 도성인 한양을 점령하고 조선을 완전히 정복하는 것이었을까? 정묘호란의 전황을 보면 그렇지는 않다. 압록강을 건넌 직후 아민이 보인 태도는 조선의 완전 정복을 목표로 삼은 장수로 볼 수 없을 정도였다. 그는 진군 속도를 늦추고 처음부터 줄곧 조선 국왕에게 화친을 요구했다. 이는 당시 후금이 조선을 취한다는 의미가 조선을 정복하기보다는 후금의 맹약 체제 안으로 포섭하는 데 있었음을 강하게 시사한다.

명질서明秩序하에서 명의 오랜 '혈맹'이던 조선을 후금의 맹약 체제로 끌어들일 수만 있다면 갓 등극한 홍타이지의 혁혁한 공훈이 될 것이 자명했다. 이 점을 고려하면 개전하자마자 줄기차게 조선을 몰아치며 빠르게 남하하는 대신 왜 집요하게 화친을 요구하며 지체했는지, 협상의 최대 안건이 왜 하필 화친이라는 방식, 곧 맹약의 체결이었는지 쉽사리 알 수 있다. 협상 과정은 물론 맹약을 체결한 후에도 조선에 대한 경제적 수탈이 '의외로' 미미했던 이유 또한 자연스레 이해할 수 있다.

맹약 체결을 통해 명과 조선의 관계를 끊고 모문룡을 제거하는 것이 침공의 핵심 목적임은 앞의 사료를 통해 확인하였다. 그러나 이것을 침공의 직접 동인으로 보기는 어렵다. 왜냐하면 명과 조선의 돈독한 관계는 이미 천하가 다 알던 사실이며, 1620년대 중엽에 이르러 특별히 문제가 된 사안은 아니기 때문이다. 모문룡도 마찬가지다. 모문룡이 조선 영토 안에 군영을 설치하고 후금의 배후를 위협한 것은 1621년 여름의 일이다. 1622년 초겨울에 본영을 섬으로 옮긴 후에도 모문룡의 존재는 후금의 골칫거리였다. 그렇지만 이 역시 이미 5년 이상 이어진 현상이지 1626년에 갑자기 상황이 심각해졌다고 볼 근거는 없다. 결국 경제 문제를 포함하여 외교·군사적 사안은 이미 5년 또는 10년 이상 만성화한 상태였다. 그러므로 이것이 정묘호란의 전체 배경일 수는 있어도 침공을 직접 추동한 동인으로 간주하기는 어렵다.

누르하치와 홍타이지의 조선 정책

그렇다면 정묘호란은 왜 하필 1627년 정초에 느닷없이 발발했을까? 홍타이지가 침공을 단행한 직접 동기는 무엇일까? 침공 직전에 후금 내부에서는 어떤 일이 있었을까? 정치·외교·군사·경제 등의 문제는 누르하치 치세부터 만성화한 요인이었다. 따라서 후금이 조선을 침공한 동인은 다른 데서 찾을 필요가 있다. 여기서 중요한 점은 조선을 아우를 필요가 분명했음에도 누르하치는 조선 원정을 실행에 옮기지 않은 사실이다. 그러다 그가 죽고 칸이 바뀐 지 불과 석 달 만에 후금은 전격적으로 조선을 침공하였다. 따라서 정묘호란의 직접 동인은 아무래도 누르하치의 죽음(1626년 9월 30일)과 홍타이지의 등극에서 찾을 필요가 있다.

1616년 정초에 후금을 건국한 누르하치는 명에 대한 7대 원한을 푼다는 명분으로 1618년 초부터 요동 공략을 시작했다. 이로써 후금은 서쪽의 명과 남쪽의 조선을 동시에 상대해야 하는 형국에 처했다. 1619년 3월 명과 조선의 대규모 연합군이 후금 원정에 나선 사실은 후금이 당면한 '두 개의 전선' 문제의 심각성을 잘 보여준다. 이때부터 후금 지도부는 명과의 전면전을 앞두고 조선을 어떻게 대할지를 놓고 고심했다. 누르하치의 장자인 다이샨 Daišan(代善)이 조선에 대해 온건 노선을 주장한 데 비해, 홍타이지는 강경 일변도였다.

조·명 연합군을 물리친 누르하치는 조선과 속히 화친하고 본격적으로 요동 공략에 나설 생각이었다. 하지만 누르하치가 보낸 서신에 조선 조정이 선뜻 회신하지 않자 후금 지도부가 대조선 정책을 놓고 분열하였다. 포로로 잡혔다가 탈출하여 돌아온 강서 현령 황덕영黃德英 등은 후금의 갖가지 사정을 진술하였다. 그 가운데 조선에 우호적인 번호藩胡에게 다음과 같은 말을 들었다고 했다.

노추奴酋[누르하치]는 아들과 사위가 매우 많은데, 장수로 삼은 자도 셋입니다. 3자 홍대시洪大時[홍타이지]는 늘 부친에게 우리나라를 침범하자고 권합니다. 장자 귀영개貴永介[다이샨]는 매번 이르기를 "사방에서 적을 맞으면 (저들이 우리에게) 원한으로 갚을 (일이) 심히 많을 것이다. 그렇다면 (그런 방책은) 스스로 지키는 이치가 아니다"라고 하면서, 힘을 다해 화친을 주장하고 (나라의) 안전을 힘써 요구합니다. (하지만 이는) 우리나

라를 사랑해서가 아닙니다. 사실은 자기 (나라)를 소중히 여깁니다.[34]

번호는 조선 정책을 놓고 후금 내부의 의견이 팽팽히 맞서는 형국이라는 일급 정보를 조선에 제공하였다. 이런 상황에서 누르하치는 번번이 장자의 의견을 채택했으며, 조선 국왕 광해군으로부터 우호적 내용의 회신을 국서 형식으로 받는 일에 우선순위를 두었다. 실제로 누르하치는 2년 가까이 거듭 회신을 독촉하고 기다리며 강한 인내심을 보였다. 마침내 1622년 10월 조선의 우호적인 국서를 받고 만족하였고, 이때부터 모든 군사력을 서쪽으로 집결시켜 요서 지역 공략에 집중하였다.[35] 광해군의 회신을 계기로 후금은 조선에 대한 외교적 압력을 모두 중단한 것이다. 이로써 보면, 앞서 [표2]를 통해 확인했듯이, 인조 정권 초기 4년(1623~1626) 동안 후금과 조선 사이에는 아무런 외교 현안도 없이 군사적 긴장이 현저하게 완화된 정황과 그 이유를 명쾌하게 이해할 수 있다.

후금 지도부의 대립 구도는 또 다른 조선군 포로 이민환李民寏(1573~1649)이 쓴 『책중일록柵中日錄』을 통해서도 확인할 수 있다. 그는 당시 조선을 대하는 후금 지도부 내부의 분위기를 다음과 같이 기록했다.

노추의 여러 아들은 모두 이르기를, "조선은 명에 대하여 부자지간과 같다고 스스로 말합니다. 또한 (이번 조선 차관의 방문 때) 신표도 없었습니다. (우리와는) 서로 화친하려 하지 않음을 알 수 있습니다. (그러니 조선군 포로) 장졸들을 모두 죽이느니만 못

합니다. (우리가) 요동을 쳐서 (점령하고) 나면, (조선이 과연) 의
지할 데가 어디겠습니까?"라고 하였다. (그러자) 귀영가貴盈哥
〔나이샨〕가 신표가 없다는 이유로 그 장졸들을 죽이는 것은 불
가하다고 운운하였다.**36**

이 사료에 등장한 누르하치의 여러 아들이 누군지는 정확하
지 않지만, 황덕영의 진술 내용과 비교하면 조선에 대한 강경 정책을
주장한 그룹의 리더가 홍타이지임을 어렵지 않게 간파할 수 있다.

그런데 조선 정책을 놓고 형성된 대립 형국에서 누르하치는
다이샨의 의견을 채택했다. 조선군 포로 중 일부가 여진인 여인을
살해하거나 강간하고 도주하는 사건이 발생하자 누르하치는 조선
군 포로를 모두 죽이려 했다. 하지만 이 사건은 400여 명을 처형하
는 선에서 마무리되었는데, 이 또한 다이샨의 적극적인 만류를 상
당히 수용한 결과였다.**37**

몽골과 조선을 확실하게 제어하지 못한 상황에서는 후금도
명과 전면전을 치르기가 여의치 않았다. 이는 누르하치도 익히 알
던 문제였으니, 후방의 근심 때문이었다.**38** 그렇지만 1621년 후금
이 요동을 장악하고 광녕까지 점령한 상황에서 어디에 우선순위를
둘지를 놓고 의견이 갈라졌다. 이미 요서 지역에 전선이 형성된 상
황에서는 배후의 우려를 없애려고 군대를 일부 빼서 조선을 치는
일도 섣불리 감행하기 어려웠다. 요동에 대한 후금의 지배력이 아
직 완전하지 않은 상태에서 지속적인 영토 확장에 대한 내부 반발
도 만만치 않았다. 누르하치가 계속 서진西進을 독려한 데 반해, 다
수의 버일러beile와 암반amban은 전쟁을 멈추고 고향으로 돌아가

는 쪽을 선호했다.[39] 심양·요양·광녕 등 주요 거점을 비교적 빠르게 장악한 후에도 후금이 파죽지세로 산해관까지 진군하지 못한 이유 가운데 하나가 바로 후금 내부의 의견 대립이었다.

이런 정황은 영원성 공격에서 패배한 후 후금 지도부 안에 팽만했던 패인 분석에서도 읽을 수 있다.

> 병인년〔1626년〕 3월에 유학성劉學成이 아뢰었다. "칸께서 광녕을 취한 이래 보병과 기병 (모두) 3년간 (제대로) 싸우지 않았습니다. 장수는 태만해지고 병사는 싸울 마음이 없어졌습니다. 게다가 수레와 사다리 및 등나무 방패는 썩거나 상해버렸습니다. (전투용) 기계는 날카로움이 없습니다. (그런데도) 칸께서 영원을 아주 쉽게 여기셨으니, 하늘이 칸에게 괴로움을 내린 것입니다."[40]

이 자료는 뜻밖의 패전과 누르하치의 중상으로 후금 내부의 성토가 거센 상황에서 나온 발언이라 그 해석에 조심할 필요는 있다. 그래도 광녕 점령 후 3년간 후금이 서부 전선에서 적극적인 전투를 전개하지 못했음을 보여주기에는 충분하다. 이런 점도 후금 지도부가 의견을 통일하지 못한 채 우왕좌왕한 정황을 에둘러 보여준다.

문제는 진퇴양난의 처지에서 누르하치가 조선 원정을 계속 후순위로 둔 데 비해, 홍타이지는 애초의 강경 노선을 견지한 점이다. 조선을 어떤 식으로든 확실하게 복속시켜야 한다는 점에는 모두 동의했으나, 그 시점을 두고 누르하치와 홍타이지의 생각이 크게 엇갈렸다. 홍타이지는 조선부터 확실하게 제압해야 서쪽으로 군사를 집중하여 명과 전면전을 벌일 수 있다고 확고하게 생각했다. 이에 비해 누르하치는 서부 전선에서 명과 대치하는 중에 후방의 조선을 공격한다면 조선의 태도도 더욱 분명해질 테고, 그리하여 앞뒤 두 개의 전선에 갇히는 꼴이 되면 후금에 유리할 것이 없다고 판단했다. 그래서 조선의 회신을 받기까지 2년이나 인내심을 발휘한 것이다. 이 점이 누르하치와 홍타이지가 품은 조선 정책의 결정적 차이였다.

이런 형세가 후금이 요동을 장악한 1621년 봄부터 정묘호란 발발 직전까지 이어졌다. 이는 곧 누르하치 때나 홍타이지 때나 국내외 정세에 특별한 차이가 없었음을 의미한다. 그러함에도 누르하치가 죽고 홍타이지가 등극한 지 불과 석 달 만에 후금은 최후통첩이나 선전 포고조차 없이 갑자기 조선을 침공하였다. 그렇다면 후금의 조선 침공 동인은 무엇이겠는가? 대조선 강경론자인 홍타이지가 후금의 새로운 칸으로 등극했기 때문으로 봐야 타당할 것이다.

앞서 [표2]에서 제시한 ⓒ 시기(인조 1~4년)에 후금 관련 기사 수가 급감했으나, 정묘호란 발발 약 두 달 전 평안감사의 보고를 보면 평소와는 다른 이상 기류를 감지할 수 있다.

명의 장수 서고신徐孤臣의 말입니다. 적장 유애탑劉愛塔은 개원開原 사람인데 이른 나이에 (후금에) 잡혀간 자입니다. (그가) 달자 이씨李氏에게 언문으로 쓴 글을 휴대하여 내보내 이르기를, "노추가 죽은 후 4자 흑환발렬黑還勃烈[홍타이지]이 이어받았다.

(그가) 분부하기를 먼저 강동〔조선〕을 빼앗음으로써 근본 걱정
을 제거하고, 그다음으로 산해관과 영원 등의 성을 침범하라"
라고 운운했습니다.[41]

누르하치가 죽고 그 아들 홍타이지가 뒤를 이었으니, 먼저
조선을 쳐서 근심을 없앤 뒤 산해관과 영원을 공격할 것이라는 매
우 귀중한 첩보였다. 요서 지역을 방어하던 명 장수들은 홍타이지
의 대외 노선을 간파하고 그것을 조선에 알렸다. 이 사료를 통해 누
르하치가 죽고 홍타이지가 즉위한 그 자체만으로도 후금의 조선
침공 확률이 급격하게 높아졌음을 생생히 알 수 있다.

누르하치는 죽기 전에 후계자를 지명하지 않았다. 정치적
이유로 장자 다이샨을 제거했지만, 그렇다고 홍타이지를 낙점하지
도 않았다. 연정 체제를 유지하던 후금의 사정을 고려할 때 비교적
상당한 전제 권력을 누리던 누르하치의 뜻밖의 죽음은 홍타이지가
즉위했을 때 그의 권력이 의외로 허약했음을 시사한다. 계승 경쟁
에서 최종 승리하고 즉위했을지라도, 홍타이지는 무소불위의 권력
을 행사하기는커녕 여러 버일러를 설득해야 했다. 그는 자신의 군
사력만으로 즉위한 것이 아니라 버일러들의 합의에 따라 권좌에
앉을 수 있었다.[42]

후금 지도부의 주요 인물들은 누르하치와 홍타이지 두 사람
의 조선 정책이 어떻게 다른지 잘 알고 있었다. 그들은 홍타이지가
새로운 칸으로서 무엇을 보여줄지 주시하였다. 조선에 대한 우려
등 정치·외교·군사적 정황은 홍타이지 즉위 전부터 후금이 직면한
'만성적' 환경이었다. 그렇다면 누르하치가 죽고 홍타이지가 즉위

한 점이야말로 침공의 핵심 동인이 아니었을까?

홍타이지 편에서 그의 즉위를 바라보자. 누르하치가 비교적 전제 권력을 행사한 데 비해,[43] 홍타이지는 즉위 초기에 연징 제제를 유지할 수밖에 없었다. 명과의 전쟁에서 얻은 것도 대단치 않았다. 오히려 손실이 훨씬 더 컸다. 이에 따라 후금 군대의 사기는 바닥까지 떨어졌고, 전쟁이 장기간 지속되면서 7대 원한의 명분도 적잖이 상실한 상태였다. 무엇보다 중요한 사실은 홍타이지 그 자신이 오래전부터 대조선 강경파의 주체였다는 것이다. 이 문제들이야말로 새로 즉위한 홍타이지가 해결해야 할 급선무였다. 단기간에 성공해야 내부의 동요를 수습하기 쉬울 터였다. 홍타이지를 추대한 새 지도부의 이해관계도 대동소이했다고 충분히 짐작할 수 있다. 각론에서는 이견이 분분할지라도, 누르하치 사후 새롭게 부상한 권력 집단은 후금 내부의 문제를 외부와의 긴장 고조 내지는 전쟁이라는 '이벤트'를 통해 해소할 필요가 있었다. 이제 그들은 같은 배를 탄 처지였다.

정묘호란 발발의 핵심 동인은 바로 홍타이지의 즉위 그 자체였다. 즉위 초기의 어수선한 정국을 일거에 돌파할 수 있는 최선책은 자신이 이전부터 줄곧 주창한 조선 원정뿐이었다. 조선을 자신의 맹약 질서 안으로 끌어들이지 못한다면, 홍타이지는 누르하치와 자신을 차별화하기 어려웠다. 이런 상황에서 그가 원한 전리품은 두 가지였다. 앞서 살핀 『청태종실록』 기사에서 본 것처럼 모문룡을 확실히 제거하거나 조선을 취하거나, 둘 중 하나는 반드시 달성해야 했다.

전통적인 조공·책봉 관계에 기초한 명질서에서 명과 '혈맹 관계'를 과시하던 조선을 위압하여 후금이 주도하는 맹약 체제로 끌어들여야 했다. 그것도 별다른 출혈 없이 해내야 했다. 그렇게 한 다면 새 칸 홍타이지에게는 천군만마와도 같은 혁혁한 공적이 될 터였다. 후금의 고질적 후환거리인 조선을 아우른다면 홍타이지는 연정 체제를 자기 중심으로 재편할 수도 있었다. 또한 정치·외교적 으로 조선이라는 전리품을 자랑하고 후금 군대의 강력함을 증명하 며, 특히 이제 후금의 주인이 누르하치에서 자신으로 바뀌었음을 안팎에 분명히 보여줄 수 있었다. 홍타이지를 추대한 버일러들도 이런 이해관계를 대체로 공유하였다. 요컨대 대조선 온건파인 누 르하치가 죽고 강경파 홍타이지가 즉위한 후금의 군주 교체 요인 을 소홀히 한 채 정묘호란의 동인이나 목적을 논하는 접근법은 지 양할 필요가 있다.

침공의 의미

이 장에서는 정묘호란의 발발 이유로 학계에 한때 정설처럼 유행한 조선의 외교 노선 변화 문제를 재검토하였다. 이를 통해 정 변을 계기로 조선의 외교 노선이 예전의 친명 사대로 분명히 변했 으나, 그것이 후금의 침공과는 아무런 인과 관계가 없음을 확인하 였다. 정묘년 맹약의 내용을 바탕으로 침공의 원인과 목적 같은 제 반 배경을 추출하는 방법으로도 기존 연구를 재검토하였다. 그 결 과 1620년대 중반 후금이 겪은 경제 문제와 정묘호란 사이에는 사 실상 연관성이 없음을 논증하였다. 맹약의 체결이나 이후의 개시

무역을 통해 후금이 조선에서 가져간 경제적 가치는 무시해도 좋을 정도로 미미했다.

강화 협상 과정에서 드러난 현안은 죄다 정치·외교·군사적 사안이었다. 침공의 원인과 목적은 바로 조선을 명질서라는 우산 밖으로 끌어내어 후금의 맹약 체제 안으로 유인하는 것이었다. 전쟁 추이와 강화 내용은 바로 후금이 애초 의도한 목적을 달성했음을 보여준다. 그렇지만 이 역시 침공의 동인으로 보기는 어렵다. 왜냐하면 그런 정치·외교·군사적 상황은 이미 누르하치 치세부터 만성화되어 있던 요인이지, 홍타이지가 즉위할 무렵에 갑자기 부상한 새로운 사정은 아니었다.

요컨대 대조선 온건파인 누르하치가 죽고 강경파 홍타이지가 즉위한 사건, 곧 후금의 군주 교체가 정묘호란의 직접 동인이었다. 조선 침공이야말로 후금의 칸이 바뀌었음을 내외에 분명히 각인시키는 큰 '이벤트'이자, 누르하치도 하지 못하던 일을 단번에 성취한 혁혁한 전과였다. 조선에 대한 군사 작전과 맹약 체결을 통해 홍타이지는 자신의 전략이 옳았음을 만천하에 증명할 수 있었다.

정묘호란의 배경과 동인 및 목적은 후금 내부의 사정이 변하면 언제라도 바뀔 수 있었다. 전쟁의 독립 변수는 언제나 후금 (청)이었다. 조선이 먼저 전쟁을 도발하지 않았고, 그럴 형편도 전혀 아니었다. 실제로 후금이 국호를 청으로 바꾸고 홍타이지가 스스로 황제를 선언한 1636년을 기점으로 대조선 정책은 본질적으로 크게 변하였다. 그간의 형제 관계를 군신 관계로 바꿔야 한다는 청의 거센 압박이 그 단적인 사례. 이런 정세 변화는 그렇지 않아도 조선의 조야에 가득하던 척화론에 다시금 기름을 부었다.

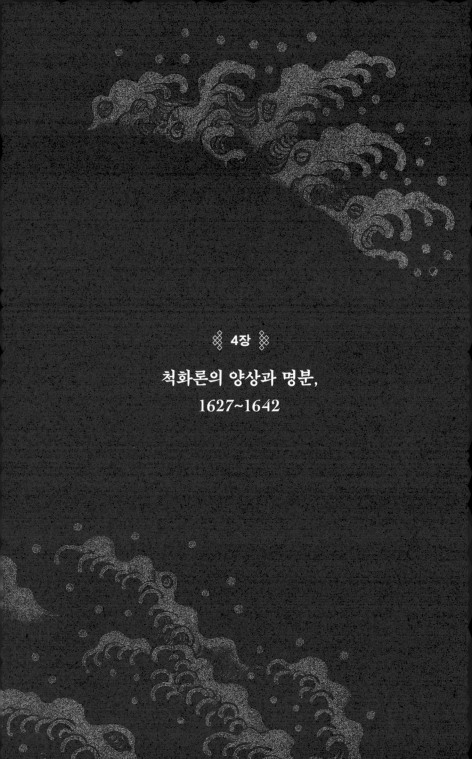

◈ 4장 ◈

척화론의 양상과 명분,

1627~1642

정묘년(1627)에 맹약을 맺으며 조선은 원하든 원치 않든 후금과 형제 사이가 되었다. 그런데 조선이 아우였다. 이것은 조선 건국 전부터 야인野人이라 부르며 멸시하던 이들의 후예를 형으로 삼은 미증유의 대사건이었다. 맹약에서 명과의 관계를 공식적으로 부정하지는 않았지만, 군부를 공격하는 이적에 대항하기는커녕 오히려 형님으로 받아들인 것만으로도 조선의 조야가 들끓었다. 정변으로 집권한 지 4년 만에 인조 정권이 후금과 덥석 강화한 현실은 '반정'의 정당성까지 뒤흔들었다. 반정의 핵심 명분은 광해군이 자행한 폐모廢母(인목대비 폐위 논의)와 배명背明 행위였는데, 이제 그 양 날개 가운데 '배명'을 상실했기 때문이다.[1] 결과적으로 볼 때, 인조는 광해군보다 훨씬 더 심한 배명, 곧 패륜을 저지른 꼴이었다. 실제로도 그 후유증이 매우 컸다. "이름은 화친이지만 실은 항복입니다"라는 사간 윤황尹煌(1571~1639)의 직설은 그 좋은 예이다.[2] 항복이라는 말에 발끈한 인조의 분노에도 불구하고,[3] 윤황을 극구 두둔한 대간과 신료들의 외침은 후금과 맺은 맹약(화친)의 후폭풍이 엄청났음을 잘 보여준다.

이런 분위기가 병자호란 때까지 내내 이어졌다. 심지어 시간이 흐를수록 척화 목소리가 더욱 커졌다. 조정에서는 더는 후금에 세폐를 보내지 말고 군비를 증강해야 한다는 주장도 난무하였다. 홍타이지가 국호를 대청大淸으로 바꾸고 스스로 황제를 칭한 일(1636)은 그렇지 않아도 꺼질 줄 모르던 조선 조야의 척화 불길에 기름을 끼얹었다. 전운이 짙어가던 1636년 봄에 인조가 척화론에 밀려 전쟁 준비를 고무하는 교서를 팔도 감사에게 보냈는데, 평안감사가 그것을 잉굴다이Ingguldai(英俄爾岱)에게 빼앗겼다. 이제 청의 조선 재침은 사실상 초읽기에 들어갔다.

군사적으로 조선이 청의 대적이 아님을 익히 알면서도 조정에서는 왜 그렇게 척화 목소리가 컸을까? 다수 신료는 왜 전쟁을 불사했을까? 이런 점을 염두에 두고, 이번 장에서는 정묘호란 이래 2차 심옥(1642)에 이르기까지 조선의 조야에서 분출한 척화론의 근거를 통시적으로 조망한다. 특히 승산이 없는 전쟁임에도 무조건 결사決死를 외친 척화론의 명분이 무엇이었는지 집중적으로 살피려 한다. 이를 통해 조야의 양반 엘리트들이 목숨을 버려서라도, 더 나아가 조선왕조가 망하는 한이 있더라도 끝까지 지키려 한 대상의 실체에 접근하려 한다. 척화론의 본질을 구체적으로 파악하려 함이다.

정묘호란과 척화의 이유

정묘호란 당시 조정에서 척화의 대변자라면 단연 삼사(사헌부·사간원·홍문관) 관원들이었다. 그 가운데 핵심 인물이 사간 윤황이었다. 강화 협상이 이어지는 와중에도 그는 척화의 당위성을 논하는 데 주저함이 없었다. 후금과의 강화를 오랑캐에 대한 실질적인 항복으로 규정하고, 이귀李貴(1557~1633)와 김류金瑬(1571~1648) 등 주화를 주창한 자들을 참수하라고 여러 차례 극론하였다.[4] 윤황의 주장은 당시 대간을 비롯하여 대부분의 조정 신료와 유생의 생각과 일치하였다. 실제로 대신·대간·유생·경향의 척화 상소가 승정원으로 폭주하였다. 심지어 도승지 홍서봉洪瑞鳳(1572~1645)이나 이천현감 유백증兪伯曾(1587~1646) 같은 반정공신들도 후금과의 화친을 거부해야 한다며 목소리를 높였다.[5] 윤황의 주장은 다음과 같다.

> 오늘의 화친은 이름은 화친이지만 실은 항복입니다. … 이에 천
> 승千乘의 존엄함으로써 더러운 오랑캐의 차인差人을 친히 접견하
> 고, (저렇게) 거만하고 무례하며 모욕이 도를 넘었는데도 전하
> 께서는 태연하여 부끄럽게 여길 줄을 모르시니, 신은 통곡을 이
> 기지 못하겠습니다.[6]

윤황은 '천승'과 '오랑캐'를 대구법 형식으로 논변하였다. 황제의 제후국인 중화로서의 조선과 교화 바깥에 있는 이적 오랑캐 후금을 극명하게 대조하며, 문명론 차원에서 조선과 후금은 근본적으로 다른 존재임을 전제한 논변이었다. 사간 이경여李敬輿(1585~1657)도 다음과 같이 말하며, 윤황과 같은 인식을 드러냈다.

> 어찌 차마 적의 차인差人 한 사람을 보고 먼저 스스로 겁을 먹어
> 천승의 존엄함을 굽혀 개돼지와 맹세할 수 있겠습니까?[7]

윤황은 다음 날에도 글을 올렸다.

> 옛적에 조송趙宋의 군주가 왕汪과 황黃의 의논에 현혹되어 오랑
> 캐와 화친하기를 마음에 달게 여겼습니다. 동남쪽으로 피난하

리라 결정하고는 먼저 진동陳東을 참수하여 정론을 끊어버렸습니다.[8]

정강의 변(1125) 직후 송 조정에서 벌어진 주화·척화 논쟁을 인용한 것이다. 당시 주화·간신 역할의 대표 격인 황잠선黃潛善(1078~1130)·왕백언汪伯彦(1069~1141)과 척화·주전론의 상징인 태학생 진동陳東(1086~1127)을 대조하였다. 여기서 주목할 점은 진동 등이 외친 척화론을 '정론正論'으로 규정한 점이다. 조선 후기에 정론의 대척점에 있던 논의를 표현하는 말은 사론邪論이 일반적이었다. 따라서 주화와 척화가 정면충돌한 상황에서 척화론을 정론으로 봤다면, 그 상대인 주화론은 이단사설異端邪說로 취급했다는 뜻이다. 윤황은 후금과 화친을 주장한 이귀나 김류 등을 황잠선 부류의 간신으로 규정하고, 자신을 진동에 견주며 척화 논의를 정론으로 못박았다. 광해군 대 외교 노선을 놓고 격렬하게 벌어진 정사 논쟁의 본질을 다시금 확인할 수 있는 대목이다. 이런 상황이었기에 조선이 외교적 융통성을 발휘할 여지는 거의 없었다.

척화론이 정론인 이유는 복잡하지 않다. 명 황제와 조선 왕이 충과 효에 기초한 군부·신자 관계로 묶였기 때문이다. 서신을 주고받을 때 명의 연호를 쓰지 말라는 후금의 요구에 척화론이 들불처럼 일어난 이유도 바로 조선은 명의 신자라는 관계성, 곧 국제 무대에서 조선의 위상이자 국가정체성 문제와 직결되었기 때문이다.

(저들의) 요청에 따라 (서신을) 게첩이라 명하고 (명의) 연호를 쓰지 않는다면, 이 역시 정삭正朔을 버린 (꼴)입니다. 군신의 명

분은 천경지의天經地義인지라 단연코 범할 수 없습니다. 차라리 나라가 망할지언정 어찌 차마 이를 할 수 있겠습니까?[9]

이는 양사의 합계 내용이다. 조선은 명의 정삭을 받드는 제후의 나라인데, 이제 명의 연호를 쓰지 않는다면 정삭을 버린 꼴이라 지적하였다. 곧 명과의 군신 관계를 스스로 저버리는 행위라며 정곡을 찔렀다. 이어서 명과 조선의 군신 관계는 '천지간에 영원히 변할 수 없는 도리[天經地義]'이니, 나라가 망하는 한이 있더라도 정삭을 받들어야 한다고 역설하였다. 이는 조선이라는 국가의 존망보다 명과의 군부·신자 관계를 더 중시하지 않고는 도저히 나올 수 없는 발언이었다. 비변사 당상 장유張維(1587~1638)도 명과의 관계를 대방大防, 곧 범할 수 없는 절대적 법도에 견주었다.

(명의 연호를 쓰지 말라는) 이 말을 따르지 않아 화친이 틀어지더라도 대방은 결단코 가벼이 허물 수 없습니다. … 사대의 도리는 연호가 중요하니, 한 번 그르치면 후회막급이옵니다.[10]

명과 조선의 군부·신자 관계는 상황 논리에 휘둘리지 않고 영원해야 하는 불변의 진리이자 원칙이라고 인식하였다. 그렇기에 화친이 틀어져서 싸울지언정 절대로 포기할 수 없는 가치로 본 것이다.

맹약을 체결하고 후금군이 철수했어도 척화론 문제는 수그러들지 않았다. 심지어 지방의 유학자도 분노를 표출할 지경이었다. 후금과의 화친을 주장한 간신들을 처벌하라면서 강원도에서 거사를 준비하다가 체포되어 처형당한 이인거李仁居(?~1627)의 사례가[11] 대표적이다. 이인거가 최명길 등의 주화파를 척결하라며 올린 상소문을 통해, 그가 무엇에 그렇게까지 분노했는지 확인할 수 있다.

> 대저 흉노匈奴는 하늘에 대하여 스스로 (관계를) 끊어버린 자이므로, 천하의 대적大賊입니다. 아비를 죽이고 어미를 아내로 취했으니, 이른바 견융犬戎이라는 것이 바로 이들입니다. 200년 예의의 제후국[封疆](인 우리 조선이) 도리어 견융의 땅이 되었으니, 종사宗社는 어디에 의지하고 성묘聖廟는 무엇에 의탁하겠습니까? 피발좌임被髮左衽을 어떻게 참을 수 있겠으며, (제) 아비를 죽이고 어미를 아내로 삼는 짓을 어찌 용서할 수 있겠습니까? 생각이 이에 미치니, 차라리 죽는 것이 편안하겠습니다.[12]

이인거는 문명론 차원에서 후금과의 화친을 강력히 거부했다. 그는 먼저 조선왕조의 정체성을 (천자에게 사대의) 예의를 다해야 하는 봉강封疆, 곧 봉토의 나라로 천명하였다. 천자에게 봉함을 받았으니 조선의 왕은 명의 제후이자 신하라는 의미였다. 그 대척점에는 "견융"과 "피발좌임"이 선명하다. 모두 이적 오랑캐를 상징하는 표현이다. 반면 조선은 독서지예讀書知禮의 소중화임을 분명히 하였다.[13] 이인거는 특히 견융의 속성으로는 아비를 죽이고 어미를 처로 삼는 패륜을 거론하였다. 이는 명과 조선은 군부·신자 관계인데, 이제 후금에 굴복함으로써 부자 관계마저 저버렸으니 제 아비를 죽인 견융과 무엇이 다르냐는 직설이었다. 한마디로, 모든 의리를 저버렸다는 일갈이었다.

그런가 하면 1630년 봄에 청이 북경을 포위했다는 소식을 들은 부호군 신성립 申誠立은 다음과 같이 상소하였다.

> 하물며 부모가 곤란에 빠졌는데도 어떻게 차마 앉아서 (구경만 하고) 구원하지 않을 수 있습니까? 삼가 생각건대 황조는 우리나라에 실로 부모의 나라이며, 재조지은도 있습니다. 지금 노적 奴賊이 천조를 욕보이고 황성을 바짝 에워싸고 여러 달 동안 풀지 않습니다. 무릇 번국으로서는 응당 그 병란에 달려가 (구원하기에) 겨를이 없어야 합니다. 그런데 아직껏 장수에게 명하고 병사를 발하여 전쟁을 돕는 조치가 없으니, 참으로 통탄스럽습니다. … 신은 (이제) 우리나라가 천지간에 (똑바로) 설 면목이 없을까 두렵습니다. 더구나 지금 진 부총陳副摠이 계첩을 보내 구원을 청하기가 저토록 간절하니, 나라의 형세나 군사력을 따질 때가 아닙니다. 신자의 의리상 어떻게 차마 편안하게 (앉아) 모르는 체할 수 있겠습니까?[14]

신성립은 조선이 명을 도와야 하는 이유로 명과 조선의 군부·신자 관계를 들었다. 특히 부자 관계를 전면에 내세워 강조하였다. 아비가 간절히 도움을 청하는데도 자식이 외면한다면, 앞으로 떳떳하게 얼굴을 들고 다닐 수 없다며 정곡을 찔렀다. 조선의 허약한 군사력 운운하며 회피할 사안이 아니라는 말도 잊지 않았다.

결국 이인거와 신성립을 통해 알 수 있는 척화의 본질은 명과 조선을 묶고 있는 군부·신자 관계라는 절대 이념이자 가치였다.

군신 관계는 군주가 군주다워야 한다는 조건이 붙지만, 부자 관계는 유교의 테두리 안에서는 어떤 경우에도 바꿀 수 없는 절대적 가치였다.[15] 명과 조선이 군신 관계뿐이었다면 명·청 교체를 극렬하게 부정할 필요까지는 없었다. 고려 때 수시로 황제국을 바꾼 전례도 있었다. 그러나 부자 관계는 성격이 완전히 달랐다. 상황 논리를 초월하는 불변의 절대적 가치였기 때문이다. 요컨대 이인거와 신성립이 거론한 척화 명분은 주자학적 화이관에 기초한 문명론이자 의리론이었다. 그 본질은 명과 조선은 군부·신자 관계라는 절대 이념이었다. 그것은 붕당을 초월하여 광해군의 친후금 노선에 극렬히 반대하던 조정 신료들의 생각과 상통했다.

정묘호란은 정변을 통해 탄생한 인조 정권의 정당성을 심각하게 위협하였다. 빗발치는 척화 상소에 대하여 인조는 강화가 전쟁을 완화하기 위한 임시 계책일 뿐이지 화친이 아니라고 누차 변명하였다.[16] 아직 명나라에 사대를 끊은 것은 아니었으므로, 왕의 해명은 어느 정도 설득력이 있었다. 그렇지만 그것만으로 모든 문제를 해결할 수는 없었다. 광해군보다 더 심하게 의리를 저버렸다는 인식은 조정 내부에도 팽배하였다.

병자호란과 척화의 논리

병자호란의 전황과 강화 협상의 추이에 대해서는 이미 연구가 적지 않으므로[17] 굳이 재론할 필요는 없다. 여기서는 정묘호란 이래 근 10년 동안 이렇다 할 군사력 증강이 없었고, 조선의 군사력으로는 청의 철기鐵騎를 막을 수 없음을 익히 알면서도 조정을 휩쓴 척화론의 논리, 곧 그 본질을 확인하고자 한다.

식지 않던 척화론이 다시금 거세게 타오른 결정적 계기는 홍타이지의 칭제稱帝였다. 천명을 받은 천자인 황제가 둘일 수는 없었다. 따라서 조선은 명과 청 사이에서 형편에 따라 절충할 여지가 완전히 사라졌다. 정묘년의 맹약은 이제 폐기 수순을 밟는 일만 남았다. 그래서 청과 조선의 관계도 더는 형제 관계일 수 없었다. 군부인 명 황제에 등을 돌리고 청 황제를 새 군주로 섬기지 않는다면, 다른 말로 조선왕조의 '존재 이유' 곧 국가정체성을 시세에 따라 바꿀 수 없다면 전쟁 외에는 다른 선택지가 없었다. 전쟁이 일어난다면 조선의 패배는 명약관화하였다.

1636년 봄에 홍타이지가 스스로 황제를 칭하고 조선도 그것을 따르라는 내용으로 국서를 보내왔을 때 양반 엘리트들의 여론은 척화, 곧 불사일전不辭一戰이었다. 이런 기류가 조야에서 워낙 강했기에 국왕 인조조차도 결국에는 저들과 싸우자는 격서를 팔도에 내렸다. 그 안에는 당시 척화의 논리가 절절히 담겨 있다.

> 요즈음 이 오랑캐가 더욱 창궐하여 감히 참호僭號의 일로 의논하자고 핑계하며 갑자기 서신을 (보내)왔다. 이것이 어찌 우리나라 군신이 차마 들을 말이겠는가? (그래서 나라의) 강약과 존망의 형세를 헤아리지 않고 한결같이 정의로 결단하여 그 서신을 멀리하고 접수하지 않았다. 호차 등이 여러 날 요청하고도 끝내 받아들여지지 않자 성을 내고 가버렸다. 도성 사람들은 비록 병란의 화가 조석 간에 박두했음을 알면서도, 도리어 척절

斥絶을 통쾌하게 여긴다. 게다가 만일 팔도의 백성이 조정에 이런 정대正大한 움직임이 있어서 (지금이) 위험이 닥친 때라고 듣는다면, 단지 풍문만 듣고도 격분하여 함께 죽기로 맹세할 것이다. 어찌 (지역의) 원근과 (신분의) 귀천으로 차이가 있겠는가? 충의로운 지사志士는 각기 책략을 아뢰고 용감한 자는 (오랑캐) 정벌에 자원하라. 다 함께 어려운 난국을 구제하기를 기약하여 국은國恩에 보답하라.**18**

앞 인용문은 왕명으로 전국에 내린 전쟁 준비 격서라 할 수 있다. 조선의 왕은 앞으로 아우가 아니라 신하임을 수용하라는 청의 요구에 대한 조선 조정의 최종 선택이었다. 싸워 이길 능력이 안 되므로 일단 우호적인 회신을 해야 한다는 주화론도 있었으나, 워낙 소수였다. 대세는 척화론이 압도적이었다. 인조는 싸우다가 항복할 경우 정강의 변처럼 자신이 오랑캐 땅 깊숙이 끌려갈 수 있다는 점을 익히 알았음에도 척화론에 밀려 교서를 팔도에 보냈다.

이런 흐름은 계속 이어졌다. 아니, 갈수록 더 끓어올랐다. 약 두 달 뒤, 척화 여론을 수용한 인조는 다음과 같이 하교하였다.

금노金虜가 참호한 후로는 거만하게 우리나라를 업신여김이 해마다 더욱 심하다. 수천 리 봉강의 우리(나라)가 어찌 한결같이 두려워 움츠리며 앉아서 그 모욕을 받겠는가? … 우리 군사가 비록 겁이 많지만, 참으로 좋은 장수를 얻어 기율을 밝힌다면, (병사들을) 용감하게 바꿀 것이다. 어찌 꼭 오랑캐보다 못하겠는가? 지금의 계책으로는 사졸을 후하게 양성하여 민民이 거사하는 마음을 갖게 하고 군율을 거듭 밝힘으로써, (전장에서) 물러선다면 (그 병사의) 온 가족이 죽임을 당하리라는 뜻을 드러내 보이는 것보다 좋은 게 없다.**19**

홍타이지가 감히 황제를 칭하고 우리더러는 명과의 오랜 군신 관계를 끊으라고 하니, 조선 관민은 경향에서 분연히 일어나 싸우라는 왕명이었다. 1636년 3월의 팔도 격서에 이어 5월에 이런 교서가 나온 사실을 통해 당시 조선 조정은 이미 청과 일전을 벌이는 쪽으로 결정했음을 분명히 알 수 있다.

척화론으로 뒤덮인 조정의 여론에 따라 약 한 달 뒤 청에 추가로 보낸 서신에도 이런 기조가 생생히 묻어 있었다. 척화를 외친 개개 신료의 각론을 합친 조선 조정의 결정이기에, 전쟁을 불사한 척화론의 본질을 파악하기에 가장 좋은 자료이다.

우리나라가 신하로서 중조中朝를 섬기고 한인을 공경으로 대함은 곧 예법상 당연하오. 무릇 한인이 하는 바를 우리가 어찌 호령으로 금할 수 있겠소? 처음 화약을 맺을 때 우리나라가 중조를 배신하지 않음을 첫째 명분으로 삼았었소. (그때) 귀국도 이르기를 "조선이 남조南朝를 배신하지 않으려 함은 진실로 좋은 뜻이다"라고 하였소. 마침내 교린의 약속을 정했으니, 이는 상천上天이 내려다보는 바요. 지금 매양 남조를 향하고 한인을 접한다고 우리를 책망하니, 이것이 어찌 화친한 본의겠소? 신하로서 임금을 향함은 천지(의 이치에) 닿고, 고금古今의 큰 의리와 통하오. 그런데도 이것을 죄라고 한다면, 우리나라가 어찌 기꺼이 듣고서 순순히 따르겠소? … 우리나라는 전대부터 중국 조정을 섬겨 동번東藩이라 칭했소. 일찍이 (국력의) 강약과 성패를 가지고 신하의 절개를 바꾼 적이 없소. 우리나라가 본디 예의를 스스로 지킨다고 칭함은 전적으로 이에 있소. 지금 우리 대명大明은 곧 200여 년간 (중원을) 통일한 주인인데, 어떻게 (대명이) 요동과 심양 한쪽 땅을 한번 잃었다고 해서 우리나라가 쉬이 이심異心을 내어 귀국이 행하려는 바를 따를 수 있겠소? 또 한마디 할 게 있소. 우리나라한테 중조는 지존至尊이오. … 또한 천심이 관계되는 바는 실로 백성에게 있으니, 설령 우리나라가 의리를 지키다가 병화를 입고 그 병화가 비록 참혹할지라도, 원래 그 군주의 죄가 아니라면, 반드시 민심은 떠나지 않고 나라도 혹 보전할 수 있을 터요.[20]

이 국서는 의주부윤 임경업林慶業(1594~1646)을 통해 마푸타 Mafuta(馬福塔)에게 전달되었으나, 내용을 본 마푸타는 서신을 접수하지 않고 그냥 돌아갔다. 전문은 꽤 긴데, 조선 국왕이 조정의 중론을 모아 청에 보낸 공식 서한인 만큼 조선이 청의 요구를 도저히 수용할 수 없는 이유를 강한 어조로 분명히 밝혔다. 핵심은 바로 명과 200년 이상 맺어온 군신 관계였다. 조선은 명의 신하이고 동쪽의 번국이며, 명은 조선의 지존 곧 군주(황제)라는 특별한 관계를 극구 강조하였다. 그래서 정묘년 맹약에서도 조선이 명을 배신하지 않는다는 조건을 분명히 했음을 환기하였다. 신하가 임금을 향하는 것은 천지 고금 간 불변의 큰 의리임을 분명히 하였다. 시세의 강약에 따라 바뀌는 관계가 아니라 절대불변의 관계임을 부각하였다. 따라서 청의 군주가 스스로 황제를 칭하고 그것을 조선에 강요하는 것은 조선으로서는 차마 들을 수 없는 말이라고 못 박았다. 의리를 지키다가 그것 때문에 참혹한 화를 당하더라도 민심은 떠나지 않을 터이니 오히려 나라를 보존할 수도 있다는 말을 덧붙였다. 이는 청이 새로운 군신 관계를 자꾸 강요한다면 조선은 전쟁을 불사할 수밖에 없다는 통첩인 셈이었다. 마푸타가 이 서신을 아예 받지 않고 돌아간 이유도 바로 이런 단호함 때문이었다. 서신은 석 달가량 의주에 그대로 있다가, 9월에야 역관을 통해 청에 들어갔다.[21] 요컨대 이 회신을 통해 조정은 조선이 결코 수용할 수 없는 바를 매우 구체적으로 반복해 부각하였다. 다른 말로 문명론과 의리론 차원의 국가정체성을 단호히 전달한 것이다.

국가정체성 문제는 경연 석상에서도 이어졌다. 시독관 조빈趙贇(1587~?)은 조선의 국가정체성과 인조의 정당성 문제를 제기하며 척화를 강력히 주장하였다.

> 화친하는 일의 시비是非는 많은 말이 필요 없습니다. 다만 정묘년부터 지금까지 10년 동안 자강책이라고는 조금도 없었습니다. 만약 지금 다시 화친을 닦아 날로 위축되어간다면 결국은 반드시 망해버릴 것입니다. ⓐ더구나 우리나라는 중국을 높이고 이적 배척하기를 입국立國의 근본으로 삼았습니다. ⓑ혼조昏朝 때 하서국을 보내 오랑캐와 왕래했는데, 반정 초에 혼조를 논죄한 것들 가운데 한 조목이 바로 이것이었습니다. 지금 만약 다시 참호하는 오랑캐와 화친을 통한다면, 인심이 순복하지 않음이 과연 어떻겠습니까?[22]

조빈의 발언 가운데 ⓐ는 조선왕조가 탄생한 이유를 설명하되, 중국을 높이고[尊中國] 이적을 배척하는[攘夷狄] 일이야말로 새 나라를 세운 기본 취지라는 것이다. 이는 존왕양이尊王攘夷와 직통하는 원리로, 조빈은 그것을 입국의 근본 곧 거스를 수 없는 국시國是라 하였다. 그것이 바로 조선이라는 나라의 존재 이유(레종데트르)이자 국가정체성임을 당당히 천명한 것이다. 밑줄 친 ⓑ는 반정의 명분을 상실했다는 준엄한 지적이다. 존왕양이라는 국시를 저버리고 광해군이 후금 오랑캐와 화친을 도모한 큰 죄를 범했고 그것이 바로 반정의 주요 명분이었는데, 지금 참람하게도 황제를 칭하는 저 오랑캐와 화친한다면 반정의 의미가 어디에 있겠으며, 인심이 과연 따르겠는가, 라는 직설이다.[23]

사흘 후에 조빈은 상소하여 같은 생각을 더 구체적으로 피력하였다. 그 핵심을 간추리면 다음과 같다.

> 그러므로 신은 (우리 태조께서) ⓒ의리를 들어 회군하여 존주尊周의 의리를 능히 밝힌 것은 우리나라가 왕업을 일으킨 기초라고 생각합니다. 자손이 이 도리를 어긴다면, 필연코 천의天意와 민심을 거스르니 국가를 보존할 수 없습니다. 삼강三綱을 부식扶植하고 조종조의 업적을 거듭 빛내는 것이 전하가 왕업을 계승하는 근본입니다. … ⓓ우리나라의 인민은 … 그 마음에 자연히 천조를 부모와 같이 대합니다. 이는 왕명으로 (쉽게 좌우)할 수 있는 바가 아닙니다. 정묘년의 강화는 (저들이) 참호하기 전이고 (그래서) 형제 (관계)로 이름했는데도, 의사義士들이 분한 마음을 품음이 오히려 극에 달했습니다. 하물며 지금은 참호한 후

인데도 (우리가) 다시 전쟁을 완화한다는 명분으로 재차 화약을 궁리한다면, 말은 (차마) 못 해도 (속으로) 분노하는 자가 장차 어떠하겠습니까? ⓔ제후의 나라인데도 참호하는 도적과 사신을 통한다면, 신은 그런 사신을 무어라 부를지 모르겠습니다. 제후의 나라로서 참호하는 도적과 서신을 통한다면, 신은 그런 서신을 무어라 칭할지 모르겠습니다. … ⓕ혼조에서 (후금에) 하서국을 보낸 것과 무엇이 다르겠습니까? ⓖ신은 난을 (일으킬까) 생각하는 백성이 (이를) 구실로 삼을까 두렵습니다.**24**

밑줄 친 ⓒ 부분의 "존주"는 앞 인용문 ⓐ의 "존중국"과 같은 의미다. 이 역시 존왕양이야말로 조선 건국의 근본 이유이며 국시라는 것이다. 앞 사료에서 "중국"은 당연히 "명"을 이르는데, ⓓ를 보면 조선인은 명(천조)을 부모처럼 여긴다고 확언하였다. 명과 조선의 관계를 군신 관계에 부자 관계를 추가해 군부·신자 관계로 설정하지 않고서는 나올 수 없는 발언이고 인식이다. ⓔ에서는 조선 국왕의 위상이자 정체성이 명 황제의 제후임을 거듭 강조해 천명하였다. 왕조 국가에서 국왕의 위상은 곧 그가 다스리는 나라의 위상과 같았다. 조빈은 인조에게 바로 그 점을 상기시킨 것이다.

조빈은 저들 오랑캐와 다시 화친한다면, 명을 배신했다는 이유로 폐위시킨 광해군과 인조가 무슨 차이가 있겠느냐며 언성을 높였다. 특히 바로 이어진 ⓖ에서는 "난을 생각하는 백성이 이를 구실로 삼을까 두렵습니다"라고 자기 생각을 노골적으로 피력하였다. 이 말은 무력을 통해 비정상적으로 집권한 인조 정권의 명분이 오랑캐와의 화친으로 없어지면, 인조 자신도 광해군처럼 쫓겨날지 모른다는 중차대한 지적이었다. 이미 정묘년에 화친했는데, 이제 참호한 청과 다시금 화친한다면 반정의 명분을 완전히 잃는다는 준엄한 경고이기도 했다.

조빈의 요점은 두 가지였다. 조선왕조의 국시는 "존왕양이"이며, 천명을 받은 명을 공격하는 청은 양이의 대상 그 자체였다. 오랑캐 중의 오랑캐요, 심지어 극도로 참람한 오랑캐였다. 그런데 청을 오랑캐로 보는 시각을 더욱 드러내는 문구가 앞 인용문에 나온다. 명은 부모의 나라라는 인식을 당연하게 명시한 ⓓ가 바로 그것이다. 명과 조선의 관계가 단순히 군신 관계 범주를 넘어 부자 관계로 진전한 것이다. 우리 귀에 익은 이른바 군부·신자 관계로 진입한 상태였음을 여실히 보여주는 대목이다.

유교적 사대자소가 일반 상식이던 '중원'을 중심으로 한 동아시아 국제 무대에서, 군부·신자 관계로 이념화한 명과 조선의 관계는 매우 특이하였다. 개인끼리라면 모를까, 냉혹한 국제 무대에서는 아무리 이념적으로 끈끈한 관계라 해도 시세 변화에 따른 다양한 합종연횡이 오히려 상식이다. 그런데 17세기 중엽 조선의 지배 엘리트들은 그런 변화 곧 '황제 갈아타기'를 극도로 거부하였다. 심지어 나라가 망하는 한이 있더라도 타협할 수 없는 절대 가치로 명과 조선의 관계를 이념화하였다. 왜 그랬을까? 고려의 선배들은 중원의 시세에 따라 수시로 황제국을 바꿨는데, 약 250년쯤 지난 17세기 전반 조선의 후배들은 왜 그런 융통성을 발휘할 수 없었을까?

조선의 위정자들이 국력의 강약이나 존망보다 더 상위에 둔 가치는 인륜에 기초한 의리였다. 주자학의 융성과 함께 조선에서 뿌리를 아주 깊게 내린 지존의 가치, 곧 명과 조선을 군부·신자 관계로 보는 인식이 17세기에 매우 확고하였다.

조선인의 중화 인식은 핵심이 사대事大였다. 문자 그대로 큰 나라를 섬긴다는 뜻인데, 여기서 '대大'의 의미는 시대에 따라 적잖이 달랐다. 한국사에 국한해 보아도 삼국시대부터 고려시대까지 대는 대개 강대국을 의미하였다. 고려 때 황제국을 수시로 바꾸면서도 이념적 고민을 하지 않았던 이유도 바로 여기에 있다. 세상의 중심은 중원인데, 어떤 북방 종족이 중원을 점령했다면 그것은 하늘이 그들에게 천명을 주었기 때문이라는 현실적 해석이 얼마든지 가능하였다.

그런데 주자학이 들어온 고려 말부터 시작해 조선시대에는 의미가 사뭇 달라졌다. 흔히 중화의 요건으로는 공간(중원)·종족(한인)·문화(유교) 세 가지를 보는데, 고려에서는 종족 기준을 별로 고려하지 않았다. 이른바 정복왕조conquest dynasty의 시대였기에 한인이라는 종족을 강조하면 할수록 고려의 상황만 복잡해지는 구조였기 때문이다. 화이관으로 무장한 주자학이 아직 나오지 않았거나, 등장했더라도 아직은 영향력이 크지 않았다. 그러나 조선은 사정이 달랐다. 조빈의 주장에도 나오듯이, 조선 태조가 천조(명)를 치러 가던 군대를 위화도에서 돌려 새 왕조를 세운 일은 존왕尊王의 실천이었다. 또한 지금 백척간두의 국가 위기에 몰린 상태임에도 척화를 부르짖는 이유는 명을 단순히 강대국으로만 간주한 게 아니라 유교적 중화 문명을 담지한 천자국으로 상정했기 때문이다. 곧 군사력의 강약을 초월하여 문명론 차원에서 중화를 인식한 결과였다. 조선이 망하더라도 의리라는 국시를 저버릴 수 없다는 주장이야말로 당시 양반지배층이 골몰한 고민의 성격을 잘 보여준다. 한 예로 당시 척화의 화신 중 하나였던 이조참판 정온鄭蘊 (1569~1641)의 주장을 들어보자.

> 두렵건대, 신은 (저들과) 사신 통하기를 그치지 않으면 (저들은) 반드시 칭신稱臣을 요구할 것이고, 칭신하기를 그치지 않으면 반드시 땅을 떼어달라고 요구할 것입니다. 온 조정의 신료가 좌임左衽하는 (오랑캐의) 배신陪臣이 될 것입니다. 온 나라 인민이 좌임하는 (오랑캐의) 백성이 될 터입니다. (제) 말이 여기까지 이르니 즉시 바다로 걸어 들어가고 싶습니다.**25**

조정 논의가 자꾸 화친 쪽으로 가면 조선은 옷깃을 왼쪽으로 여미는[左衽] 오랑캐 풍습의 땅으로 전락할 테니, 나는 차라리 지금 죽겠다는 강경한 발언이다. 조빈과 정온의 생각은 당시 조야에 편만하였다. 일부만의 특수한 생각이 아니었다. 전운이 최고조에 달하던 바로 그 무렵, 교리 김익희金益熙(1610~1656)와 부수찬 이상형李尚馨(1585~1645) 등 홍문관 관원들도 차자를 올렸다.

> (지난) 봄에 화의를 거절한 의거는 실로 대의를 밝히고 일통一統을 높인 데서 나왔으니, ⓐ애당초 (전쟁의) 성패와 (국가의) 존망은 계산하지 않았습니다. 나라 사람들이 그것을 믿었고 황칙皇勅도 그것을 장려했습니다. (그래서) 의성義聲이 (널리) 퍼지고 사기가 점점 신장하였습니다. (그러나) ⓑ얼마 사이에 이미 국시가 변하고 말았습니다. … 그래서 ⓒ정론이 모두 꺾이고 없어지

니 이의異議가 제멋대로 횡행하였습니다. … 엎드려 바라건대, 전하께서는 대의의 소재所在를 염두에 두소서. (나라의) 중심衆心이 (이와) 같으니 확고한 단안을 내려 화의를 거절하고 몸소 와신상담하여 삼군三軍을 격려하소서. (그리하여) 황제께서 칙서로 장려한 (뜻을) 잊지 말고, 속히 신사信使의 행차를 중지하소서.**26**

앞 논의의 핵심은 대의를 지키는 문제는 전쟁의 승패나 나라의 존망을 초월하는 절대 가치라는 점이다. 그런데도 이제 또 화친을 도모하니, 국시가 변해 없어졌다는 것이다. 조선왕조의 국시는 앞서 확인했듯이 바로 존왕양이 곧 존주 의리였으며, 그것이 조선왕조의 존재 이유이자 국가정체성이었다. 그러니 결단코 척화해야 한다는 논리였다. 심지어 나라가 망하는 한이 있더라도 지켜야 할 정론이라 못 박았다. 이렇듯, 청의 칸이 황제를 칭하고 조선과의 관계를 군신 관계로 바꾸자며 압박해 오자, 조정 신료의 절대다수는 강력하게 척화를 요구하였다. 시간이 흐를수록 그 목소리가 더욱 거세졌고, 온 조정을 휩쓸었다. 인조도 결국 이렇게 말하며 척화론을 따랐다.

저들이 이후 (우리가 보내는) 문서에 (저들의) 제호帝號를 쓰지 않으면 받지 않겠다며 협박해온다면, 우리도 비록 병화를 입는 한이 있어도 절대 들어주지 못하겠다는 뜻으로 답하라.**27**

저들이 스스로 칭제한 것이야 어쩔 수 없더라도, 우리더러 칭제를 따르라고 겁박한다면 전쟁을 불사하고 단호히 거부하겠다는 의지를 담은 발언이다. 왕조국가에서 국왕이 저런 교시를 내렸다면, 이는 전쟁 선언과 다르지 않았다. 이때는 청이 조선을 전격적으로 재침하기 불과 보름 전이었다.

지금까지 살핀 내용을 보면, 전운이 고조되는 상황에서 조정 신료들의 선택은 전략적 판단에 따른 방안과는 거리가 멀었다. 그래서 당시의 척화론은 정책policy으로 보기 어렵다. 상황에 따라 수시로 절충이 가능한 정책이 아니라, 어떤 상황에서도 바꿀 수 없는 국시 곧 국가정체성 그 자체였다. 그래서 나라가 설사 망할지라도 대의를 저버릴 수는 없다는 논리가 조정을 뒤덮었고, 그런 논의를 제어할 권위를 가진 자가 당시 조선에는 없었다. 국가정체성을 수호하자는 주장이었기에, 척화론은 국왕의 권위보다 한참 더 위에 있었다.

존주의 모습들

조선을 평정한 후 명에 대해 지속적인 공세를 취하던 청은 1639년 봄부터 인조의 입조入朝 가능성까지 들먹이며 징병하여 대기하라고 압력을 가했다. 가을에는 정식으로 칙서를 보내 수군 6000명과 병선·군량 등을 대릉하大凌河·소릉하小凌河 하구로 직접 파견하라고 요구하였다.[28] 하지만 조선 조정은 미온적으로 일관하였다. 존왕양이를 실천하기는커녕 삼전도 항복을 통해 도리어 '배왕복이背王服夷'라는 패륜을 범한 데 따른 윤리적 충격과 자괴감이 극심하였다. 이것만으로도 제대로 정신을 차리기 힘들 지경인데,

설상가상으로 청이 정명전征明戰에도 참여하라고 요구하자 정신적 공황 상태는 절정에 달하였다. 신자가 군부에게 등을 돌린 것도 부족해 이제는 칼을 겨눠야 하는 "차마 할 수 없는" 극한에 직면했기 때문이다.

그렇다고 청의 징병을 거부할 수도 없었다. 조선 조정은 여러 경로를 통해 병력과 군량의 감면을 위해 노력하였다. 로비가 여의치 않자 출전은 하더라도 싸움에 적극적으로 임하지 않으려는 계책에 골몰하기도 하였다. 병선에 함포를 탑재하지 말고 출병하자는 비변사의 건의가 대표적이다.[29] 하지만 청의 강압에 못 이겨 결국 임경업을 도원수로 삼아 병선 120척에 수군 6000명과 군량 1만 석을 싣고 이듬해 4월 중순에 안주에서 요하 하구로 출발했다.

정명전에 나서지 않으려는 조선의 움직임은 이후 다양한 방법으로 이어졌다. 파병 결정이 조야의 거센 반발에 부딪힌 것은[30] 이를 나위도 없고, 파병이 불가피함을 인정하는 신료들도 대개는 이 사실을 명에 미리 알려야 한다는 태도를 견지하였다.[31] 각 도에서 징발한 병선이 군량을 싣고 조선의 연해를 항해하는 도중에 침몰하는 사건이 잇따라 발생하자 청은 말할 것도 없고 조선 조정조차도 사건의 고의성을 의심할 정도였다.[32] 이뿐만이 아니었다. 출정한 조선 장수들은 전투에 임하려 하지 않고 도리어 명과 밀통하기까지 하였다. 임경업이 고의로 선박을 침몰시킨 일과 청의 전진 명령을 거부하고 명과 밀통한 일은 이미 잘 알려져 있다.[33]

조선의 태도는 마침내 청 태종의 진노를 격발하여 심각한 외교 문제로 비화하였다. 홍타이지는 소현세자(1612~1645)에게 사람을 보내 임경업의 수군이 기일에 맞추어 들어오지 않는 이유와 군량을 금주錦州로 운반하라는 명을 조선이 즉각 따르지 않는 이유 등을 엄히 질책하였다. 또한 조선이 삼전도 강화 약조를 위반했음을 12개의 조항을 들어 지적하였다. 곧이어 잉굴다이 등을 중강中江으로 보냈다. 그는 영의정 홍서봉, 좌의정 신경진申景禛(1575~1643), 이조판서 이현영李顯英(1573~1642), 도승지 신득연申得淵(1585~1647) 등을 그곳으로 불러 엄히 심문하였다. 살벌한 분위기에 눌린 신득연이 파병 반대 상소를 올린 사람으로 김상헌 등을 지목하자, 이들도 모두 소환하여 재판에 넘겼다. 의주에서 벌어진 심문 결과 김상헌과 신득연 등 네 사람이 심양으로 이송되고 나머지는 풀려났다. 심양으로 끌려간 네 명은 거기서 사형을 선고받고 감금되었으나, 후에 청 태종의 특별 사면으로 사형을 면하고 의주로 옮겨 구금되었다.**34**

이것이 이른바 1차 심옥으로, 당시 청이 조선을 문책한 배경에는 조선으로 도주한 여진인이나 한인들의 쇄환에 대한 불만과 남한산성 재건에 대한 의구심 등이 복합적으로 작용하였다. 그래도 가장 중요한 이유는 조선 조정이 징병에 미온적 태도로 일관했기 때문이다.**35** 결국 이런 사태의 근본 원인은 존명 의리 의식이 조선 지배층 내부에 여전했기 때문이며, 심옥은 조선 국왕에게 이를 경고하는 성격이 짙었다. 실제로 청 태종은 심옥 관련 재판 절차를 마친 후 인조에게 칙서를 보내, 추후 사태의 전개에 따라서는 국왕이 직접 입조해야 할 것**36**이라고 압박했다.

이 심옥을 계기로 청의 징병에 대한 조선 조정의 반대 목소리는 크게 꺾였다. 1차 심옥 중에 청은 조선에 다시 징병했는데, 이번에는 조정에서도 청의 심기를 자극하지 않기 위해 비교적 즉각 따르는 모습을 보였다. 파병 반대 상소를 올렸던 김상헌 등이 심양으로 끌려간 것을 계기로, 조야의 반대 상소도 더는 올라오지 않았다. 요컨대 심옥은 조선의 파병 반대 목소리를 잠재우는 결정적인 계기로 작용하였다.

결국 1641년 봄에 조선 조정은 유림柳琳(1581~1643)이 이끄는 2000의 병력을 금주로 파견하였다. 군마와 군량도 계속 공급하였다. 1642년 3월 청군이 마침내 금주를 함락할 때까지 조선은 병력을 계속 교체해가며 전투에 임하였다.[37] 비록 조선군 일부가 탄환을 장전하지 않은 채 공포를 쏘는 일이 있었다고는 하지만,[38] 그래도 이전과는 다른 모습을 보여주었다. 이에 청 태종은 유림의 공을 치하하는 칙서를 보내기까지 하였다.[39]

이런 변화는 청의 강압에 따른 것이었을 뿐, 조선의 존주 의식이 약해졌기 때문은 아니었다. 신료들 사이에서는 명과 밀통하려는 분위기가 여전히 지배적이었다. 1642년에 발생한 이른바 2차 심옥은 그런 움직임이 실제로 드러난 사건으로,[40] 조선의 존주 의리가 조야에 얼마나 뿌리 깊게 뻗어 있었나를 잘 보여준다. 당시 최명길 등은 독보獨步라는 승려를 통해 명의 장수 홍승주洪承疇와 밀서를 주고받았다. 그런데 1642년에 송산참松山站이 청군에게 함락되었다. 이때 항복한 홍승주가 그동안 조선과 비밀리에 교통한 사실을 청 당국에 발설함으로써 사태는 일파만파로 커졌다. 그렇지 않아도 명 선박이 평안도를 들락거린다는 첩보를 입수하고 조선에 진상 규명을 압박하던 차에, 홍승주의 진술은 불을 지핀 격이었다. 최명길이 심양에 구금되는 것으로 사태는 일단락되었지만, 이후 조선은 징병을 회피하지도 못하고 명과 계속하여 밀통하지도 못한

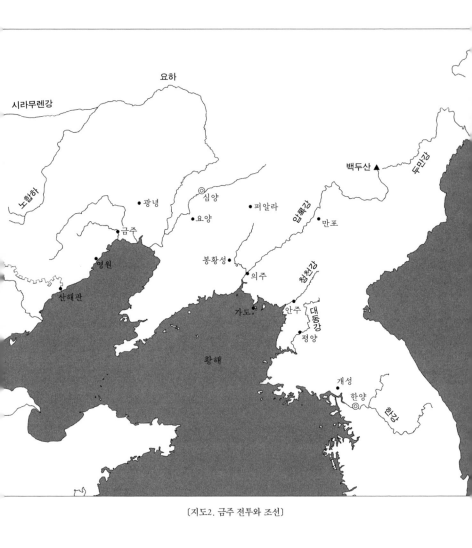

시라무렌강

요하

노합하

백두산 ▲

두만강

광녕

심양 ◎

퍼알라

압록강

만포

요양

금주

봉황성

청천강

의주

영원

산해관

가도

안주

대동강

평양

황해

개성

한양 ◎

한강

〔지도2. 금주 전투와 조선〕

채 정신적 공황에 더욱 깊이 빠져들어갔다.

삼전도 항복 후 청의 징병에 대해 조선 조정이 보여준 태도는 광해군의 친후금 외교 노선에 반발했던 신료들의 숭명배금崇明排金 의식을 그대로 계승한 것이었다. 그 이념적 뿌리는 어떤 상황에서도 바뀔 수 없는 명과 조선의 군부·신자 관계였다. 따라서 정명에 동참하라는 청의 요구에 조선은 지극히 미온적일 수밖에 없었다. 훗날 남경南京에서 청군에게 붙잡힌 임경업이 조선으로 송환돼 처형당한 이후, 조선 사회는 그를 숭명배청 의리의 화신으로 추켜세웠다. 그를 기리는 사업과 전기류 소설이 널리 회자한 사실[41]은 당시 양반 지식인 사회뿐만 아니라 일반 백성 사이에서도 숭명배청 의식이 지배적이었음을 잘 보여준다.

척화론의 의미

조선의 그 누구도 척화 논의를 억누를 수 없었다. 정론과 사론이 갈리는 논쟁에서 감히 정론을 부정할 이는 아무도 없었기 때문이다. 정묘년 맹약을 항복이라고 질타한 윤황의 언사에 격노한 인조는 일단 그를 중도부처中途付處로 처벌했지만 확실하게 내치지는 못했다. 1년도 지나지 않아 그를 다시 대간에 임명하고 그 후로도 계속 조정에 두었다. 그는 병자호란 시기에 척화 목소리를 다시금 한껏 높일 수 있었다. 병자호란이 발발하기 전까지는 대사간으로서[42] 조정 논의를 이끌었다. 척화의 상징 김상헌 등을 내치지 못한 채 거듭 벼슬을 내리며 그들에게 끌려다닌 인조의 모습도 같은

맥락에서 이해할 수 있다.[43]

정묘호란과 병자호란 때 적극적으로 주화론을 펼친 이귀 같은 핵심 공신도 일단 풍전등화의 나라를 살리고 보자는 것이었지, 명에 대한 의리를 부정하는 언동은 일절 하지 않았다. 1630년 봄에 후금이 북경을 포위했다는 소식을 접한 이귀는 군부를 위한 근왕병을 모집하여 출병하자고 제안하였다. 목전의 전쟁에서는 임시방편으로 주화를 주장한 그마저도 정세 변화에 따라 강경한 의리론을 편 것이다. 하물며 그는 척화론을 정론이라 부르는 데 주저하지 않았다. 나라가 망할 지경이니 권도權道를 써서 잠시 저들과 화친하자는 것이지, 존중국과 양이적의 확실한 실천을 외치는 척화론이 정론이라고 분명히 인정하였다.[44] 주화론의 상징 최명길도 마찬가지였다. 그 또한 명에 대한 의리를 일체 부정하지 않았다. 어쩔 수 없이 정명전에 동참하게 되었을 때 은밀하게 명 장수와 밀통한 그의 행적만 보아도, 그의 주화론 또한 어쩔 수 없는 권도였음을 잘 알 수 있다.[45]

그렇다면 조선은 왜 명에 대한 사대 의리를 그토록 절대시하였을까? 극한의 위기에 처해서도 의리를 위해 옥쇄하자는 주장을 현대인은 이해하기 힘들다. 특히 민족주의nationalism를 경험한 근현대인이라면 그저 헛된 명분론으로 치부하고 폄하하기 십상이다. 그래도 척화론의 본질이 중화 인식에 닿아 있음은 자명하므로, 그 이유 내지는 연원을 캐려는 학자들의 노력 또한 꾸준하였다. 예전에는 척화론을 헛된 명분론으로 치부하는 경향이 농후했지만, 최근에는 척화의 본질을 왜란 때 명이 조선에 베푼 재조지은에 대한 의리,[46] 16세기에 새롭게 등장한 명과 조선이 부자 관계라는 이데올로기적 인식,[47] 보편적이고 당위적인 중화의 예교질서禮教秩序 형성[48] 등으로 다양하게 설명하는 추세이다.[49]

호란 당시 척화론에도 보이듯이 왜란 때 백척간두의 위기에서 재조지은을 입었으니 마땅히 사대 의리를 다해야 한다는 점도 주요 요인이었을 것이다. 국가들 사이에도 혈맹을 통해 맺어진 끈끈한 의리는 얼마든지 가능하기 때문이다. 그러나 아무리 그럴지라도, 그 당사국인 명이 망해 없어진 후에도 계속 명에 대한 의리에 집착한 이유를 혈맹 관계나 사대 의리, 예교질서나 보편 문명 정도로 설명하기는 어렵다. 국제 무대에서 형세에 따른 합종연횡과 이합집산은 지극히 일상이므로, 한때의 군사 원조로 인한 재조지은이 영원불멸의 절대 가치일 수도 없다. 사대 의리는 군위신강과 군신지의君臣之義에 기초한 의리였으므로, 유교 이론상 천명이 바뀌면 반정이나 역성혁명도 가능했다.

사대 의리가 이렇듯 가변적이라면, 그것과 동전의 앞뒷면을 이루는 예교질서도 두말할 나위 없이 가변적이다. 천명이 바뀌는 상황이라면 사대 의리와 함께 명이 주도하던 예교질서도 얼마든지 폐기할 수 있는 가치라는 것이다. 보편 문명도 현대 역사가들이 제시한 해석일 뿐이지 그 실체는 적잖이 모호하다. 청은 천하를 제패하고 중원에서 보편적 유교 문명을 탄압하기는커녕 오히려 크게 후원하였다. 다른 말로 '보편적' 중화 문명의 정통은 명에서 청으로 이어지며 중원에서 여전했다. 그런데 왜 조선 양반 엘리트들은 청을 새로운 중화로 수용하기는커녕 전쟁을 불사하면서까지 여전히 이적 오랑캐로 여겼을까? 왜 그럴 수밖에 없었을까? 도대체 조선인이 집착했다는 보편 문명의 실체란 과연 무엇인가?

존망 위기에 처해서도 척화론이 여론을 압도적으로 주도한 이유는 보다 '근본적'이고도 '현실적'인 부분에서 찾을 필요가 있다. 명과 조선 관계의 내면에서 작동하던 본질에 최대한 가깝게 접근해보자는 것이다. 내 생각을 말하자면, 척화론이야말로 조선왕조의 국가정체성 문제와 직결되는 사안이었기 때문에 그렇게 강력했고 장기간 이어졌다고 할 수 있다. 그렇다면 조선의 국가정체성이란 구체적으로 무엇인가? 앞에서 이미 사료를 통해 확인하였지만, 여기서는 통시적 맥락에서 한 번 더 살펴보자.

한반도에 고려왕조가 있을 때, 중원에서는 패자가 수시로 바뀌었다. 중원의 제국과 조공·책봉 관계를 맺은 고려의 입장에서 보면 '황제국'이 계속 바뀐 것이다. 고려가 연호를 수용한 중원의 제국은 후당-후진-후한-후주-송-요-금-원-명 등 모두 아홉 나라였다. 이처럼, 고려는 형세에 따라 수시로 새로운 패자를 천자로 인정하곤 했다. 때때로 전쟁을 불사하기도 했지만, 시세에 따라 황제국을 바꾸는 일에 이념적·윤리적 부담을 느끼지 않았다. 고려는 중화의 세 기준(공간=중원·종족=한인·문화=유교) 가운데 종족 요소를 개의치 않고 누구라도 중원의 패자가 되면 그것을 천명에 따른 결과로 인정하였다.

이런 점에서 볼 때 명의 건국은 조선에 매우 특별한 의미였다. 당 몰락 후 중원은 북방 정복왕조의 놀이터가 되었는데, 명은 400여 년 만에 한인이 중원을 확실하게 '정화'한 매우 특별한 '중화 제국[中朝]'이었다. 단순한 강대국 차원이 아니라 주-한-당-송으로 이어진 유교적 중화 문명의 담지자, 곧 한인의 중화 제국이자 천자국이었다. 특히 주자학을 국시로 천명하고 출범한 조선왕조에서는 주자학적 화이관이 매우 강고하였다. 그 결과 16세기에 접어들 무렵에는 명·조선 관계의 본질을 이전의 군신 관계에 부자 관계를 추가해 이해하기 시작했다. 이른바 충과 효에 동시에 기초한 군부·신자 관계가 바로 그것이다. 임진왜란 이전부터 명과 조선은 군신 관계를 넘어 부자 관계로까지 이념화된 상황이었다.[50]

군신 관계는 영원불변의 절대적 관계가 아닌 상대적 가치였다. 이에 비해 부자 관계는 부모가 아무리 패악하더라도 자식으로서는 부자 관계를 스스로 끊을 길이 없는 영원불변의 절대적 가치였다. 이것이 바로 "천하에 옳지 않은 부모는 없다"[51]라는 말이 조선 사회에서 널리 회자한 이유였다. 또한 바로 이 점이 명·청 교체를 맞아 조선인이 이전 고려 때와는 달리 천자(군부)를 바꾸는 데 심각한 윤리적 부담을 느낀 이유였다. 이륜彛倫 문제가 복류하고 있었기 때문이다. 이 장에서 확인했듯이, 척화론에는 명과 조선이 부자 관계로 묶여 있음을 강조한 논변이 많이 등장하였다. 이는 척화론의 기본 논리가 명과 조선은 충과 효에 동시에 기초한 군부·신자 관계라는 절대 가치에 있었음을 의미한다. 상황을 초월하는 가치, 다른 말로 조선왕조의 국시이자 존재 이유, 곧 국가정체성이었다는 것이다.

이렇듯 왜란 이전 16세기부터 이미 조선의 양반 엘리트들은 명을 천하의 유일한 천자국·중화국이자 실질적인 상국으로 믿었고, 명의 황제를 유일한 천자로 보았다. 또한 두 나라의 관계를 군부·신자 관계로 이념화하여 절대시하였다. 따라서 그에 기초한 천하관을 신봉했다. 곧 천天 아래 천자가 있고 그 밑에 천자의 책봉을 받은 왕(제후)들이 다양한 층위에 포진한 원뿔형의 천하 질서를 당연하게 받아들이고, 조선 국왕의 위상을 그런 틀에서 규정했다. 조선 건국 후에 제정한 각종 국가 제례에서 조선을 제후국으로 보고 그 기준에 맞게 각종 의례를 정한 점이나, 『조선왕조실록』에서 조선 국왕을 천자의 제후로 칭한 사례가 무수히 나오는 점 등은 모두 이런 천하관의 산물이라 할 수 있다. 따라서 화이지변華夷之辨이니 춘추지의春秋之義니 하는 말들은 단지 조선 국내의 사안만이 아니라 조선이 속한 천하 질서와 관련해서도 그대로 작동하였다.[52] 조선 건국과 동시에 조정에서 스스로 환구단圜丘壇의 천제天祭를 폐지하였고, 그 후로도 천제를 일절 재개하지 않은 사실은[53] 좋은 증거이다.

이렇듯 명질서에서 조선왕조의 레종데트르는 명에 절대적으로 사대함으로써 중화 질서를 따르고, 그 사상적 바탕인 유교적 중화 문명을 지키고 발전시키는 것이었다. 건국과 함께 강조한 사대와 유교는 조선의 사대가 이미 유교적 이념과 불가분의 관계로 묶여 있었음을 잘 보여준다. 이런 추세는 16세기에 주자학의 융성과 함께 더욱 두드러졌는데, 당대를 대표하는 두 학자 이황李滉(1501~1570)과 이이李珥(1536~1584)의 생각은 이를 잘 보여준다. 이황은 일본에 보내는 예조의 국서를 작성하면서 다음과 같이 설명했다.

> 하늘에는 두 개의 해가 없고, 백성에게는 두 임금이 없소. 춘추의 대일통大一統이라는 것은 곧 천지의 상법常法이고, 고금에 통하는 의리요. 대명大明이 천하의 종주국이 되니, 바다 한 구석 해 뜨는 곳[조선]에서는 신복하지 않은 적이 없소.[54]

조선이 지켜야 할 의리의 최종 대상이 명 황제, 곧 천자임을 분명히 했다. 이이도 조공 문제를 논하는 중에 조선이 중화국 명에 대해 갖추는 사대의 예를 상황을 초월해 지켜야 할 절대 의리로 규정하였다.

> 신이 듣건대, 아랫사람이 윗사람을 섬길 때 편안하고 위험함에 (따라) 마음을 바꿔서는 안 되고, 성하고 쇠함에 (따라) 예를 폐해서도 안 됩니다. 이런 (원칙을) 실행함은 우리나라가 중조中朝에 사대함이 바로 그것입니다. … 지금 (중조와는) 이소사대以小事大로써 군신의 분수가 이미 정해졌으므로, 시세의 곤란함과 용이함을 헤아리거나 이해관계에 거리낌이 없이 정성을 다하는데 힘쓸 뿐입니다.[55]

이로써 볼 때 이황과 이이의 제자들이 권력을 독점한 17세기 조선에서 명과 조선의 전통적인 관계를 부정할 이는 아무도 없었다. 아니, 정세 변화에 따라 기존 관계를 조금 조정하는 것조차 극도로 어려웠다.

16세기를 지나면서 명과 조선이 군부·신자 관계로 굳어지며 절대화한 역사적 중요성은 바로 여기에 있다. 명이 주도하는 국제 질서가 존속하는 한 조선왕조는 이념적 고민 없이 안녕을 유지할 수 있었다. 그런데 17세기 전반 명·청 교체의 격변을 맞아 조선의 국가정체성 문제는 명과 청이라는 두 제국 사이에서 자신에게 더 유리한 선택을 할 수 있는 여지를 근원적으로 없애버렸다. 충효에 기초한 사대 의리를 포기하지 않는 한 조선이 취할 대응 방법은 명과 운명을 함께하는 것뿐이었다. 정묘호란을 겪으며 조선은 후금[청]과 형제 관계까지는 맺을 수 있었다. 그러나 1630년대에 홍타이지가 요구한 군신 관계는 도저히 받아들일 수 없는 패륜 그 자체였다. 신자로서는 차라리 죽으면 죽었지, 도적을 도와 군부를 칠수는 없었기 때문이다. 이 점이 바로 청나라에 대적할 힘이 없음을 알면서도 척화론을 외친 결정적 이유다.

이념 무장이 철저했던 만큼 삼전도 항복이 갖는 의미는 엄청난 폭발력과 휘발성을 가질 수밖에 없었다. 신자(조선 왕)가 자신의 군부(명 황제)를 공격해 죽이려는 원수(청 태종) 앞에 나아가 항복한 것은 단순히 굴욕 차원을 넘어, 유교 국가의 정체성이 뿌리째 흔들리는 중차대한 위기일 수밖에 없었다. 특히 원수 앞에 무릎을 꿇고 엎드려 이마를 바닥에 찧으며, 앞으로 명과의 모든 관계를 끊고 청의 황제만을 새로운 천자로 섬기겠다고 맹세한 일은 조선의 왕과 신료들 스스로 유교의 양대 가치인 충과 효를 동시에 범한, 그래서 교화받은 인간이기를 스스로 포기한 꼴이었다.

더 중요한 것은, 그런 행위를 어쩔 수 없었다는 상황 논리로 합리화할 수 없다는 점이다. 만약 청의 월등한 군사력 때문에 항복이 불가피했다는 상황 논리가 성립할 수 있다면, 충효에 바탕을 둔 조선의 유교적 지배 논리도 더는 절대적일 수 없을 터였다. 그런데도 삼전도 항복을 끝내 변명한다면, 그 후폭풍으로 조선 사회에 어떤 일이 벌어질까? 단순히 이념 차원을 넘어 양반지배층의 현실적 이해관계도 척화론의 기저에 강하게 깔려 있었다. 이에 대한 진단으로는 송시열宋時烈(1607~1689)의 분석이 가장 정곡을 찌른다.

| 만일 "우리는 이미 저들에게 몸을 굽혀 (절했으니) 명분이 이미

(새로) 정해졌다"라고 말한다면, 홍광제弘光帝 시해와 선조先朝의 치욕은 (곱씹어) 돌아보지 못할 것입니다. 신은 두렵습니다. 이런 얘기가 유행하면, 공자 이래 대경대법大經大法이 일체 땅을 쓴 듯 없어질 터입니다. (그러면) 장차 삼강三綱이 무너지고 구법九法이 두절되어, 자식은 아버지가 있음을 알지 못하고 신하는 임금이 있음을 알지 못할 것입니다. 인심이 제멋대로 이반하고 온 세상이 꽉 막힐 것입니다. (오랑캐와) 뒤섞여 금수의 무리가 될 터이니, (어찌) 두려워하지 않을 수 있겠습니까?[56]

여기서 송시열은 삼전도 항복을 어쩔 수 없었다는 상황 논리로 합리화할 때 나타날 수 있는 후폭풍에 대해 지적했다. 군부를 향한 충효를 삼전도에서 동시에 범했는데도 그것을 용인한다면, 앞으로는 자식이 부모에게 효도하지 않고 신하가 군주에게 충성하지 않을 것이다. 상하와 귀천의 구분이 흔들리면 조선왕조는 국가 정체성 문제를 넘어 양반 지배 질서 자체가 흔들리는 현실적 위기에 봉착하게 된다. 혹시라도 이런 일이 도미노 현상처럼 번지면 노비는 주인에게 복종하지 않을 것이고, 상민은 양반에게 순복하지 않는 세상이 올 터였다.[57] 더 나아가 수직적 통치 질서의 최정상에 자리한 국왕도 앞으로는 신하들의 충성을 기대할 수 없다는 무서운 경고이기도 했다.

그렇다고 송시열이 북벌을 타개책으로 제시한 것은 아니다. 국력의 차이가 워낙 커서 실행 가능성이 전혀 없었기 때문이다.[58] 그 대신 송시열은 효종이 솔선수범하여 먼저 와신상담하고 근신해야 한다고 강조하였다. 성심으로 근신하는 태도야말로 북벌의 성패와 무관하게, 이미 '타계한' 명과의 군부·신자 관계를 그나마 유지할 수 있는 길이라고 제시하였다.

> 엎드려 바라건대 전하께서는 마음에 굳게 정하시고 "이 오랑캐는 군부의 큰 원수이니 맹세코 차마 한 하늘을 함께 일 수 없다"라고 말하소서. 원한을 (마음에) 쌓고 통분함을 참고 견디소서. 말은 겸허히 하면서도 (속으로는) 노를 품고 마음을 괴롭게 하소서. (저들에게) 세폐를 바치는 중에도 와신상담을 더욱 절실히 하소서. … 설사 성패成敗와 이둔利鈍은 분별할 수 없더라도, 우리가 군신과 부자 사이에 이미 유감이 없다면, 굴욕을 당하고 구차하게 보존하는 것보다 나음이 심오하지 않겠습니까?[59]

송시열은 그동안 충효라는 양대 가치로 조선왕조의 유교적 지배 질서를 구축했기 때문에, 충효를 동시에 범한 삼전도 항복을 상황 논리로 변명할 수는 없다고 했다. 그것은 바로 충효를 상대적 가치로 전환하는 행위이고, 정말로 그렇게 되면 조선왕조의 양반 지배 구조가 사실상 붕괴하고 말 것이라는 매우 현실적인 우려를 표명한 것이다. 따라서 조선의 지배 엘리트층은 외교상으로는 어쩔 수 없이 청을 새 황제국으로 받아들였지만, 국내에서는 그런 현실을 부정했다. 이들은 이미 망해 사라진 명을 여전히 군부로 간주하며 더 철저하고도 애틋하게 받들었다. 그렇게 함으로써 항복으로 인해 야기될 수 있는 지배 이데올로기와 현실적 통치 질서의 위기를 타개하고자 한 것이다.

요컨대, 누란지세累卵之勢의 국가 위기에서도 척화론이 여론을 주도한 연유를 사대 의리나 재조지은, 예교질서만으로 설명하기는 힘들다. 더 본질적인 변수가 있었다. 군위신강(충)과 부위자강(효)에 기반한 군부·신자 관계라는 정체성이 가장 핵심이자 본질이었다. 또한 이런 명분론적 척화론의 기저에는 바로 양반지배층의 기득권(지배 구조)을 고수하기 위한 현실적 이해관계도 강하게 복류하고 있었다. 이런 점을 충분히 고려해야, 척화론이 조선왕조의 국시이자 정체성을 지키는 최후의 보루로서 조야를 뒤덮었을 뿐만 아니라 조선 후기 내내 정치·지성사의 흐름을 주도한 이유를 제대로 이해할 수 있다. 이 점을 무시한 채 척화론을 '헛된' 명분론이자 의리론으로만 파악한다면, 당시 조선은 정말이지 매우 '이상한' 나라로 보일 수밖에 없을 테다.

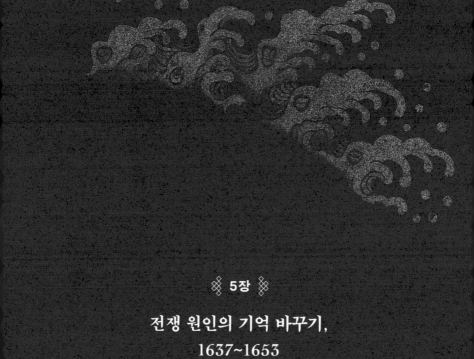

❖ 5장 ❖

전쟁 원인의 기억 바꾸기,
1637~1653

앞 장에서 살폈듯이 척화론은 삼전도 항복으로도 꺼지지 않았다. 척화의 핵심 이유가 명에 대한 의리인 이상, 명이 중원에 존재하는 한 조선에서 척화 논의가 누그러지는 것은 불가능하였다. 항복 후 척화의 상징 김상헌과 주화의 선봉 최명길이 모두 청에 끌려간 이른바 심옥 사건은 이런 맥락에서 볼 때 제대로 이해할 수 있다.

그렇다면 명이 중원에서 쫓겨난 1644년 후로는 척화 논의가 사라졌을까? 그렇지 않다. 청이 중원을 차지한 현실을 부정할 수는 없더라도, 명이 강남에서 머잖아 권토중래捲土重來하리라는 기대와 함께 명에 대한 의리를 지켜야 한다는 논의가 여전히 지배적이었다. 이른바 숭명배청 의식은 오랑캐와의 화친을 배척한다는 의미의 척화보다 더 상위 개념이었다. 따라서 척화의 시의성은 명의 몰락과 함께 사라졌을지라도, 척화의 본질인 숭명배청 정서는 여전하였다. 하지만 현실에서 그 노선을 적나라하게 표출하며 당장 청에 맞서 싸울 수 있는 형편은 아니었다.

조선의 저항은 다른 방식으로 이어졌다. 병자호란이라는 실제 전쟁은 조선이 항복하면서 일방적으로 끝났어도, 그 전쟁 경험을 기억하는 방식에서는 조선도 얼마든지 청과 다른 독자 노선을 걸을 수 있었다. 치욕스러운 패배를 어떤 방식으로 기록하여 남기는지에 따라, 병자호란은 1637년에 끝났을 수도 있고 '역사 전쟁'으로 계속 이어질 수도 있었다. 조선 후기를 관통한 숭명배청 의식은 이런 시각에서도 조명할 필요가 있다.

이 장에서는 남한산성 농성 중 조선 조정과 청 지도부가 주고받은 공식 서신의 내용을 대조하여, 양국 지도부가 자신들의 전쟁 경험을 공식 사서에 어떤 논조로 기록하였는지 살필 것이다. 특히 『조선왕조실록』의 편찬자들이 청으로부터 받은 서신의 내용을 조작하거나 심하게 변개變改한 사실을 확인하고, 그 의도를 17세기 조선왕조의 국가정체성 문제와 관련하여 읽어내고자 한다.

『조선왕조실록』을 완벽한 1차 자료로 보기는 어렵지만, 그래도 학계에서는 편찬의 솔직함과 공정성 덕분에 상당히 신뢰할 수 있는 사료로 받아들인다. 그런데 남한산성이라는 전장에서 오간 국서의 내용을 기록한 청 자료와 조선 자료는 대동소이하지 않다. 오히려 대이소동大異小同이라 해도 지나치지 않을 정도로 차이가 심하다.¹ 한 예로 병자호란이 발생한 원인, 곧 청의 조선 침공 이유(명분)를 전하는 청 태종 홍타이지의 첫 번째 서신 내용을 전재한 양국의 자료는 그 내용과 문맥이 몹시 다르다. 청의 자료는 청이 새로 천명을 받아 천하를 제패하였으니 현실에 순응하라는 경고와 조선에 대한 조롱 일색으로, 한문漢文과 만문滿文의 내용이 거의 같다. 이에 비해 조선 자료는 그런 내용은 거의 삭제한 채 조선이 명에 대한 사대 의리를 지키려 노력하다가 병화를 맞았다는 내용이 중심을 이룬다.

똑같은 서신을 옮겨 쓴 두 자료가 어떻게 이렇게 다를 수 있을까? 여기서는 먼저 남한산성 성하城下에 도착한 홍타이지가 인조에게 보낸 첫 두 번의 서신을 집중적으로 살피되, 청의 조선 침공 이유와 강화 협상 논리의 차이에 초점을 맞춰 고찰한다. 특히 『인조실록』의 사관들이 홍타이지가 보낸 서신을 다른 것과 바꿔치기하여 실록에 버젓이 실은 정황도 구체적으로 밝힌다. 이런 변조 행위가 17세기 당시 국제 질서 재편 과정에서 불가피하게 발생한 조선왕조의 국가정체성 문제와 불가분의 관계에 있었음을 논할 것이다.²

국서 교체와 '이상한' 축약

청군이 압록강을 건너 급속히 남진하는 비상사태를 조선 조정이 제대로 인지한 것은 인조 14년(1636) 음력 12월 14일이었다. 이때는 청군이 대동강을 건너고 황해도를 지나 경기도 북부에 진입할 즈음이었다. 청군 선발대는 다음 날 오전에 한양 서북쪽 인근에 이르렀다. 상황이 워낙 급박해서 강화도로 피신하는 길조차 위험했다. 이에, 국왕 인조를 비롯하여 조선 조정은 행로를 바꿔 남한산성으로 황급히 피난하였다.³ 반면 홍타이지는 비교적 여유 있게 남진하여 이듬해(1637) 정월 1일에 성 아래 탄천炭川에 진을 치고 남한산성을 강하게 압박하였다. 그는 다음 날 강화를 타진하러 청 지도부를 방문한 조선 사신 편에 성 안의 조선 국왕을 준엄하게 질책하는 서신을 들려 보냈다.⁴ 이것이 홍타이지가 남한산성에 당도하자마자 인조에게 보낸 첫 번째 국서(1월 2일 자)이다.⁵ 이 서신에서 그는 친정親征에 나선 당위성을 구체적으로 나열하였다.

그런데 서신을 옮겨 적은 『인조실록』의 내용은 상당히 다르다. 단순히 내용을 축약한 정도가 아니라, 청이 조선을 침공한 주요 이유를 변개했다고 의심하기에 충분할 정도로 내용 자체가 판이하다. 너무 다르다 보니, 해당 자료를 꼼꼼히 검토할 필요가 있다. 그날 『인조실록』에 실린 서신이 과연 같은 날짜 『순치본順治本』 기사에 실린 서신과 동일한지 의문이 들기 때문이다. 한 예로 『순치본』의 내용은 "대청 관온인성 황제가 조선 국왕에게 조유한다[大淸寬溫仁聖皇帝 詔諭朝鮮國王]"라는 문장으로 시작하여, 수신자를 조선 국왕으로 분명히 밝혔다. 이에 비해 『인조실록』의 기록은 "대청국 관온인성 황제가 조선 관민인들에게 고유한다[大淸國寬溫仁聖皇帝 誥諭朝鮮官民人等]"라고 시작한다. 수신자가 국왕 인조가 아니라 조선의 관민이다. 수신자를 명시한 첫 문장부터 다르다면, 둘은 전혀 다른 서신이라는 뜻이다. 그렇다면 『인조실록』 편찬자들은 1월 2일에 받은 첫 국서를 실록에 기재하지 않고, 다른 서신을 마치 1월 2일에 받은 것처럼 집어넣었다고 할 수밖에 없다. 서신을 주고받은 정황 설명과 날짜는 같은데, 수신자와 내용은 다르다. 이게 도대체 무슨 일일까?

홍타이지는 침공 전에도 조선에 여러 차례 서신을 보냈는데, 그 가운데 수신자가 "조선 관민인朝鮮官民人"과 유사한 것이 있다. 전쟁 개시 약 보름 전인 1636년 11월 29일 자로 "관온인성 황제가 조선 관속 군민들에게 유한다[寬溫仁聖皇帝 諭朝鮮官屬軍民人等]"로 시작하는 서신이다.[6] 그런데 이 서신의 존재는 『인조실록』의 해당 일자나 그 앞뒤에서는 찾을 수 없고, 이듬해 정월 2일 기사에 '그날' 홍타이지로부터 받은 서신이라며 실려 있다. 두 기록의 내용과 구성은 대동소이하다. 『인조실록』은 원문을 일부 축약하기는 하였으나, 거의 그대로 옮겨 적었다. 다만 서신을 받은 날짜만 11월 29일에서 이듬해 1월 2일로 바꾸어 실었다. 병자호란 발발 직전에 온 서신을 남한산성 농성 초기에 받은 것처럼 실록에 기록한 것이다.[7]

이런 오류가 『인조실록』 실록청 당상과 사관들의 단순한 실수 때문일까? 아니면 고의였을까? 내 생각에는 후자일 확률이 100퍼센트다. 왜냐하면 1월 2일 홍타이지가 보낸 서신이 『승정원일기』의 같은 날 기사에는 제대로 기록되어 있기 때문이다.[8] 따라서 『인조실록』 편찬자들이 보름쯤 전에 받은 다른 서신을 그날 받은 것으로 착각했을 가능성은 없다. 그들이 어떤 특별한 의도를 갖고 서신을 바꿔치기했다고 봐야 합리적이다.

그렇다면 『승정원일기』에는 홍타이지의 첫 국서를 충실히 전재하였을까? 진혀 그렇지 않다. 먼저 분량을 대소해보면 『순치본』이 전하는 1월 2일 자 서신의 한자가 모두 714자인 데 비해 『승정원일기』는 319자로 약 45퍼센트만 기록했다. 다만 본래의 자료를 축약하여 실록이나 일기에 기재하는 점을 감안할 때, 이 정도의 차이는 새삼스럽지 않다. 그런데 『승정원일기』의 기록은 서신 내용 전체를 고르게 축약하지 않고, 서두를 포함한 앞의 절반가량을 조금만 축약해 옮긴 뒤 나머지 절반은 모두 누락하였다. 이런 식의 축약은 매우 어색하고 이상하다. 서신의 하이라이트와 결론 부분을 통째로 누락시켰기 때문이다.

먼저 『승정원일기』에 그런대로 '충실히' 옮겨 적은 전반부를 살펴보자. 대략 여섯개 소주제로 나눌 수 있다. 이를테면, ①요동 난민을 명에 귀환시키는 등 조선이 명에 협조했기 때문에 정묘년에 거병한 일, ②국왕이 변신邊臣에게 밀서를 보내 전쟁 준비를 독려한 일, ③조선인이 월경越境하여 채삼하고 사냥한 일, ④청에 귀순한 명 장수를 영접하려 할 때 조선군이 도발하며 방해한 일, ⑤조선에 여러 차례 서신을 보냈는데도 열람하지 않은 일, ⑥대요大遼·대금大金·대원大元 등에게 조공한 역사를 들어 조선이 강대국에게 신복하지 않고도 스스로 나라를 보존한 적이 있느냐는 질타를 담았다.[9] 이 부분을 축약한 『승정원일기』의 기록은[10] 분량이 조금 적을 뿐 순서는 동일하며, 내용도 약간의 가감은 있으나 상당히 비슷하다.

그런데 『승정원일기』만 읽을 경우 서신의 내용이 중간에 갑자기 툭 끊긴 것 같은 느낌이 아주 강하다. 홍타이지가 인조의 잘못을 맘껏 열거하다가 마무리도 제대로 하지 않은 채 중간에 서신을 끝낸 것 같은 이상한 구성이기 때문이다. 실제로 『순치본』의 내용은 이후로도 더 이어진다. 특히 홍타이지가 인조의 대죄大罪와 소죄小罪를 선포한 결론 부분이 하이라이트를 이룬다. 요컨대, 당시 승정원의 주서는 홍타이지의 서신을 약간의 첨삭을 가하며 옮겨 적다가 중간에서 기록을 멈춘 셈이다.

침공 이유의 변개

홍타이지가 성 아래에 진을 치자마자 발송한 서신에서 『승정원일기』에 옮겨 적지 않고 누락시킨 나머지 내용은 무엇일까? 이제부터 후반부 내용을 차례대로 살펴보자.

> 짐은 원래 동생을 아끼듯이 너를 보았는데, 너는 점점 더 배역을 행하였다. 스스로 (짐을) 원수로 여겨 백성을 재해에 빠트렸다. (너의) 성곽과 궁실을 버려둔 채 처자와도 헤어져 바삐 길을 (따라) 도주하여 이 산성에 들어갔는데, (그 안에서) 천년 장구할 수 있겠느냐? 정묘년의 치욕을 씻길 원하면서도 도리어 눈앞의 안락함을 저버리고 화를 자초하였으니, 올해 (끝내) 성곽과 궁실을 버리고 산성으로 도망쳐 들어간 것이다. 너의 잘못으로 나라를 무너트리고 백성을 괴롭게 하였다. 웃음거리를 만세에 남길 텐데, 어떻게 이를 씻어내겠는가? 정묘년의 치욕을 씻기 원하면서도 어찌하여 나와서 싸우지는 않고 오히려 여인네처럼

몰래 숨느냐? 네가 비록 이 성에 피신하여 목숨을 탐할지라도, 짐이 (과연 그것을) 수긍하여 너를 내버려두겠는가?[11]

앞 인용문을 일견하면 홍타이지의 논조가 전반부와 사뭇 다름을 간파할 수 있다. 전반부의 내용은 그동안 청[후금]과 조선 사이에서 발생한 역사적 경험이 주를 이룬다. 또한 인조반정 이전의 일도 거론한 점으로 보았을 때, 홍타이지의 질책이 반드시 인조에게만 향한 것은 아니며, 오히려 광해군 대까지 포함하여 조선이라는 국가를 대상으로 삼은 면이 있다.

이에 비해 후반부의 첫 문단(앞의 인용문)을 보면 홍타이지가 격노한 대상은 국왕 인조임이 분명하다. 청 황제는 1627년 정묘년의 맹약을 어기고 이를 따르지 않는 조선 국왕 인조를 연이어 질타하였다. 지금의 난리를 초래한 원인이 오로지 인조의 그릇된 선택 때문이라고 강조하였다. 또한 성으로 피신한 인조와 도탄에 빠진 백성을 대조하면서, 그런 잘못된 선택[惡]이야말로 만세의 웃음거리가 될 것이라며 윽박질렀다. 말로는 정묘년의 치욕을 씻겠다고 하면서도 실제로는 도망쳐 숨기만 할 뿐 승부를 겨룰 패기조차 없는 인조를 조롱하였다. 남한산성에 갇혀 고성낙일孤城落日과 사면초가四面楚歌에 처한 인조에게는 이미 덧난 상처에 소금을 뿌리는 쓰라린 조소이자 경멸이었다. 바로 이어지는 내용은 다음과 같다.

짐의 여러 조카와 여러 왕들, 안으로는 문무 신하와 밖으로는 귀순해 온 여러 왕과 패륵貝勒이 짐을 도와 새 나라를 세웠다. (그런데) 어찌 너희 군신은 (나의 천자 등극을) 차마 들을 수 있는 바가 아니라고 운운하는가? 무릇 (짐이) 제호帝號를 정하고 안정하고가 어찌 너에게 달려 있겠는가? 너의 이 말은 매우 참월僭越하다. 하늘이 도우면 필부라도 천자가 되며, 하늘이 화를 내리면 천자라도 서인庶人으로 떨어진다.[12]

골자는 몽골제국의 정통성을 홍타이지 자신이 계승했음을 주변 나라가 다들 인정하는데, 왜 유독 조선은 그렇게 하지 않느냐는 추궁이다. 또한 자신이 천명을 받았음을 강조하는 힘찬 설득이다. "제호를 정하고 안 정하고가 어찌 너에게 달려 있겠는가?"라는 질타는 그 절정이라 할 수 있다. 특히 천명을 거론한 이 부분이야말로 전체 서신의 하이라이트에 해당한다. 이제부터 자신에게 대적하는 행위는 자연스레 하늘을 거스르는 반역이 될 수밖에 없는 문장 구성이다. 이어지는 내용을 보자.

너는 성곽을 정비한 후 내(가 보낸) 사신을 대하는 예禮를 갑자기 그르쳤으니, 무슨 이유인가? 또 내(가 보낸) 사신더러 너의 재신을 만나보게 하고는 그들을 체포하려고 (몰래) 계획하였다. 또한 명조를 부모처럼 섬기면서 오로지 나를 해치려는 것은 어떤 까닭인가? 이것들이 곧 (너의) 큰 죄요, 그 작은 죄들 또한 어찌 (다 일일이) 헤아릴 수 있겠는가? 짐은 이런 이유로 대병大兵을 거느리고 너의 팔도까지 이르렀다.[13]

이 인용문의 내용으로는 특이점이 별로 보이지 않는다. 홍타이지의 초유招諭에 순응하지 않고 오히려 대적하려 한 최근의 일을 적시한 뒤 그 모두를 인조의 죄상으로 못 박았다. 서신 전반부에서 살핀 역사적 경험과도 유사하다. 하지만 중요한 점은 홍타이지가 새 천명을 받은 황제임을 고도로 부각한 문단 비로 뒤에 천명을 거스른 인조의 죄상을 배치한 구성이다. 앞의 내용을 만약 서신의 전반부에서 거론했다면, 그 의미는 맹약을 '먼저' 파기한 조선 국왕을 비난하는 정도에 그쳤을 것이다. 그런데 천명을 한껏 강조한 바로 뒤에 이러한 내용을 배치함으로써 인조의 적대 행위를 국제 관계에서 발생할 수 있는 '조약 파기' 차원을 넘어 심각한 '역천逆天'으로 규정한 것이다. 바로 그런 까닭에 친히 대병을 이끌고 조선 정벌에 나섰다는 홍타이지의 일갈이 바로 이 서신의 클라이맥스이자 결론인 셈이다.

이렇게 대단원을 장식한 후에도 두어 문장이 더 나온다. 그 일부는 다음과 같다.

> 네가 부모처럼 떠받드는 명조인데, 시험 삼아 과연 너를 (정말로) 구원하는지 짐은 점을 치려 한다. 자식이 화를 당하는데 어찌 아비가 구하지 않을 리 있겠는가? 그렇지 않을 것이다.[14]

자신이 천명을 받들어 거병하여, 하늘의 뜻을 거역한 조선 국왕을 포위했는데, 과연 조선이 부모로 섬기는 명이 그 자식을 구하러 오는지 지켜보자는 내용이다. 그런데 당시 명의 군사 지원이 사실상 불가능함은 쌍방 모두에게 분명하였다. 따라서 이 문장은 홍타이지의 군사적 자신감의 표현인 동시에 조선에 대한 조롱 섞인 엄중한 경고이자, 대단원의 여운을 이어주는 일종의 카덴차

cadenza라 할 수 있다.

　　이상 살핀 후반부 내용은 사실상 서신의 골자를 담고 있으며, 구성으로 보아도 클라이맥스이자 대단원을 이룬다. 그런데 이런 내용 전체가 『승정원일기』에 완전히 누락되었다. 『승정원일기』는 역사서가 아니라 관청의 기록이므로 사정에 따라 내용을 적지 않았을 수도 있다. 그렇다면 그게 과연 어떤 사정이었을까? 농성 중이라 일일이 옮겨 적을 시간이 없었기 때문일까? 그렇지는 않을 테다. 지금까지 살핀 점을 고려하면 다분히 의도적으로 누락시켰음이 확실하다. 대청 황제의 '정벌'을 초래할 정도로 큰 죄, 곧 천명을 거스른 죄를 고스란히 인조에게 묻는 내용을 그대로는 도저히 실록에 기록할 수 없었다. 조선의 입장에서 천명은 오로지 명 황제에게만 가능했기 때문이다.

　　심지어 『인조실록』에서는 아예 서신 자체를 다른 것으로 바꿔치기하였다. 단순히 실수였을까? 그럴 리 없다. 실록청은 반드시 『승정원일기』를 참조한다. 후반부의 내용을 누락했을지라도 『승정원일기』에는 홍타이지가 보낸 서신의 전반부를 축약하여 기록하였다. 실록청 사관들이 그 내용을 보고도 엉뚱한 11월 29일의 서신을 끌어왔다면, 이는 실수가 아니라 의도적 행위로 보아야 할 것이다. 『승정원일기』처럼 내용의 절반이라도 축약해 실었으면 모를까, 서신을 아예 다른 것으로 바꾼 것은 보통 일이 아니다. 그러면 실록청 사관들은 왜 서신을 바꿔치기했을까? 본래 서신의 어떤 내용을 실록에 남기지 않으려 했을까? 크게 두 가지로 설명할 수 있다.

　　첫째, 당시 세상 사람들이 다 아는 조·청 관계의 역사는 거의 그대로 옮겨 적었다. 하지만 국왕 인조에게 쏟아진 경멸과 조롱은 지웠다. 『승정원일기』에서 통째로 누락시킨 후반부 내용이 모두 이에 해당한다. 숭명배청이라는 이념에 기초한 척화를 현실에서 그대로 실전할 힘이 없던 조선을 한껏 조롱한 내용도 모두 누락시켰다. 홍타이지는 말로만 정묘년의 치욕을 씻겠다고 큰소리치고는 정작 싸우지는 못하고 산성에 들어가 숨은 인조를 "여인네"라 부르며 한껏 비웃었다. 이런 지적은 당시 남한산성 안의 누구도 현실적으로 반박하거나 변명할 수 없는, 그래서 인조와 중신들 마음속 상처에 소금을 뿌린 행위이자 극심한 조롱이었다. 명을 부모의 나라로 섬기며 아무리 충성을 다해도 명의 군주[父]는 조선의 군주[子]를 돕지 못하리라는 조롱 섞인 지적은 조선 군신의 폐부를 찔렀다. 『승정원일기』는 이런 뼈아픈 내용으로 가득한 후반부를 아예 누락시킨 것이다.

둘째, 변란을 초래한 전적인 책임은 천명이 바뀐 현실을 도외시하고 어리석은 결정을 내린 인조에게 있다는 책임론을 모두 삭제하였다. 당시 조선의 지배 엘리트들이 보기에, 청의 중원 공격 및 홍타이지의 황제[천자] 등극이야말로 천명을 거스른 이적의 패역 행위였다. 이 점이 조선이 홍타이지를 끝내 배척한 핵심 이유였다. 그런데 조선의 선택이 오히려 천명에 맞서는 행위라는 홍타이지의 지적은 당사자인 인조를 비롯하여 조선 조정이 도저히 받아들일 수 없는 패악 그 자체였다. 청[후금]과 형제 관계는 가능해도 군신 관계는 불가하다며 불사 항전을 외친 근본 이유 또한 마찬가지였다. 천명 문제를 크게 거론함으로써 홍타이지는 조선의 '아킬레스건'을 집중적으로 건드렸는데, 『승정원일기』에서는 그것이 절정을 이루는 대단원 부분을 통째로 삭제하였다.[15]

더 나아가 『인조실록』에서는 아예 서신을 다른 것으로 바꿔치기함으로써, 결과적으로 서신의 내용을 노골적으로 조작하였다. 앞서 살폈듯이, 전쟁 발발 직전인 1636년 11월 29일에 홍타이지가 조선 관민에게 보낸 서신은 양국 관계가 파탄에 이른 역사적 책임이 조선에 있음을 다양한 실례를 들어 조목조목 지적하였다. 그런 다음에 끝내 항거한다면 주벌誅罰하겠으나 귀순한다면 은혜로 보살피겠다는 통첩으로 마무리하였다. 조선을 심하게 질책하거나 조롱한 언사는 없다. 천명은 언급조차 하지 않았다.[16] 이 서신의 취지가 조선 정벌이 임박한 상황에서 조선 관민의 저항 의지를 미연에 꺾고 귀순을 독려하기 위함이었음을 고려할 때, 조선을 조롱하는 내용을 담지 않은 까닭을 이해할 수 있다. 굳이 조선 관민의 감정을 자극할 필요가 없었기 때문이다. 조선이 도저히 수용할 수 없는 천명 문제를 일절 언급하지 않은 점도 조선 관민의 심리를 고려한 고도의 계산이라 할 수 있다.

바로 이런 까닭에 조선은 전쟁 발발 약 보름 전(1636년 11월 29일)의 서신을 마치 전쟁 초기(1637년 1월 2일)의 서신인 것처럼 위장하여 『인조실록』에 실었다고 볼 수 있다. 이길 수 없음을 잘 알면서도 전쟁을 불사한 이유는 청의 칸을 천명을 받은 황제, 곧 천자로 인정할 수 없었기 때문이었다. 그런데 홍타이지야말로 새롭게 천명을 받은 황제라는 내용으로 가득한 1월 2일 자 서신은 부분적인 손질로 순화시킬 수 있는 차원이 아니었다. 차라리 그런 내용이 들어 있지 않은 직전의 다른 서신을 방금 받은 것처럼 실록에 기재하는 것이 그나마 마음이 편했다는 것이다.

홍타이지의 천명을 인정할 수 없다는 조선의 강고한 의식은

1월 2일의 홍타이지 서신 전반부를 비교적 충실히 옮겨 적은 『승정원일기』에도 잘 드러난다. 단적인 예로 『순치본』 발신에는 "대청 관온인성 황제가 소선 국왕에게 조유한다"라고 나오는 데 비해, 『승정원일기』의 수신에서는 "대청국 관온인성 황제가 조선관민들에게 고유한다"라고 고쳐서 기록하였다. 황제만 쓸 수 있는 '조詔'라는 표현을 '고誥'로 바꾼 것이다. 특히 『남한일기南漢日記』(남한산성에서의 항전을 기록한 일기. 4권 4책)에는 '조유'를 그대로 적은 데 비해,[17] 『남한일기』를 옮겨 적은 영조 대 승정원 주서들은 '조'를 '고'로 고쳤다. 이런 점까지 두루 감안할 때 조선의 지배 엘리트들이 홍타이지를 황제[천자]로 인정하지 않는 데 얼마나 집요했는지 절감할 수 있다. 따라서 『인조실록』의 서신 바꿔치기 또한 고도의 계산에 따른 의도적 선택이었음이 확실하다.

그렇다면 11월 29일 자 서신을 1월 2일 자 서신으로 둔갑시킨 『인조실록』의 축약 결과는 대체로 순수했을까? 『청태종실록』과 『인조실록』 두 버전을 일견하면, 축약의 결과로 후자가 전자보다 다소 짧은 점 외에는 별다른 차이가 없는 것처럼 보인다. 그렇지만 자세히 살펴보면, 여기서도 의도적 변개의 흔적을 일부 발견할 수 있다.

> 너희 군주는 또 평안도관찰사 홍洪에게 밀서를 주었다. 그 언사는 모두 맹약을 파기하고 나와 더불어 원한을 맺어 틈을 보아 (나를) 원수처럼 치려는 (내용이다.)[18]

병자호란 발발 수개월 전에 조선에 왔다가 신변에 위협을 느껴 황급히 귀국하던 잉굴다이는 평양을 지날 때 인조가 평안도

관찰사 홍명구洪命耉(1596~1637)에게 내린 비밀 효유문을 강탈하다시피 입수하였다. 앞의 인용에서 홍타이지는 바로 그 밀서를 지적한 것이다. 그런데 같은 내용을 옮겨 적은 『인조실록』은 기록이 조금 다르다.

> 너희 국왕이 평안도관찰사에게 준 밀서를 짐의 사신이 우연히 입수하였다. (거기에 보면) "정묘년 변란 (때는) 임시방편으로 기미羈縻를 승낙하였다. (그러나) 이제는 정의로 결단하여 관문을 폐쇄하고 방비책을 가다듬을 것이다. (그러니) 충의로운 지사들이 각기 책략을 바치도록 여러 고을에 효유하라"라고 운운하였다. 다른 (비슷한) 언사도 모두 (일일이) 세기 어렵다.**19**

『인조실록』은 같은 내용을 훨씬 더 상세하게 전한다. 원문보다 축약본 내용이 더 상세한 점이 주목을 끈다. 이런 '이상한 축약'은 조선이 사대 의리를 지키기 위해 힘썼음을 의도적으로 강조한 재구성의 결과로 보인다. 특히 인조가 내린 비밀 효유문의 내용을 대거 추가함으로써, 의리에 충실하려 한 인조의 선택을 홍타이지의 입을 빌려서 드러낸 점이 매우 흥미롭다. 물론 『인조실록』의 내용이 원본을 반영하고 『청태종실록』이 그 내용을 축약했을 가능성도 무시할 수 없다. 설사 그럴지라도 『인조실록』 편찬자들이 다른 내용은 축약하면서도 굳이 이 밀서에 대해서는 축약하지 않은 점은 여전히 주목할 만하다.

가장 결정적인 문제는 서신을 바꿔치기한 사실을 모른 채 『청태종실록』과 『인조실록』의 1월 2일 기사를 읽을 때 발생한다.

『청태종실록』을 읽으면 정묘년 이래 조선의 절화絶和 움직임, 홍타이지의 천자 등극에 대한 진하進賀 거부, 조선의 전쟁 준비, 천명을 거스르는 어리석은 선택 등이 홍타이지가 친정을 감행한 주요 이유이자 명분임을 알 수 있다.[20] 반면 『인조실록』을 보면 조선이 명에 대한 의리를 끝까지 지키려 한 것이 홍타이지가 조선을 친정한 핵심 요인이었다고 읽힌다. 조선은 정당했다는 것이다.

요컨대, 조선으로서는 몹시 수치스럽고 제대로 반박하기도 어려운 홍타이지의 1월 2일 자 서신 내용을 『인조실록』에 아예 기록하지 않았다. 그 대신, 조롱도 없고 천명도 운운하지 않은, 그리고 문투도 상대적으로 부드러운 11월 29일 자 서신을 통째로 가져와 1월 2일 자 서신으로 위장하였다. 서신의 부분적인 손질 정도가 아니라, 아예 서신 자체를 교체해버린 것이다. 이런 사정을 모른 채 1월 2일 자 서신의 두 버전을 읽으면, 맥락과 내용이 판이할 수밖에 없다. 명에 대한 조선의 사대 의리와 충절 문제가 청 버전에는 별로 보이지 않는 데 비해, 조선 버전에는 매우 상세하다. 따라서 『인조실록』 버전만 읽을 경우, 조선이 침공을 당한 결정적 이유는 조선이 명에 대해 끝까지 의리를 지키려 노력했기 때문이고, 따라서 홍타이지가 무도하게 조선을 침공한 모양새가 두드러진다.

병란의 귀책사유 변경

다시 그날의 남한산성으로 돌아가보자. 홍타이지의 준엄한 국서(1월 2일 자)를 받은 조선 조정은 서둘러 회신을 작성하여 청 진영으로 보냈다. 수사적 표현을 제거하고 볼 때, 회신의 핵심은 ⓐ지난해의 일, 곧 청과의 긴장 고조 및 변신邊臣에게 전쟁 준비에 임하라고 비밀리에 하명한 일에 대하여 잘못을 시인하고 나서, ⓑ황명皇明과 조선은 부자 관계임에도, (명을 치려는) 대국[청]에 적대 행위를 하지 않음으로써 정묘년에 맺은 형제의 맹약을 소중히 여겼음을 강조하고, ⓒ잘못을 깨달았는데도 대국이 끝내 용서해주지 않고 군사적 해결을 추구한다면 소방은 스스로 죽기를 기약할 수밖에 없다는 세 가지였다.[21] 이제 잘못을 깨닫고 뉘우치고 있으니 너그럽게 용서하고 회군하라는 정중한 청원이었다. 또한 끝내 군사작전을 펼친다면 성안에서 모두 죽고 말겠다는 저항 의지도 담았다.

그런데 열흘이 지나도록 이에 대한 회신이 없자, 조선 조정은 불안한 마음에 다시 국서를 보냈다(1월 11일 자). 그 논조는 이전과 비슷하였다. 다만 형제의 맹약을 최선을 다해 지켜왔다고 더욱 강조하였다. 또한 명과의 특수한 관계 및 임진년(임진왜란)에 명의 신종(만력제萬曆帝, 재위 1572~1620) 황제가 베푼 은혜를 강조함으로써 새 황제[홍타이지]께서도 같은 은혜를 조선에 베풀어주는 것이 사리에 맞다는 내용을 더욱 상세히 기술하였다. 끝내 군사적 해결을 추구한다면 성안에서 죽음을 택하겠다는 말은 삭제하였다.[22] 이는 상황이 점차 악화하자 최소한의 저항 의사까지 국서에서 스스로 삭제하였음을 뜻한다. 참고로 청은 조선이 보낸 두 서신을 순치본과 만문본滿文本에 별 차이 없이 거의 그대로 전재하였다.[23]

홍타이지의 두 번째 국서(1월 17일 자)는 조선 조정이 보낸 두 번째 서신에 대한 회신 형식으로 남한산성에 도착했다. 이 국서는 조선의 회신 내용을 크게 다섯 가지로 구분하여 조목조목 논박하고 질타하는 구성을 갖췄다. 그런데 조선은 『인조실록』에 그 내용을 기록하면서 처음 네 가지 논점은 아예 삭제해버렸다. 마지막 사안만 5분의 2 정도로 축약하여 기록했다. 축약조차 하지 않고 지워버린 네 가지는 무엇일까?

첫째 논박은 조선의 변명 가운데 가장 핵심 내용, 곧 조선은 정묘년의 맹약을 스스로 깬 적이 없다는 주장에 대하여 크게 질타한 것이다. 이 내용을 전하는 『순치본』의 해당 기사는 다음과 같다.

> 짐은 정묘년의 맹세로써 화호和好를 중히 여겨, 일찍이 네가 맹약을 파기한 사실로써 누차 신유申諭하였다. (그런데도) 너는 상천上天을 두려워하지 않고, 백성들의 재앙을 돌보지 않고, (짐을) 배신하고 맹약을 파기하였다. 네가 변신에게 준 서신을 짐의 신하 잉굴다이 등이 획득하였으니, (짐은) 비로소 너의 나라가 전쟁을 구상하는 뜻을 확실히 알았다. 네가 봄가을로 파견한 두 사신 및 여러 장사치들에게 짐은 너희 나라는 이처럼 (맹약을 지키려 한) 형적形跡이 없으니 짐이 장차 가서 정벌하리라고 거듭 말하였다. 그 말은 가히 너 국왕에게도 미치고 아래로는 일반 백성에게도 이르도록 명백히 유시諭示해 보냈다. (따라서 짐은) 거짓이나 속임수로 군사를 일으킨 것이 아니다. 또한 너는 (비밀) 서신을 마련하여 맹약을 파기하고 불화를 일으켰다. (이에 짐은) 하늘에 (먼저) 고한 후에 군사를 일으켰다. 짐이 만일 너처럼 맹약을 저버렸다면, 스스로 하늘의 견책을 두려워할 것이다. 네가 실로 맹약을 어겼으므로 하늘이 (너에게) 재앙을 내렸다. (그런데) 너는 어찌 도리어 (이 일과) 무관한 사람인 양하면

서, 오히려 하늘에 기대어 궤언詭言으로 호리려는가?²⁴

청은 성안의 조선 조정에서 심혈을 기울여 작성한, 정묘년 이래 맹약을 지키기 위해 부단히 노력했다는 변명을 구체적 증거를 제시하여 반박했다. 인용문에서 밑줄 친 내용도 사실이다.²⁵ 그런데『인조실록』에서는 이 문단 전체를 삭제하고 언급조차 하지 않았다. 홍타이지가 성 밑에 도달하자마자 1월 2일 자로 보낸 첫 국서의 내용을『승정원일기』에 옮겨 기록하면서 의도적으로 삭제했던 일과 대동소이한 일이 벌어진 것이다. 홍타이지가 여러 차례 경고했음에도 인조는 전쟁을 준비하고 변신을 고무했다. 그 사실을 보여주는 명백한 증거 앞에서 정당성이 취약해질 수밖에 없는 조선 조정으로서는, 바로 그 일이 이번 정벌의 이유라는 홍타이지의 논지를 반박하기 어려웠다. 실록 편찬자들은 바로 이런 내용으로 가득한 첫 문단을 아예 삭제해버린 것이다.

두 번째 논박은 조선의 회신 중 "소방은 바다의 구석에 위치하여, 오로지 시서에만 힘쓰지, 군무[무기]는 일삼지 않는다"라는²⁶ 해명이 거짓임을 변증한 것이다. 그 내용은 다음과 같다.

기미년[1619년]에 네가 아무런 이유 없이 우리를 침범했기에, 짐은 너의 나라가 반드시 병사兵事를 외어 (익혔으므로) 침범을 감행했으리라 생각했다. 지금 (네가) 또 불화를 일으키니, 짐은 너의 군대가 반드시 조련이 잘 되었으리라 생각한다. 그 누가 오히려 훈련이 미흡하리라 여기겠는가? 너는 진실로 전쟁을 좋아하는 자이다. 만일 다만 (지금 당장은) 훈련이 미흡할지라도,

| 곧바로 다시 잘 조련할 수 있을 것이다.[27]

1619년에는 명군과 함께 후금을 침공하였고[28] 지금도 전쟁을 불사하는 것을 보니, 조선이 군무에 힘쓰지 않는다는 말은 거짓이라고 직설적으로 논박했다. 이 또한 변명하기 힘든 역사적 사실이다. 따라서 이 부분 역시 아예 실록에 기록하지 않았다.

> 천하는 크고 나라도 많다. (그러나) 너를 재앙에서 구할 자는 단지 명조 한 나라뿐이다. 천하의 여러 나라 군사는 어찌 모두 (너를 도우려고) 오지 않는가? 명조와 네 나라의 (관계 운운은) 허탄하고 망령되어 차라리 잊거나 꺼릴 말인데, (너는) 어찌 끝내 그치지 않는가? 지금 산성을 힘들게 지키지만, 장차 (화가 너의) 목숨에까지 미칠 텐데, 오히려 치욕인 줄도 모른 채 어찌 이런 헛소리를 더하는가?[29]

이것이 세 번째 사안으로, 조선의 회신 가운데 명의 황제가 임진년(1592)에 조선에 군대를 파견하여 큰 은혜를 베푼 것처럼 지금 청의 황제는 회군함으로써 조선에 은혜를 베풀어달라고[30] 호소한 데 대한 반박이다. 명에서 조선을 도우러 오지 못하는 현실을 조롱하고, 은혜 운운한 것을 헛소리로 치부하며 엄하게 질타하였다. 말도 안 되는 논리라며 한마디로 물리친 것이다.

네 번째 사안은 조선이 회군을 호소한 것에 대한 논박이다. 2차 회신에서 조선 조정은 갖가지 표현을 동원하여 아래와 같이 청군의 철수를 요청하였다.

> (은혜를 베풀지) 않고 오직 하루아침의 분함을 쾌하게 하려고 병
> 력으로 추궁하기를 힘써 형제 사이의 은혜를 손상하고, 스스로
> 새롭게 하려는 길을 막음으로써 제국諸國의 희망을 끊어버린다
> 면, 대국에도 장책이 되지 못할 듯합니다. 고명하신 황제께서
> 어찌 이에 대해 생각이 미치지 못하시겠습니까?**31**

특히 인조는 은恩·망望·고명高明·장산長算(장책) 같은 표현을
사용하여 홍타이지에게 회군을 간청하였다. 이에 대해 홍타이지는
고명·장산 등과 같이 똑같은 단어를 사용하여 인조를 크게 조롱하
였다. 그 전문은 다음과 같다.

> 무릇 너는 군대를 조련하고 성을 수리하면서 형제의 의리를 깨
> 트렸다. 또한 길을 닦고 수레를 만들어 병기를 미리 준비하고
> 는, 오로지 짐이 서정西征 떠나기를 기다린 후에 그 틈을 타서 강
> 도짓을 하여 우리 나라를 해치려 꾀했을 뿐이다. 어찌 우리 나
> 라에 혜택을 주려는 게 있겠는가? (너의 행적이) 무릇 이런데도,
> 너는 스스로 (짐더러) 중망衆望을 끊지 말라고 말하고, 고명을 말
> 하고, 장책을 말한다. (그러니) 짐도 말하겠다. 진실로 (너의) 장
> 책이로다.**32**

홍타이지는 스스로 사면초가에 빠진 인조의 선택이야말로
장책이라 함으로써 이를 비웃었다. 이 내용 역시 『인조실록』에서는
찾을 수 없다.

이처럼, 『인조실록』 편찬자들은 홍타이지가 보낸 1월 17일

자 두 번째 국서의 서두부터 절반이 넘도록 통으로 날려버렸는데, 전체의 60퍼센트를 웃도는 분량이다. 남은 40퍼센트가량은 절반 정도로 축약하여 기록했다. 이제부터 그 내용을 살펴보자. 이해를 돕기 위해 조선이 보낸 회신의 내용부터 보자. 바로 다섯 번째 사안이다.

> 가을에 (만물을) 죽이고 봄에 살리는 것은 천지의 도리입니다. 약한 자를 불쌍히 여기고 망해가는 자를 긍휼히 여기는 것은 패왕[伯王]의 기업입니다. 지금 황제께서 바야흐로 영무英武한 지략으로 여러 나라를 어루만져 안정시켰습니다. 새로 큰 연호를 세우면서 맨 먼저 관온인성 네 글자를 내걸었습니다. (그 뜻은) 대체로 장차 천지의 도를 체득하여 패왕의 기업을 넓힌다는 의미입니다. 그러므로 소방처럼 지난날의 잘못을 고치고 스스로 (황제의) 큰 보호에 의탁하기를 바라는 자에 대해서는 의당 끊어버릴 (대상) 속에 포함하지 말아야 할 듯합니다. 이에 다시 구차한 (사정을) 펴니, 집사에게 하명해주시기를 청합니다.[33]

이 인용문은 조선이 보낸 서신의 마지막 문단으로, 골자는 조선은 스스로 잘못을 뉘우치고 있으니 "관온인성"이라는 존호에 걸맞게 은혜를 베풀어달라는 내용이다. 이에 대해 홍타이지의 회신에서는 앞 인용문 가운데 밑줄 친 부분을 거의 그대로 옮겨 적은 뒤, 결론에 자신의 생각을 준엄하게 피력하였다. 『인조실록』에서는 바로 이 부분을 대폭 축약하였다. 비교를 위해 『순치본』 기록과 『인조실록』 기록을 함께 제시하면 다음과 같다.

짐의 내외 제왕과 대신들은 진실로 이 (황제) 존호를 올림으로써 나를 도왔다. 짐이 패왕의 기업을 넓히되, 이유 없이 군사를 일으켜 너의 나라를 진멸하고 너의 백성을 해치려는 의도는 아니다. 순전히 옳고 그름을 가리려 할 뿐이다. 천지의 도는 선한 것에 복을 내리고 악한 것에 재앙을 내리니, (이는) 언제나 피할 수 없(는 이치)다. 짐은 천지의 도를 체득함으로써 인육仁育을 베푼다. 천명에 따르는 자는 위무하고, 천명에 거스르는 자는 정토한다. (짐의) 예봉에 (감히) 접근하는 자는 주벌하고, 순복하지 않는 자는 사로잡는다. 굴강倔强한 자로 하여금 (천도를) 깨달아 알게 하고, 간사한 생각을 품은 자에게는 (그의) 언사가 다했음을 알린다. 지금 네가 짐과 더불어 적이 되었으므로, (짐이) 군사를 일으켜 너를 토죄하는 것이다. 너의 나라가 진력하여 (짐의) 판도에 들어온다면, 짐이 (너를) 낳아 기른 듯이 온전히 (보존해주지) 않겠는가? 돌보기를 적자赤子처럼 하지 않겠는가? 또한 너는 좋은 말을 함부로 지껄이는데, 시종토록 앞뒤가 맞지 않는다. 앞뒤로 내외에 오간 (너희) 공문을 나의 군병이 포획하였다. (거기에 보면 너희는) 왕왕 나의 군병을 노적虜賊이라 칭하였다. 이는 바로 너희 군신이 본디 우리 군병을 적으로 여기고 (그렇게) 불렀음이다. 그러므로 입을 열어 (말하면서도 그 의미를) 자각하지 못함이 이에 이르렀다. 적이라는 것은 몸을 숨긴 채 몰래 취하는 자를 이르는데, 내가 과연 적이란 말인가? (그렇다면) 너는 어찌 (나를) 사로잡지 않는가? 어찌 내버려두고 힐문하지도 않는가? 너는 입과 혀로만 남을 꾸짖는다. 속담에 양질호피羊質虎皮라는 말이 있는데, 진실로 너의 언사를 두고 하는 말이다. 우리 나라에는 "범인犯人은 행동으로는 민첩함이 중요해도 말로는 겸손함을 중히 여긴다"라는 말이 있다. 따라서 우리 나라에서는 매양 행동이 언사에 미치지 못하면 치욕으로 여긴다. 어찌 너의 나라는 (짐을) 추하게 속이고 교활하게 속이고 간사하게 속이고 빈말로 속이는가? (이런 거짓이) 골수에 스며들어, 안일하게 있으면서도 부끄러운 줄 모른다. 이처럼 망언을 (늘어놓는데도 어찌) 꺼림이 없는가? 지금 너는 살고 싶은 생각이 있는가? (그렇다면) 마땅히 속히 성에서 나와 천명에 귀의하라. 싸우려는가? (그렇다면) 이 또한 빨리 나와서 일전을 벌이라. 양쪽 군사가 서로 싸우면, 상천이 스스로 처분을 내릴 것이다.[34]

이 가운데 밑줄 친 부분만 『인조실록』에서 확인할 수 있다. 나머지는 축약 과정에서 삭제되었다. 윗글에서 홍타이지는 조선이 제시한 변명에 대해 곡직을 가려서 이 병란의 귀책사유가 누구에게 있는지 따져보자고 했다. 황제로서 자신은 천하 나라를 그 처신에 따라 적절히 상 주고 벌하되 최대한 너그럽게 품으려 하는데, 조선만은 비밀리에 전쟁을 준비했음을 다시 지적하였다. 아울러 조선에서는 청을 가리켜 노적이라 칭하며 적의를 드러냈음을 '우리가 과연 적이라면 어찌하여 붙잡아 조치하지 않는가, 응당 그렇게 해야 너희들 논리에 맞지 않겠는가'라는 식으로 논박했다. 『인조실록』에서는 이번에도 이런 내용을 거의 삭제한 채, 천도를 따르는 자로서 취해야 할 태도를 원론적으로 피력한 부분만 축약하였다. 특히 앞 인용문의 후반부 내용은 거의 다 삭제하였는데, 대부분 조선

군신을 엄중히 질타하고 조롱한 내용이다. 홍타이지가 운운한 천명은 진짜 천명이 아니며, 그래서 참람한 오랑캐라는 점을 애써 드러내려는 의도가 행간으로 읽힌다.

이로써 남한산성 농성 중에 홍타이지가 보낸 두 번째 국서를 실록에 축약해 옮기는 과정에서도 상당한 변개가 있었음을 확인하였다. 조선은 자신들에게 논리적으로 불리한 내용은 사실상 전부 삭제하였다. 그러다 보니 『인조실록』만 읽으면 홍타이지는 입으로는 천명 운운하지만 실은 천도를 제대로 따르지 않는 자이다. 또한 조선이 침공을 당한 결정적 이유는 조선이 명에 대한 사대의리를 끝까지 저버리지 않았기 때문이라는 결론에 이를 수밖에 없다. 반면 『순치본』에서는 그런 느낌을 받기 어렵다. 오히려 홍타이지의 인내와 관용을 부각하고, 세상 물정 모른 채 새 천명을 거스르고 이치에 맞지 않는 말만 늘어놓는 조선을 하늘에 고하고 정벌할 수밖에 없었다는 내용이 가득하기 때문이다.

기록 조작의 의미

지금까지 남한산성 농성 초기에 홍타이지와 인조가 주고받은 국서 두 통의 내용을 살폈다. 이를 통해 양국 지배 엘리트들이 전쟁 경험을 역사서에 기록한 논조가 확연히 다르다는 사실을 확인하였다. 청은 인조가 보낸 국서 내용을 변조하지 않고 거의 그대로 전재하였다. 그런데 조선은 홍타이지가 보낸 국서 내용을 노골적으로 변개하여 공식 자료로 남겼다. 조선 조정은 왜 원래 국서의 맥락을 심각하게 바꿔서 후대에 남기고자 했을까? 앞서 살핀 내용을 종합할 때, 조선왕조의 국가정체성을 저해하는 내용은 삭제하고 그것을 최대한 드러낼 의도로 다른 내용을 삽입했음이 분명하다.

조선왕조의 국가정체성이란 바로 16세기에 걸쳐 형성된 명에 대한 절대적 사대 의리였다. 당이 몰락한 후 명은 400여 년 만에 한인이 다시금 중원을 정화한, 그래서 매우 특별한 중화 제국이었다. 단순한 강대국 차원을 넘어서 주-한-당-송으로 이어진 유교적 중화 문명의 담지자, 곧 중화 문명국이자 천자국이었다. 명과 조선의 관계는 이전의 군신 관계에 부자 관계가 추가되었다. 이른바 충과 효에 동시에 기초한 군부·신자 관계로 이념화한 것이다. 군신 관계는 군주의 태도 여하에 따라 가변적이며, 다른 말로 상대적 가치였다. 반면 부자 관계는 부모가 아무리 패악하더라도 자식으로서는 그 관계를 바꿀 수 없는 절대적 가치였다.

16세기를 거치면서, 명과 조선 사이 기존의 군신 관계에 부자 관계가 추가된 역사적 중요성은 바로 여기에 있으며, 이것이 바로 조선왕조의 새로운 국가정체성이었다. 부자 관계가 상황 논리를 초월하는 절대 가치로 자리 잡은 이상, 청이 새로운 천명을 내걸고 명을 공격하는 상황에서는 조선왕조의 국가정체성 문제가 필연적으로 불거질 수밖에 없었다. 이는 조선의 국가정체성이 명이라는 국가 하부에 종속되었기 때문이다. 주권 국가로서의 정신적 자율성이 사실상 없다 보니, 외부 세계의 변화에도 주체적으로 대처할 수 없었다.

실제로, 명·청 교체라는 격동기를 맞아 조선이 충효에 기초한 사대 의리를 포기하지 않는 한 국제 무대에서 조선이 취할 대응 방법은 사실상 명과 운명을 함께하는 것 외에는 없었다. 정묘호란 때 임시방편으로 청[후금]과 형제 관계를 맺었다. 여기까지는 할 수 있는 일이었다. 그러나 홍타이지가 새롭게 요구한 군신 관계는 도저히 받아들일 수 없었다. "차라리 송의 진동처럼 죽을지언정 이들 (주화) 무리와는 천지간에 도저히 함께 설 수 없다"라는 절규가[35] 당시 국제 무대에서 조선왕조의 존재 이유, 다른 말로 국가정체성의 진수를 잘 보여준다.

조선의 국가정체성을 동아시아 국제 질서 맥락에서 폭넓게 이해하기 위해서는 임진왜란과 병자호란의 차이를 비교해 인식할 필요가 있다. 임진왜란은 16세기에 새롭게 이념화한 군부·신자 관계가 단순히 이론에 머물지 않고 현실에서도 작동함을 증명한 사건이었다. 7년에 걸친 전쟁으로 온 국토(왕조의 하드웨어)가 황폐해졌어도 정체성(왕조의 소프트웨어)에는 아무런 문제가 없었다. 오히려 기존의 군부·신자 관계에 재조지은이라는 경험이 배어들면서 정체성을 더욱 강화할 수 있었다. 명도 조선과의 관계를 강화하면서 북쪽으로는 만주 일대를, 남쪽으로는 일본열도를 견제할 수 있었다.

이에 비해 병자호란은 기존의 국제 관계를 뿌리째 뒤흔든 사건이었다. 조선이 명·청 교체를 현실로 수용하지 못한 이유는 바로 16세기에 형성된 부자 관계라는 절대 가치 때문이었다. 과거에 송을 무너트린 여진이 중원을 차지하고 제국을 세운 뒤 종족과 무관하게 누구나 천명을 받을 수 있음을 설파한 바 있는데, 그 후예인 홍타이지가 이끄는 만주 또한 똑같은 논리로 조선을 압박하였다. 그런데 조선은 배타적 화이 의식을 강조한 남송의 주자학을 국가 이념으로 삼고 중화 문명국인 명과의 관계를 군신 및 부자 관계로 절대화한 나라였다. 이것이 바로 어떤 궁지에 몰리더라도 결코 포기할 수 없는 조선의 국가정체성이었다. 또한 이 짐이야말로 이길 수 없음을 뻔히 알면서도 척화를 외치다가 남한산성에 스스로 갇힌 이유였다. 금수로 구차하게 목숨을 이어가느니 성안에서 척화를 외치다 교화받은 인간, 곧 (소)중화인으로 당당하게 죽겠다는 정체성이었다.

따라서 바로 이런 국가정체성을 심히 조롱하고 유린한 홍타이지의 언설을 그대로 실록 기록으로 남길 수는 없었다. 후대에 남길 실록을 '더럽힐 수 없었기' 때문이다. 조선은 삼전도에서 청에게 굴복하였지만 『인조실록』을 편찬한 1653년까지, 더 나아가 『승정원일기』를 개수하던 18세기까지도 병자호란이라는 '전쟁'은 역사기록historiography의 모습으로 계속해서 진행 중이었던 것이다.

6장

북벌론의 실상과 기억 바꾸기,
1649~1690

1649년 인조를 뒤이어 효종이 즉위하였다. 그에게는 국왕으로서 돌파해야 할 시대적 사명이 분명하였다. 소현세자의 급사 이후 신료의 과반이 자신(봉림대군)의 세자 책봉을 반대한 사정을 누구보다 잘 알던 효종은 정통성 문제를 어떤 식으로든 풀어야 했다. 삼전도 항복과 명의 몰락이 몰고 온 국내외 위기와 정신적 공황을 타개함으로써 조선왕조를 안정적으로 유지하는 문제도 당면 과제였다. 이 장에서는 두 번째 문제, 곧 조선왕조의 국가정체성에 직격탄을 맞은 삼전도 항복의 후유증을 극복하기 위해 효종이 내세운 북벌론의 실상을 고찰한다. 특히 이것이 사대부의 민심을 회유하기 위한 국내용 정치 선전propaganda이었다는 데에 중점을 두어 살핀다. 숭명배청 의식으로 무장한 양반 신료들의 마음을 다시금 조선왕조의 깃발 아래 모을 수 있다면, 왕조의 안정은 물론이고 효종 자신의 왕권 문제도 자연스레 해결할 수 있을 터였다.

그러나 복안대로 진행하기에는 당시의 국내외 상황이 녹록하지 않았다. 조선 조정이 북벌 논의로 뜨겁던 바로 그때, 청은 흑룡강 일대의 나선羅禪(러시아)을 토벌한다며 조선에 총수병銃手兵 파견을 요구하였다. 청의 엄중한 감시를 받고 있던 조선으로서는 즉각 응하는 것 외에는 다른 선택지가 없었다. 하지만 청의 강압으로 출병한 나선정벌(1654, 1658)은 조선의 조야에 커다란 정신적 상처를 남겼다. 북벌 담론이 휩쓸던 시대에 북벌을 실행하기는커녕 오히려 그 정벌의 대상인 오랑캐 청의 지휘를 받아 출정한 데 따른 정신적 충격이 매우 심각했기 때문이다. 국제 정세를 무시한 채 한반도 안에서만 들끓은 북벌 담론이 언제까지 영원할 수도 없었다. 남명南明(1644~1662)이 덧없이 망하고 삼번의 난(1673~1681)조차 평정되면서 조선의 북벌 논의는 시의성마저 완전히 상실하였다.

그래도 당시 조선의 국왕으로서는 북벌 실패를 자인하기도
어려웠다. 현실이 아무리 암담할지라도 무엇인가 북벌을 이루었다
고 천명하는 모습이 절실하였다. 그래야 북벌이라는 정치적 부담
을 어느 정도 털어내고 다음 시대로의 진입을 논할 수 있었다. 이때
호명해 불러낸 과거의 사건이 바로 나선정벌이었다. 나선정벌 과
정에서 청의 역할을 지울 수만 있다면, 나선정벌은 조선이 실제로
단행한 북벌의 성공 사례로 얼마든지 탈바꿈할 수 있었다. 이런 기
억의 조작은 실제로 일어났다. 이렇듯, 북벌론의 실상과 나선정벌
의 기억 바꾸기는 동전의 앞뒤처럼 긴밀하게 연동되어 있었다. 이
장에서는 바로 이런 문제를 심층적으로 다룬다.

효종 대 북벌 논의의 실상

삼전도 항복과 명의 몰락은 명질서 안에서 나라의 안녕을
추구하던 조선왕조의 존재 이유를 뿌리째 뽑아버렸다. 삼전도 항
복은 중화 문명의 조선인이 그저 목숨을 부지하기 위해 충·효 의리
를 버리고 자발적으로 금수의 상태로 떨어진 치욕이자 패륜이었
다. 명의 멸망은 유교적 중화 문명의 몰락이자 군부의 상실이었다.
곧 '천붕' 사태였다.

이런 극단의 상황이었기에, 효종 때 시작해 17세기가 저물
도록 조선 사회를 휩쓴 대표적인 정치 담론이 북벌론의 형태로 나
타난 것은 당연하였다. 특히 북벌의 깃발을 처음 들어 올린 효종의

북벌론은 삼전도 항복으로 야기된 왕실의 권위 추락과 국가 통치 이념의 위기에서 벗어나 국내 질서를 확립하고 기존 양반층의 지배 구조를 공고히 하기 위한 대내적 성격이 훨씬 강한 이네올로기였다.

북벌론이 유행할 당시에도 조선이 정말로 거대한 제국(청)을 상대로 복수를 실현할 수 있다고 믿은 사람은 거의 없었다. 조선 조정에서 확보한 군사 정보라는 것도 현실과 너무나 동떨어진, 아전인수 같은 '희망 사항'에 지나지 않았다. 북벌을 빌미로 군영을 설치하는 과정에서 효종이 금군禁軍을 특별히 강화한 점, 수어청守御廳을 중심으로 남한산성의 방비를 강화한 점, 어영청御營廳에 소속된 병력을 이전의 7000명에서 2만 1000명으로 확대했을지라도 번상제番上制에 따라 실제로 도성에 상주한 어영청 병력은 1000명뿐이었던 점 등을 두루 고려하면,[1] 군비 확장은 사실상 국왕 호위와 도성 수비를 위한 것으로밖에는 생각하기 어렵다. 북벌 정책이 도성 경비 군사력의 강화에 그치고 막을 내린 것도[2] 결코 우연일 수 없다. 수어청과 어영청 같은 이름만 보아도 이들이 국왕의 수비대였지 청의 경내로 쳐들어가 산해관을 점령할 공격 부대가 아니었음이 잘 드러난다. 이 정도 군사력 증강으로 북벌이 가능하다고 믿을 사람은 당시에도 이미 없었다.[3]

이는 효종도 마찬가지였다. 적잖은 연구자가 효종의 북벌 의지만큼은 그 '순수성'을 인정한다. 그러나 북벌의 성공 가능성에 대한 효종의 판단 근거조차 허술하기 그지없었다. 그의 상황 판단을 가장 잘 보여주는 자료로 송시열과의 독대 때 효종이 했다는 이야기가 남아 있다. 그 요지를 옮기면 다음과 같다.

왕이 (이로) 인해 탄식하며 이르기를 "오늘 말하고자 하는 것은 당연히 현제의 중대사이다. 저 오랑캐는 반드시 망할 추세에 있다. … 그러므로 정예 포병 10만을 양성해서 자식처럼 사랑하고 위무하여 모두 결사적으로 싸울 병사로 만들려 한다. 그런 후에 기회를 봐서 저들이 예상하지 못할 때 곧장 (산해)관 밖으로 쳐들어가면 중원의 의사와 호걸 중에 어찌 호응할 자가 없겠는가? 아마 곧장 산해관까지 가는 일은 그리 어렵지 않을 것이다. (저) 오랑캐는 군비에 힘쓰지 않아 요동과 심양의 1000리 길에 활을 잡고 말을 타는 자가 전혀 없으니, 무인지경에 들어가는 것과 비슷할 것이다. 또한 하늘의 뜻을 헤아려보건대, 우리나라가 보낸 세폐를 (저) 오랑캐는 모두 요동과 심양에 (쌓아) 두고 있으니, 하늘의 뜻은 (그 물품을) 다시 우리가 사용하도록 하려는 듯하다. 또 몇 만인지도 모를 우리나라 포로들 가운데에서도 또한 어찌 내응하는 자가 없겠는가? 오늘날의 (이) 일은 오로지 행하지 않는 것을 걱정할 뿐이지, 성공하기 어렵다는 것은 걱정하지 않는다."[4]

이를 보면, 효종의 정세 판단이라는 게 솔직히 일국의 운명을 좌우할 자리에 있는 국왕의 판단이라고는 도저히 볼 수 없을 정도로 일방적인 자기 희망 사항임을 쉽게 알 수 있다. 국왕으로서 조선 내부의 형편조차 제대로 파악하지 못한 채 10만 포병을 양성하겠다는 대목에 이르면, 효종의 저 판단이 정녕 북벌을 실천에 옮기려는 의도인지 심히 의심스럽다. 요동 일대가 무인지경이라 산해관까지 진공하기 어렵지 않다는 말도 청을 공격하겠다는 최고 통수권자가 쉽게 입에 담을 얘기는 아니다. 피아간의 군사력과 배치 상황을 진지하게 파악하지 않은 점 하나만으로도 효종의 작전 계획은 차라리 백지상태였다고 보는 게 타당할 것이다. 요동과 심양 일대가 정녕 무인지경이라면, 조선은 왜 효종 재위 기간 내내 그렇게도 절절매며 청의 눈치를 살폈을까? 너무나도 상식 밖의 발언이다.

일단 산해관에 도착하면 중원의 의사와 호걸이 호응할 것이라는 판단도 현실과 거리가 멀다. 정확한 상황 판단을 하지 않은 채, "행하지 않는 것을 걱정할 뿐이지, 성공하기 어렵다는 것은 걱정하지 않는다"라는 말은 유치하기 그지없다. 오히려 극도로 위험한 발상이다. 만약 작전이 실패했을 때 어떻게 하겠다는 대안도 세우지 않은 채 군사를 일으키겠다는 이 글에서는 되레 효종의 진정한 의도가 북벌의 실행에 있지 않음만 더 드러난다. 조선이 바친 세폐를 청이 요동에 쌓아두었으니 조선군이 그것을 사용할 수 있다는 데에 이르면, 헛웃음만 나올 뿐이다. 요컨대, 효종의 작전이란 구름 잡는 수준의 자기 희망일 뿐이었다. 전쟁을 준비하는 지휘관의 생각이라고는 도저히 볼 수 없는 수준이다.

그렇다면 효종이 바보였을까? 그럴 리는 없다. 8년간의 포로 생활에 더해 외줄 타기와도 같던 즉위 과정을 거치며 그는 이미 눈치 10단의 경지에 오른 왕이었다. 따라서 효종의 저런 우스꽝스러운 북벌 계획이야말로, 실은 북벌 실행이 아니라 어떤 다른 목적을 달성하기 위해 '북벌'을 이용한 냄새가 매우 강하게 풍긴다. 솔직히, 8년 동안이나 심양과 북경에 인질로 있으면서 청의 군대를 따라 종군한 경험도 있는 효종이 과연 북벌이 정말 가능하다고 순진하게 믿었다고 보기는 어렵다. 오히려 청에 우호적이던 형 소현세자가 아버지 인조의 미움을 받다가 갑자기 요절한 사실을 알아챘고, 그 후로도 왕위 계승 문제로 홍역을 치른 효종이야말로 국내 정세의 흐름과 유림의 동향을 정확히 읽고 그 타개책으로 자신이 북벌론을 선도했다고 보는 게 합리적이다. 북벌은 공황에 빠진 양반사대부들을 규합하기 위한 적극적 정치 공세였다. 효종의 목표는 저 멀리 산해관이 아니라 오히려 왕의 주위에 세세토록 진영을 구축한 세습적 양반사대부였다.

실제로도 북벌 담론은 조선왕조의 기본 이데올로기로 매우 중요하게 기능했다. 처음부터 현실성이 없는 정치 선전에 가까웠지만, 북벌론은 한동안 매우 효과적이었다. 하늘이 무너진, 곧 명질서가 무너지고 천자가 사라져버린 절체절명의 국가 위기 속에서 국왕과 지배양반층은 이해관계를 함께해 절치부심의 북벌 담론을 생성하고 공유함으로써 조선왕조의 레종데트르를 다시금 분명히 할 수 있었다. 그렇게 함으로써, 삼전도 항복 이후 흐트러진 국내의 인심과 분위기를 조선왕조라는 깃발 아래 다시 하나로 규합할 수 있었다. 청을 상대로 정말로 전쟁을 일으키겠다기보다는 삼전도 항복 이후 위기에 봉착한 국내 통치 질서와 기존의 양반 지배 구조를 공고히 하기 위한 국내용 정치 선전이었다. 이렇듯, 다분히 관념적인 북벌론은 그 비현실성에도 불구하고 인조 사후 약 20~30년 동안 매우 강력한 "이데올로기적 국가 장치"로 작동할 수 있었다.[5]

그런데 강희제康熙帝(재위 1661~1722)가 친정에 임할 즈음에 삼번의 난을 완전히 진압하고 청질서淸秩序가 더욱 공고해짐에 따라, 국내에서 북벌론의 효력도 다할 수밖에 없었다. 따라서 숙종 대 중반부터는 국가 차원에서 무엇인가 대책이 필요했다. 명의 멸망을 엄연한 현실로 받아들이고, 청을 새 중화로 인정하며 새롭게 출발하지 못하는 한, 북벌론을 대체할 새 담론[장치]이 필요했다. 다른 말로, 시의성을 잃은 북벌론을 공식적으로 접어야 할 시기는 도래했는데, 어떤 방법과 무엇을 대안으로 삼을 것인가라는 새 문제가 무겁게 다가올 수밖에 없었다.

여기서, 이런 문제를 대하는 효종과 현종顯宗(재위 1659~1674) 및 숙종의 입장이 사뭇 달랐던 점에 주목할 필요가 있다. 효종과 현종이 북벌이라는 '시대정신'에서 자유롭지 못한 데에 비해, 숙종은 그렇지 않았다. 효종이 봉림대군으로서 심양에 끌려가 8년간 볼모로 지냈음은 주지의 사실이다. 그의 아들 현종도 1641년에 심양에서 태어났다.[6] 이런 사실은 효종과 현종 및 그들의 시대가 북벌이라는 시대 분위기에서 결코 자유로울 수 없었던 태생적 한계를 상징적으로 잘 보여준다. 반면에, 숙종은 그런 아픈 과거와는 직접 관련이 없는 신세대였다.

따라서 양대 전란으로 인해 흐트러진 국가의 이념과 체제를 재건하고 왕권을 강화하기 위해 숙종은 북벌이라는 명분에 더는 집착할 필요가 없었다. 못 이룬 북벌의 꿈에 연연해할 절실한 이유도 없었다. 다만 한 시대를 풍미했던 북벌 담론과 관련해 숙종이 국왕으로서 해야 할 일은 이루지 못한 북벌을 패배적인 자세로 그냥 방치한 채 종결할 일이 아니었다. 긍정적이고도 건설적으로 재해석할 필요가 절실하였다. 비록 애초의 북벌을 성취하지는 못했을지라도 주체적으로 성취했다는 가시적 성과물을 제시해줄 필요가 있었다. "북벌론의 시대"를 새롭게 정리하고 재창출할 필요가 있었다. 그런 후에야 새로운 대안도 힘을 받을 것이었다. 이때 숙종이 주도한 북벌론의 재해석은 나선정벌에 대한 기억의 전환이었고, 북벌론의 후속 조치로 그가 제시한 대안이 바로 1690년대를 수놓은 의리 현창 사업과 1704년의 대보단大報壇 건립이었다.[7]

나선정벌 조선군 사령관의 심정

나선정벌은 17세기 중반에 북만주로 남하하던 러시아를 저지하려던 청의 파병 요구에 따라 조선군이 어쩔 수 없이 송화강松花江과 흑룡강黑龍江(아무르Amur) 유역으로 두 차례 출정한 사건을 가리킨다. 1654년 3월에 북우후 변급邊岌이 이끄는 152명 규모의 원정군이 압록강을 건넜다. 영고탑寧古塔에서 청군에 합류하여 그 지휘를 받았다. 목단강牧丹江이 송화강과 합류하는 지점에서 러시아 선단과 전투를 벌인 청군은 송화강이 흑룡강에 합류하는 지점까지 적을 추격했으나, 흑룡강으로 진입하지 않은 채 영고탑으로 돌아왔다. 조선군도 별다른 병력 손실 없이 6월에 회령으로 귀환하였다. 이것이 이른바 1차 나선정벌이다.[8]

2차 출정도 청의 강한 압력 때문이었다. 혜산진첨사 신류申瀏 (1619~1680)가 이끄는 260여 명의 조선군은 1658년 5월 초에 두만강을 건너 행군하여 영고탑에서 청군에 합류하였다. 청군에 분산 배속된 조선군은 흑룡강에서 러시아 선단과 교전하여 큰 승리를 거두고, 영고탑을 거쳐 8월에 회령으로 귀환하였다. 조선군의 병력 손실은 전사 8명과 부상자 25명 정도였다. 이것이 바로 2차 나선정벌이다.[9]

그렇다면 두 차례 원정의 사령관 변급과 신류는 나선정벌을 어떻게 인식했을까? 두 번 모두 승리를 거두고 개선했으니, 그들 모두 자긍심이 넘치고 영예스러웠을까? 전혀 그렇지 않다는 것이 이 소절의 핵심 논지다. 현재 변급의 개인 심정을 읽을 만한 자료는 없다. 그런데 2차 원정 사령관 신류는 개선하는 여정에서 느낀 심정을 시로 남겼다. 따라서 여기서는 신류의 심리 상태를 중심으로 살펴보자.

신류는 오랑캐의 징병에 따라 다른 오랑캐를 치러 장도에 오른 착잡한 심경을 시로 남겼다. 오랑캐(러시아)를 치기 위한 출병이라는 점에서 다소나마 의의를 찾고 위안 삼을 수는 있으나, 그렇다고 해서 그것이 오랑캐(청)의 요구에 응해 출정하여 그 지휘를 받은 것에 따른 자괴감까지 상쇄할 수는 없었다. 실제로도, 원정에 임한 신류는 침울함을 느꼈다. 나선정벌을 대하는 신류의 심리 상태는 그의 감회를 술회하며 지은 연작시에 극명하게 드러난다.

> 배 안에서 잠 못 들고 호가胡笳 소리 들으니,
> 고국은 아득히 만 리 밖에 멀도다.
> 오로지 경각간에 달려갈 마음뿐이니,
> 어전에 보고 마치면 곧 내 집에 돌아가리.**10**

이 첫 시에는 개선을 앞두고 있으나 착잡한 심정이 교차하는 신류의 마음이 잘 드러난다. 강적 러시아를 물리친 데 따른 심리적 고조나 자긍심은 찾아볼 수 없다. 반면에 그저 어서 빨리 본국으로 돌아가기만을 바라는 우울한 심정으로 가득하다. 이 첫 시의 내

쉴카강

● 알바진

● 카모라

● 네르친스크

오논강

흑룡강

● 아이훈

흑룡강

● 하바롭스크

송화강

하얼빈   이란

● 송화강   목단강

요하

길림 ●   영고탑

심양(성경)   백두산   회령

◎북경   산해관   요양

천진   압록강

평양

한양 ◎

〔지도3. 1650년대 목단강, 송화강, 흑룡강 지역〕

용만 보아서는 이 시를 쓴 장군이 원정 임무를 성공적으로 완수했는지조차 명쾌하게 드러나지 않는다. 개선을 앞두고 마음이 한껏 들떠도 부족함이 없을 사령관의 심정이 이렇게 허전한 이유는 무엇일까? 그것은 비록 '오랑캐' 러시아를 격퇴하였지만, 또 다른 '오랑캐'인 청의 요구에 따른 원정이었기 때문이다. 이런 심리는 신류의 두 번째 시에 극명하게 나타난다.

> 이역만리 출정에서 성공하기는 세상에 드문 일이건만
> (그걸 성공한) 이 나그네 마음은 어찌하여 또다시 장탄식인고.
> 이번 원정은 예전의 심하 원정과는 근본적으로 다르니,
> 죽어 고국으로 돌아가지 않은 김공金公이 오히려 부럽도다.[11]

이 시는 오랑캐의 요구에 응한 출정이라는 부정적 심리 상태를 극적으로 표현한다. 이 시의 1행과 2행에서 신류는 그 어렵다는 해외 출병을 성공적으로 이끌었음에도 마음속에서 자꾸 슬픈 탄식이 터져 나오는 자신의 처지를 하소연하였다. 그 이유는 3행과 4행에 명쾌하게 드러난다. 3행에 보이듯이, 신류는 이번 출정이 심하 원정과는 다르다고 인식했기 때문이다.

심하 원정이란 1619년(광해군 11년) 초에 명나라가 후금 원정을 단행하면서 조선에 파병을 요구하자, 마지못해 그에 응하여 강홍립姜弘立(1560~1627)이 이끄는 조선군 1만 2000여 명이 명을 도우려 출병한 원정을 가리킨다. 조선군은 요동에서 명군과 합류하여 그 지휘를 받았는데, 후금의 기습공격을 받아 거의 전 부대가 궤멸당했고, 조선군도 반 이상이 전사하였다. 도원수 강홍립 이하 약

4000명은 항전을 포기하고 후금에 투항하였다. 이로부터 근 40년이 지난 1650년대 중후반에 나선정벌이 두 차례 있었다.

그렇다면 강적 러시아를 상대로 승첩을 이룬 신류가 개선을 기뻐하기는커녕 이처럼 시름에 잠긴 이유는 무엇일까? 명을 돕는 출병이 아니라 청을 도운 출정이었기 때문임은 두말할 나위도 없다. 신류의 이런 고민은 그가 마지막 4행에서 스스로 김공을 부러워한다고 고백하면서 절정을 이룬다. 3행과 4행이 서로 대구를 이루는 문맥을 고려하면, 김공이 누구인지는 바로 드러난다. 김공은 심하의 전역에서 전사한 선천군수 김응하金應河(1580~1619)다.

김응하는 강홍립과는 달리 마지막까지 후금군과 싸우다가 끝내 장렬하게 전사한 인물이다. 당시 조선 조정은 조선군의 항복으로 인한 명의 질책을 우려해서 김응하 선양 작업을 거국적으로 전개하였다. 특히 명의 사신들이 왕래하는 사행로 주변에 의도적으로 김응하 사당을 건립하는 등 매우 적극적으로 그를 기리는 작업을 추진하였다.[12] 따라서 당시 김응하라고 하면 조선의 양반사회에서 모르는 이가 없을 정도로 지명도가 높았다.

그런데 앞서 살핀 시를 보면, 신류는 바로 그 김응하와 자신을 극단적으로 비교하며 상심하였다. 그는 청을 도운 이번 출정(나선정벌)에서 승리하고 개선하는 게 오히려 명을 도운 출정(심하 원정)에서 패하여 죽은 것보다 못하다는 자기 고민을 강하게 드러냈다. 개선장군으로서 충분히 기분이 고양될 자격이 있는데도, 그는 청을 도와 출정한 자신의 처지를 극단적으로 비하한 것이다.

이런 심리 상태는 신류와 교유하였던 당대 지식인들에게서도 공통으로 보인다. 신류의 부고를 듣고 많은 이가 만사輓詞를 썼

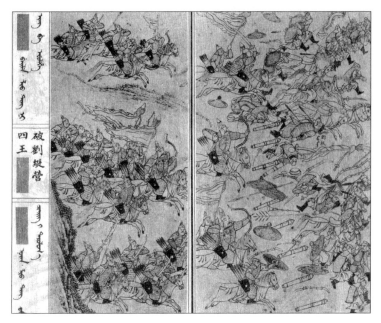

〔그림1. 『만주실록』 중 조선군이 속한 명의 부대가 패하는 모습〕

〔그림2. 『충렬록』 중 심하 전투의 김응하〕

는데, 현재 50편이『통상공실기統相公實記』에 전한다. 그 가운데 신류의 나선정벌과 관련하여 오랑캐를 뜻하는 단어를 직접 쓰거나 오랑캐를 가리키는 은유적 표현을 쓴 만사는 모두 30개에 달한다. 전자의 사례로는 북만北蠻, 낭랑狼狼, 군험群獫, 갈구羯狗, 추로醜虜, 북로北虜, 융戎, 적狄, 북적北賊, 융강戎羌, 추류醜類 등을 들 수 있으며, 후자의 경우로는 음산陰山, 금황金隍, 대막大漠, 북막北漠, 북새北塞, 황사적黃砂磧, 연산燕山, 황룡黃龍 등을 꼽을 수 있다.

그런데 나선(러시아)이라는 말을 구체적으로 지목하여 기술한 만사가 하나도 없는 점이 특이하다. 단순히 북녘의 오랑캐를 연상시키는 상투적 표현을 사용했을 뿐이다. 이는 한편으로는 '오랑캐' 러시아 정벌을 높게 평가하면서도, 다른 한편으로는 러시아라는 상대를 구체적으로 지목하지 않음으로써, 못 이룬 북벌의 자괴심을 상쇄하기 위한 심리의 발로로 보인다. 즉 신류와 동시대를 살던 허다한 문무 지식인은 나선정벌에 성공한 신류를 칭송하되, '청의 요구에 의한 러시아 정벌'을 '조선이 북쪽의 오랑캐를 정벌'한 사건으로 심리적 전이를 한 셈이다.

그런데 만약 신류가 명을 치러 출정하여 큰 공을 세우고 개선했다면 이런 식의 심리적 전이는 필요 없었을 것이다. 그 근거로 강홍립과 임경업에 대한 당대의 평가를 꼽을 수 있다. 강홍립은 심하 원정에 참여했다가 후금에 투항한 뒤, 정묘호란(1627) 때 후금군을 인도하여 조선에 돌아온 인물이다. 당시 조정에서 강홍립을 처벌해야 한다는 주장이 드세었던 것은 주지의 사실이다. 비슷한 예로, 금주 전투에 참전하여 청 태종의 칭찬을 듣고 귀환한 유림에 대해 실록 사관은 다음과 같이 기록했다.

유림은 청국의 칙서를 얻은 뒤부터 득의양양하게 스스로 과시하는 빛이 있었고 유공자를 조사할 때 자기 마음대로 등급을 정하였으므로 식자들은 그와 사귀는 것을 수치로 여겼디.[13]

비록 유림의 오만함과 편파성을 이유로 들며 비난했지만, 사실은 정명전에서 청 태종의 칭찬을 듣고 돌아온 것을 노골적으로 비난하는 사론임은 분명하다. 반면에, 임경업은 비록 정명에 나서기는 하였지만, 은밀히 명과 내통하고 청의 명령에 따르지 않다가 그로 인해 나중에 고초를 겪은 인물로 알려져, 후대에 현창 사업이 끊이지 않았다.[14] 민간에까지 그의 전기소설이 널리 회자하고 심지어 신격화 현상까지 나타났다.[15]

나선정벌이 조선의 파병 역사에서 갖는 독특성은 바로 여기에 있다. 오랑캐를 치러 출정한다는 것은 매우 설득력 있는 파병 명분이었다. 더욱이 그것이 상국(명)의 요구에 따른 것이라면 명분은 더욱 튼튼해진다. 반면에 오랑캐인 청의 요구를 받고 상국을 치러 나가는 출정이라면 그 명분은 땅에 떨어지는 정도를 넘어 조선이라는 나라의 정체성을 위협할 정도로 심각하였다. 나선정벌에 나서며 조선의 조야가 느낀 자괴감과 그에 따른 패닉 상황은 이 두 경우가 뒤섞인 심리였다. 앞서 살핀 신류의 연작시도 바로 이런 이중 심리를 잘 보여준다. 비록 오랑캐를 치러 나선 원정이지만, 다른 오랑캐(청)의 지휘를 받은 사실이 더 크게 마음을 눌렀기 때문이다.

이런 이율배반적 심리 상태는 당시 지식인들도 공유하였다. 『통상공실기』에 실린 만사 50편 가운데 신류의 나선정벌 공적을 직접 칭송한 만사가 아예 없기 때문이다. 무공이 혁혁한데 왜 문상객

들은 그런 업적을 만사에서 언급조차 하지 않았을까? 이들 만사는 나선정벌의 공적을 언급하기는커녕, 큰 기개를 끝내 펴지 못하고 세상을 뜬 신류를 애석해하는 논조로 가득하다. 한 예로, 이조판서 이원정李元禎(1622~1680)이 쓴 만사의 일부를 소개하면 다음과 같다.

> 남해南海를 통제하니 고래 같은 파도도 잠잠해졌고
> 서관西關에 부임하니 호부절虎符節이 드높았네.
> 연산석燕山石에 새기려 일찍이 마음에 정했건만
> 초검楚劍에 먼지 쌓여 계획이 허사 되었네.[16]

앞 인용문의 전반부는 장군에 대한 상투적인 칭송인데, 후반부에는 이루지 못한 어떤 계획에 대한 안타까움이 드러난다. 연산은 흉노의 땅 이름으로, 전한前漢 때 흉노를 친 장수가 연산의 돌에 공적을 새겼다고 전한다. 따라서 인용문의 3행은 무장으로서 신류가 품었던 오랑캐 정벌, 즉 북벌의 의지를 묘사하고 있다. 반면에 4행의 초검은 초패왕楚覇王 항우項羽의 칼을 가리키는 것으로, 항우처럼 신류도 웅지를 성취하지 못했음을 함축한 표현이다.[17]

공조판서 유혁연柳赫然(1616~1680)이 쓴 만사도 좋은 예다. 그 일부를 소개하면 다음과 같다.

> 마음에 웅지 있어 머리가 희도록 칼을 잡았네.
> 그 뜻은 황룡黃龍에 두었으나 괴로움을 술로 달랬네.[18]

여기서도 황룡은 요遼(거란)의 태조가 발해를 평정하고 설치한 부府의 이름으로,[19] 만주 곧 오랑캐 땅을 가리킨다. 유혁연 또한 신류의 죽음을 애도하면서 나선정벌의 공적을 회상하기보다는 북벌의 뜻을 이루지 못한 점을 강조한 깃이다.

대개 만사에서는 비록 고인의 공적이 하찮을지라도 다소 과장하여 애도하는 것이 보통이다. 그런데 신류는 러시아 '오랑캐'를 무찌른 큰 공적이 분명한데도 그에 대해서는 일언반구도 없이 오히려 북벌을 이루지 못한 것만을 개탄한 이원정과 유혁연의 만사는 당시의 사회 분위기와 관련하여 시사해주는 바가 크다. 조선왕조의 역사에서 매우 의미 있는 해외 원정을 성공리에 완수했음에도, 나선정벌의 승첩이 갖는 의미가 북벌이라는 이데올로기에 쉽게 묻혀버릴 정도로 미미했다. 신류는 이런 사회 분위기를 익히 알고 있었고, 본인도 그런 생각을 품었을 것이므로, 앞에서 살핀 두 편의 시는 개선장군 신류로서는 자연스러운 내면의 소리였다고 할 수 있다.

그런가 하면, 신류의 공적을 평가할 때 어느 것에 더 중점을 두었는가도 살펴보면 흥미롭다. 논의를 명확히 하기 위해 신류의 행장 가운데 1658년의 전역戰役을 다룬 내용 전체를 옮기면 다음과 같다.

> 갑술년(1658년, 효종 9년) 4월에 병력을 거느리고 영고탑으로 나아가 반호叛胡를 토벌함에, 전략을 잘 운용하여 능히 큰 공을 세웠다. 귀환할 즈음에 청 사령관이 이르기를 "오히려 (아직도) 잔당들이 남아 있으니 마땅히 다시 수개월 주둔하면서 군사를 조련하고 군량을 지급하시오"라고 하였다. 공公은 말하기를 "만약

적을 아직 물리치지 못했다면 비록 해를 넘겨 지키더라도 사양하지 않겠소. (그러나) 지금 이미 적의 소굴을 파괴하고 불살랐는데도 계속 (이) 변경에 머무른다면, 강 위에서 노니는 것과 무엇이 다르겠소? 회령에서 영고탑에 이르자면 하천과 들판으로 막히고 끊겨 있소. 만약 큰 장마를 만난다면 부패한 군량미를 운송하게 되어 끝내 먹을 수 없게 될 것이오. 또 가을철이 지나면 변경에는 추위가 빨리 와 병사들이 얼어 죽을 테니 또한 슬프지 않겠소?"라고 하였다. 말이 매우 사리에 맞았으므로, 청 사령관은 (조선군이) 돌아가도록 허락하였다. 8월에 군사를 이끌고 돌아오니, 주상께서 이를 기뻐하여 특별히 가선대부로 승급시켰다.[20]

이 행장은 이영세李榮世(1618~1698)가 썼는데, 신류의 나선정벌을 언급하면서 러시아 오랑캐를 무찌른 얘기는 서두에서 간략하게 언급하는 것으로 그쳤다. 그 대신, 영고탑으로 귀환한 후 소탕전을 위해 더 머무르라는 청군 사령관의 명령을 신류가 지혜롭게 거부하고 조기 귀환한 일에 초점을 두어 칭송하였다. 고인의 행적을 다소 부풀려 기록해도 무방한 행장에 굳이 있는 무공조차 제대로 쓰지 않은 이유는 무엇일까? 정작 전공에 대해서는 단 한 줄로 짧게 기술하고, 오히려 청 사령관의 제의를 거절한 점을 유독 부각한 이유는 무엇일까?

이런 형태의 행장 기록은 당시 지배 엘리트들이 갖고 있던 나선정벌에 대한 시각을 적나라하게 보여준다. 오랑캐를 무찌른 그 자체보다 오히려 청의 요구를 거절하여 끝내 관철한 행위를 훨

썬 더 높이 평가하는 시대 분위기를 읽을 수 있기 때문이다. 다른 말로, 신류가 청송받을 만하다면, 그것은 나선정벌 자체보다는 청에 대항하였기 때문으로, 엉고탑 근처의 한 오링캐를 정벌한 일은 별로 중요하지 않다는 인식이 이 행장에 짙게 깔려 있다. 행장 인용문의 문맥을 볼 때, 효종이 정녕 기뻐한 근본 이유도 승첩 그 자체보다는 청의 요구를 거절하고 조기 귀환한 것이 된다. 청의 지휘를 받아 러시아를 정벌한 일을 찬양하기보다는 못 이룬 북벌의 꿈을 개탄하는 것이 망자에 대한 예의라고 생각한 사람들이 거의 전부였다는 증거로 손색이 없다. 이렇듯 나선정벌 경험은 신류의 속마음에도 지울 수 없는 상처가 되어, 개선을 앞두고 쓴 두 편의 시에 절절히 녹아든 것이다.

북벌의 성공 사례 만들기

원치 않은 나선정벌의 경험은 북벌이라는 시대 분위기와 결합하여 매우 흥미로운 양상으로 나아갔다. 효종 재위 10년간 효종의 정통성을 받쳐준 큰 논리가 바로 북벌이었는데, 막상 그 북벌은 하지 못하고 오히려 청의 요구에 따라 출정한 이율배반적인 문제가 당연히 발생하였다. 비록 다른 오랑캐를 쳤다는 것으로 위안 삼을 수는 있었지만, 원정 기간 내내 청의 지휘를 받아 작전에 임한 사실은 조선의 조야에 아픈 상처로 다가올 수밖에 없었다. 2차 원정 사령관 신류의 심리도 바로 그런 것이었다.

이런 우울한 시대 분위기는 신류의 10주기를 맞은 1690년 국왕 숙종이 신류를 새롭게 기린 사제문賜祭文을 계기로 180도 바뀌었다. 기사환국(1689)으로 서인이 실권하고 남인이 재집권한 바로 1년 후에 숙종은 친히 신류의 제문을 써서 그의 공적을 기렸는데, 이전과는 달리, 북쪽 오랑캐를 쳐부순 일을 크게 강조해 치하하였다. 이는 나선정벌에 대한 부정적 인식을 긍정적 기억으로 바꾸는 대전환이었다.

그 방법은 매우 간단하였다. 나선정벌 경험이 '트라우마'가 된 근본 이유는 청의 징병에 따라 어쩔 수 없이 끌려 나갔기 때문이다. 그런데 숙종은 청의 존재를 지운 채, 처음부터 조선의 필요에 따라 조선 스스로 북쪽 오랑캐를 치러 나가 승리한, 그래서 결국 북벌에 성공했다는 내용으로 제문을 작성하였다. 비록 청을 정벌한 것은 아니지만, 청도 제압하기 힘들던 또 다른 '북쪽 오랑캐' 러시아를 조선의 힘으로 토벌했다는 심리적 전이를 국왕의 이름으로 공언한 셈이었다. 이제 나선정벌은 처음부터 조선이 조선의 필요로 일으킨 북벌 원정으로 둔갑하였다. 숙종이 '북벌의 시대'를 마무리하는 데 있어서 나선정벌이야말로 북벌의 가시적 성과물로 포장되어 새로운 기억으로 되살아난 것이다.[21]

1690년에 숙종이 직접 내린 신류의 제문 내용은 이런 해석을 뒷받침해 준다. 관련 부분을 인용하면 다음과 같다.

> 먼 예전 무술년 북녘 변방에 미친개처럼 사나운 자들이 있어,
>
> 이빨로 사람을 물어 죽여도 능히 제압할 수 없었는데,
>
> 출정한 군대는 굳세고 날랬으며 바람은 불고 날은 맑아,
>
> 소굴을 쳐부수고 불태우니 그 위엄에 적의 활과 창이 떨었고,

개선하여 돌아와 승첩을 아뢰니 더더욱 성총 입어 발탁되었도
다.[22]

숙종이 신류를 위해 특별히 지어 내린 이 제문의 주제는 이
전의 만사나 행장의 내용과는 확연히 다르다. 못 이룬 북벌의 꿈을
한탄하지도 않았으며, 청의 장기 주둔 요구를 거절한 신류의 용기
와 지략에 대해서도 언급이 없다. 오히려 만사나 행장에서 거의 언
급조차 하지 않았던 나선정벌의 전공만을 크게 치하하였다. 그렇
다면 이 사제문은 이제 숙종 자신이 북벌의 성공을 천명하고 북벌
론의 시대를 공식적으로 접겠다는 하나의 상징적인 선언일 수도
있지 않을까? 우울한 기억이던 나선정벌의 경험을 성공한 북벌의
기억으로 바꾼 것이다.

그런데 이런 기억의 전환은 신류가 죽었을 당시부터 이미
서서히 시작된 듯하다. 신류의 묘지명이 좋은 증거이다. 신류는 경
신환국이 있기 두 달 전인 1680년(숙종 6년) 정월에 62세를 일기로
병들어 죽었는데, 이현일李玄逸(1627~1704)이 지은 그의 묘비명 중에
적의 세력이 커지면 본국의 북변이 우려되어 왕이 미리 출병을 명
했다는 내용이 나온다.[23] 이 묘비명은 그 내용의 사실 여부 검증을
떠나, 나선정벌의 출병 동기를 구체적으로 밝힌 거의 유일한 자료
이다. 그런데 청의 외압에 대해서는 언급조차 없고, 오로지 조선의
필요에 따른 능동적 출병으로 묘사한 것이 특징이다. 이현일이 어
떤 의도로 이렇게 사실을 왜곡했는지는 알 수 없으나, 나선정벌에
대한 기억을 새롭게 각색할 단초를 제공했음은 분명하다.

숙종 이후에도 나선정벌을 보는 조선인의 시각은 이런 추

세로 계속 나아갔다. 나선정벌을 언급한 18세기의 사찬서私撰書 중에서 원정의 배경이나 역할에서 청의 중요성은 더욱 감소하고, 대개 '조선 대 오랑캐'의 쌍방 구도로 설명하는 흐름이 대세를 이루었다. 18세기의 대표적 사찬서인 『성호사설星湖僿說』에서 이익李瀷 (1629~1690)은 나선정벌을 두 번 다루었다.[24] 19세기 중엽의 대표적인 사찬서인 『오주연문장전산고五洲衍文長箋散稿』의 저자 이규경李圭景(1788~?)도 「나선변증설羅禪辨證說」에서 당시의 거의 모든 자료를 섭렵·검토한 뒤 나름대로 고증을 시도하였다.[25] 그런데 이 두 자료 모두 청의 역할에 대해서는 아예 언급이 없거나 조선에 군대를 요청했다는 간단한 기술로 그쳤다. 그 대신, 조선의 북변에 새로 등장한 오랑캐 별종이라는 묘사가 대부분이다. 청을 배제한 채, 조선과 나선 사이의 긴장 고조를 강조해 묘사한 점이 두드러진다. 작자 미상의 역사 소설로, 가공인물 배시황裵是愰을 2차 나선정벌의 주인공으로 삼아 전투 장면과 병력의 규모를 허구와 과장으로 윤색한 한글 소설 『빅시황젼』의 구성과 묘사도 이와 다르지 않다.[26] 『빅시황젼』의 저본이라 할 수 있는 작자 미상의 한문본 『북정일록北征日錄』도 마찬가지다.[27]

이를 종합해 보면, 18세기 이후 나선정벌을 대하는 조선인의 기억 속에는 이미 청이 들어설 자리가 없었음을 알 수 있다. 청이 사라짐으로써 이제 나선정벌은 처음부터 조선과 러시아 양국 간의 문제로 자연스레 바뀌었다. 그 결과, 조선인은 이제 나선정벌에 대한 정신적 부담 곧 트라우마에서 벗어날 수 있었다. 나선정벌 이야기는 민간에서 널리 읽히는 소설로까지 탈바꿈하기에 이르렀다. 굳이 청을 언급한 부분이 있다면, 청이 러시아에 연전연패하여 조선에 도움을 청했다는 점을 부각하는 내용뿐이다. 청도 쩔쩔매던 러시아를 조선군이 가서 단번에 무찔렀다는 새로운 상황 설정은 이제 조선인이 청에 대해서 내면적 우월 의식을 느낄 수 있는 계제가 되었으며, 오랑캐를 평정한 북벌이라는 실천적 기억으로 조선인의 마음속에 되살아났다.

요컨대, 삼전도 항복(1637) 이후 조선인에게 가장 깊은 상처가 되었던 두 가지, 곧 ① 오랑캐에게 굴복하여 패륜을 범했다는 자괴감과 ② 그것을 해소하기 위한 북벌을 현실적으로 도저히 이룰 수 없었던 무력감 두 가지를 동시에 해결할 수 있는 좋은 소재를 나선정벌이 제공한 것이다. 신류와 동시대인이 함께 고민하던 나선정벌의 내면적 상처가 세월이 흐른 뒤 어느새 바로 그 상처를 치유하는 약재로 둔갑한 것은 역사의 아이러니라 하겠다. 조선의 국가 정체성이 무너져버린 충격에서 벗어나기 위한 갖가지 자구 노력 중에서 나선정벌에 대한 기억의 틀을 바꾸는 작업은 이렇게 큰 몫을 하였다.

기억 조작의 의미

일국의 통수권자나 지배 엘리트라면 가용 에너지를 거의 다 기득권 유지에 투자하기 마련이다. 국왕을 예로 들자면, 자신의 왕위를 위협하는 모든 세력을 제거하는 데 에너지를 사용한다. 안으로는 왕위를 노릴 수 있는 정적을 제거하고, 밖으로는 자신의 나라를 위협하는 외세를 막는 데 신경을 기울인다. 왕조를 지켜야 왕위를 유지할 수 있기 때문이다. 이런 과정에서 그들(왕)은 정치 선전 propaganda에 아주 익숙하다. 역경을 돌파하고 민심을 규합하는 방법으로 즐겨 사용한다. 국내의 혼란을 수습하기 위해 외부에 공공의 적을 만드는 일도 그 대표적 사례이다.

역사 기억 바꾸기도 비슷한 맥락에서 종종 등장하는 타개책이다. 역사 기억은 그 기억의 대상인 사건의 실상과 유리되는 경향이 강하다. 기억의 대상은 과거의 사건(경험)이지만 기억 자체는 현재의 행위이므로, 기억의 대상 사건과 그 사건을 기억하는 행위 사이에는 일정한 차이가 존재할 수밖에 없다. 시간의 흐름에 따라 사람의 기억 자체가 자연스레 변하는 점도 이런 차이를 만드는 주요 변수이다. 특히 어떤 역사적 사건에 대한 집단적 기억collective memory을 형성하는 과정에서는 의도적 왜곡과 날조가 다반사로 이루어진다.[28] 기억 전환 과정에는 국가 권력이 으레 개입하기 마련인지라, 집단적 기억의 형성과 전환은 국가에서 주도하는 경우가 흔하다. 이 장에서 다룬 효종 대 북벌론이 국가정체성의 위기를 타개하기 위한 정치 선전이었다면, 나선정벌에 대한 기억 바꾸기는 국가 권력이 주도한 역사 날조라 할 수 있다. 모두 삼전도 항복 때문에 필연적으로 발생한 국가정체성의 위기를 수습하기 위한 국내용 이데올로기로 작동하였다.

효종 대 북벌론의 본질은 삼전도 항복(1637)으로 야기된 왕실의 권위 추락과 통치이념의 위기에서 벗어나 왕조의 권위를 재확립하고 통치 질서를 재정비하기 위한 대내적 성격의 정치 선전이었다. 효종이 북벌을 구실 삼아 강화한 것은 '엉뚱하게도' 도성 방어군이었다. 병력 규모로 보나 전투력으로 보나 효종 대의 군비 확장은 오로지 국왕의 호위와 도성의 수비를 위한 것으로밖에는 달리 생각하기 어렵다. 이런 정도의 군사력 증강으로 청을 상대로 한 북벌이 실제로 가능하다고 믿을 바보는 당시에도 이미 없었다. 국력의 차이가 워낙 컸기 때문이다.

북벌론을 적극적으로 주도한 효종의 정세 판단 수준을 보면, 일국의 운명을 좌우할 위치에 있는 국왕의 생각이라고는 도저히 볼 수 없을 정도로 유치한 자기 희망 사항에 가까웠다. 나라의 운명을 좌우할 큰 전쟁을 준비하는 통수권자의 분석과는 너무나도 거리가 멀었다. 그래서 오히려 효종의 저런 진단이 정녕 북벌을 실천에 옮기기 위한 진정한 의도였는지 의심스럽다. 효종이 바보가 아닐진대, 그렇다면 그는 왜 저런 말을 했을까? 효종의 진짜 의도를 신중히 살필 필요가 있다는 뜻이다.

효종은 청에 우호적이던 형 소현세자가 부친 인조의 미움을 받다가 끝내 요절하는 비상사태를 지켜보았다. 또 자신이 왕위를 계승할 적임자가 아니라는 신료들의 아우성을 한동안 우울하게 들어야 했다. 왕위 계승 문제로 이렇게 홍역을 치른 효종이야말로 국내 정세의 흐름과 유림의 동향을 정확히 읽고 그 타개책으로 자신이 북벌론을 선도하였다. 양반사대부의 여론을 규합할 명분으로 북벌 곧 복수설치復讐雪恥만 한 게 없었고, 그것을 효종이 선점한 것이다. 효종에게도 북벌론은 정국을 주도할 정치적 수단 그 이상도 이하도 아니었다.

북벌론은 처음부터 현실성 없는 정치 선전에 불과했지만, 국내 정치에서는 일정 기간 매우 효과적이었다. 삼전도 항복으로 졸지에 금수로 전락하고 중원에서 천자도 사라져버린 천붕의 국가정체성 위기 속에서 국왕과 지배양반층은 이해관계를 함께해, 절치부심의 북벌 담론을 생성하고 확산함으로써 조선왕조의 레종데트르를 분명히 하였다. 더 나아가 삼전도 항복 이후에 흐트러진 양반사대부의 인심과 분위기를 조선왕조라는 깃발 아래 다시 하나로 규합할 수 있었다. 휴전협정 이후 한국이 북한을 상대로 독자적으로 북진 통일을 할 여력이 전혀 없었음에도, 계속 북진 통일을 외침으로써 전후 국내 민심을 수습한 1950년대 이승만 정권의 정치 선전과 매우 유사했다.

나선정벌은 17세기 중반에 흑룡강을 누비며 북만주로 남하하던 러시아(카자크)를 저지하려던 청나라의 파병 요구에 따라 조선이 어쩔 수 없이 소규모 병력을 송화강과 흑룡강 유역으로 두 차례 출정시켜 청군의 지휘를 받아 작전에 임했던 사건을 말한다. 조선 조정은 나선정벌에 임하면서 이중적 심리 상태를 겪었는데, 하나는 오랑캐(나선)를 정벌한다는 자부심이요, 다른 하나는 오랑캐(청)에게 징집되어 그 지휘를 받는다는 자괴감이었다. 특히 후자의 경우는 조선의 조야에 깊은 상처를 남겼다. 효종 재위 10년간 효종의 정통성을 받쳐준 큰 논리가 바로 북벌이었는데, 막상 그 북벌은 하지 못하고 오히려 북벌의 대상이던 오랑캐의 요구에 따라 출정해 그 지휘를 받은 이율배반적인 문제가 당연히 발생할 수밖에 없었기 때문이다.

역설적이게도, 바로 이 점 때문에 나선정벌은 북벌과 묘한 함수 관계를 맺으며 얽혔다. 북벌 이데올로기가 사실상 종말을 고하는 17세기 말 숙종 때에 이르러 나선정벌을 대하는 조선 조야의 시각이 새롭게 바뀐 점이 바로 그것이다. 북벌 담론이 사실상 그 기능을 상실한 시점에서, 그것이 정치 선전으로만 끝나지 않고 무엇인가 실제로 이루었다는 자기합리화가 필요한 시점에서 나선정벌에 대한 기억의 선환이 그 틀을 제공해준 것이다.

한 예로 2차 원정(1658) 사령관 신류의 10주기를 추모하기 위해 1690년에 숙종이 특별히 직접 지어 내린 제문의 내용은 이전의 만사나 행장의 내용과는 사뭇 달랐다. 10년 전에 신류가 죽었을 때 그의 지인들이 지은 허다한 만사와 행장에는 대개 못 이룬 북벌의 의지를 한탄할 뿐, 나선정벌의 공훈에 대해서는 전혀 언급이 없었다. 이런 현상은 오랑캐의 명령으로 부득이 나선정벌에 나섰던 신류의 경력을 만사에서 언급하지 않는 것이 고인에 대한 예의라는 인식이 당시 조야에 널리 퍼져 있었다는 좋은 방증이다.

그런데 그로부터 10년이 지난 뒤에 갑자기 숙종이 자청하여 신류를 위한 제문을 친히 지어 내렸다. 그 제문에서 숙종은 못 이룬 북벌의 꿈을 전혀 한탄하지 않았다. 오히려 이전의 만사나 행장에서 언급조차 하지 않았던 나선정벌의 전공만을 크게 치하했다. 특히, 청의 외압에 대해서는 일절 말하지 않고 오로지 조선의 필요에 따라 스스로 출병한 것으로 묘사하였다. 역사의 날조이자, 기억 조작이었다. 그래도 매우 효과적이었다. 이후의 나선정벌 관련 다양한 기록에서도 원정의 배경이나 역할에서 청의 중요성은 더욱 감소하고, 대개 조선 대 오랑캐의 쌍방 구도로 설명하는 흐름이 대세를 이루었다.

요컨대, 북벌론은 삼전도 항복으로 발생한 국가정체성 위기를 타개하기 위한 정치 선전이었다. 하지만 세월이 흐르고 국제 정세가 변하면서 북벌론은 시의성을 잃어버렸다. 바로 그럴 즈음에,

국왕을 포함한 조선의 지배 엘리트들은 "북벌의 시대"에 치명적 오점이었던 나선정벌을 오히려 북벌의 큰 성과물로 둔갑시킨 것이다. 국가 권력이 주도한 집단적 기억 바꾸기요, 국가정체성의 회복이었다. 이런 일련의 작업이 있었기에, 조선왕조는 17세기 중후반의 국가 위기에서 벗어나, 이후 18세기에 꽤 안정을 취하며 어느 정도 부흥할 수 있었다.

❖ 7장 에필로그 ❖

조선의 국가정체성과
'아버지의 그림자'

조선시대 역사에서 호란은 왜란과 함께 가장 널리 알려진 전쟁이다. 그런데 이 두 전쟁에 대한 일반 대중의 인식에는 적잖은 차이가 있다. 임진왜란 때는 전쟁 초기에 비록 수세에 몰리기는 했어도, 전체적으로 볼 때 승첩도 적지 않았다. 명의 도움을 받기는 했어도 결국에는 침략군을 강토에서 몰아냈다. 그러나 병자호란은 전쟁 추이와 결과가 모두 확연히 달랐다. 전투다운 전투도 없을 정도로 일방적으로 당했으며, 국왕이 몸소 항복 의식을 치르는 치욕을 감수해야 했다. 이런 일은 백제와 고구려가 망한 이래 한국사에서는 처음이었다. 한반도에 통일 왕국이 들어선(676) 후로만 보자면,[1] 그야말로 전무후무한 사건이었다. 대한제국이 망할 때(1910)는 국력이 상대적으로 더 무기력했지만, 그래도 그런 치욕의 항례降禮는 없었다.

　　그래서인지 '근대' 한국인은 병자호란은 얼마든지 피할 수 있는 전쟁이었다는 점에 크게 주목하였다. 마침 조선이 근대의 문턱에서 이웃 일본의 도발에 이렇다 할 정규전 한 번도 없이 너무나 맥없이 무너진 경험이 있기에, 그 이유가 무엇인지 관심이 높았다. 근대의 '합리성'을 교육받은 학자와 일반인 사이에서는 조선시대를 관통한 유교적 문약과 현실을 도외시한 명분론 때문에 조선이 삼전도의 굴욕을 당했다는 이해가 편만하였다. 각종 교과서나 개설서를 통해 이런 설명이 넘치다 보니, 병자호란을 '초래한' 척화론에 대한 세간의 인식은 매우 부정적이었다.

　　학계에서는 1930년대 초 일본인 학자 이나바 이와키치稻葉岩吉(1876~1940)의 설명을 해방 후에 그대로 추종한 이병도李丙燾(1896~1989)가 대표적이었다. 그는 호란을 초래한 인조 정권을 매우 부정적으로 설명하였다. 그래서인지, 정변(반정)으로 쫓겨난 광해군을 마치 구국의 영웅처럼 추켜세우며 극찬하였다. 광해군을 폭군이나 암군暗君이 아니라 현군賢君으로, 인조반정을 오국誤國 행위로 규정한 것은 그 대표적 사례이다.[2] 해방 후 그의 이런 설명은 마치 정설처럼 각종 중등 교과서와 대학 개설서를 장식하였다. 요즘 학계에서는 이런 단순한 이해가 설 자리를 꽤 잃었지만, 소설『남한산성』이나 영화〈남한산성〉을 보면 여전히 대중의 인식을 사로잡고 있다.

그렇다면 병자호란에 대한 대중의 부정적 질타는 어디에 기초하는가? 헛된 명분론이니 유교적 문약이니 운운할지라도, 의문의 핵심은 바로 "왜 질 줄 뻔히 알면서도 척화를 외쳐서 전쟁을 초래했는가?"라는 궁금증이다. 전혀 상대가 안 되는데도 왜 굳이 싸워서 나라를 초유의 위기로 몰아넣고, 민생을 도탄에 빠트렸는가, 라는 질책이기도 하다. 다만 정치한 고찰 없이 그저 척화론은 헛된 명분론이고, 주화론은 상황을 고려한 현실론이었다는 이해에 기초한 질문인지라, 분석보다는 다분히 감정이 섞인 질문이다.

특히 인간의 선택을 저런 양단 논리로 재단하여 설명할 수 있는가, 라는 비판을 피할 수 없다. 우리네 개인의 인생사를 돌아보면 수많은 선택과 결정의 연속이었다고 해도 과언이 아니다. 그런데 그런 허다한 선택 이유를 명분이나 실리 어느 한 가지로만 설명할 수 있을까? 대개 그 둘이 화학적으로 섞여서 결정에 이르지 않았는가? 세상사에 명분 없는 실리는 없고, 실리 없는 명분도 없는 법이다. 명분은 실리가 떠받쳐주어야 제대로 기능하며, 실리는 명분으로 잘 포장해야 작동하기 마련이다.[3] 명분과 실리를 분리해서 보기 어렵다는 의미다.

이 책은 바로 이런 문제의식에 따른 나의 기존 논문들을 한데 묶어 학술서로 발전시킨 결과물이다. 이제 에필로그를 작성하면서, 먼저 "조선은 질 줄 알면서도 왜 굳이 전쟁을 불사했을까?"라는 자문에 본론의 요약을 겸하여 자답하고자 한다. 또한 삼전도 항복과 그 후폭풍이 갖는 역사적 의미를 전쟁 후 조선왕조의 진화 방향성과 관련하여 국가정체성 문제라는 시각에서 고찰하고 이론화한다. 마지막으로는 조선왕조의 국가정체성 문제를 현재로 끌어와, 대한민국의 정체성 문제와 연동하여 현재와 과거의 대화를 시도한다.

척화론: 조선은 왜 질 줄 알면서도 전쟁을 불사했을까?

극한의 위기에 처해서도 의리를 지켜 옥쇄하자는 주장을 현대인은 이해하기 힘들다. 그저 헛된 명분론으로 치부하고 폄하하기 십상이다. 그래도 척화론의 본질이 중화 인식에 닿아 있음은 자명하므로, 그 이유 내지는 연원을 캐려는 학자들의 노력 또한 꾸준하였다.

왜란 때 백척간두의 국가 위기에서 명의 도움을 크게 받았으므로, 그 은혜를 강조하면서 의리를 지킨 점도 한 요인일 것이다. 국가들 사이에도 혈맹을 통해 맺어진 끈끈한 의리는 가능하기 때문이다. 그런데 아무리 그럴지라도, 그 당사국인 명이 망해 없어진 후에도 계속 명에 대한 의리에 집착한 이유를 단순히 재조지은이나, 혈맹 관계나, 사대 의리나, 예교질서禮敎秩序 정도로는 제대로 설명하기 어렵다.[4] 국제 무대에서 형세에 따른 이합집산이나 합종연횡은 지극히 일상이므로, 재조지은이 결정적 이유라는 설명은 사안의 본질과 거리가 멀다. 사대는 군위신강과 군신유의에 따른 의리인데, 유교 이론상 천명이 바뀌면 반정이나 역성혁명이 얼마든지 가능하였다. 따라서 이 또한 절대 기준일 수는 없다. 사대 의리가 이처럼 상황에 따라 달라질 수 있다면, 그것과 동전의 앞뒷면을 이루는 예교질서도 두말할 나위 없이 상황에 따라 가변적이다. 시세의 변화에 따라 폐기할 수 있는 사안이라는 뜻이다.

그렇다면 척화론의 진짜 본질은 무엇이었을까? 누란지세의 위기에서도 척화론이 여론을 압도적으로 주도한 이유는 보다 '근본적'이고도 '현실적'인 데서 찾을 필요가 있다. 명·조선 관계의 내면에서 작동하던 본질에 최대한 가깝게 접근할 필요가 있다는 것이다. 이 책에서는 척화론이야말로 조선왕조의 국가정체성 문제와 직결되는 사안이었기 때문에 그렇게 강력했고 장기적으로 이어졌다고 설명하였다. 그렇다면 조선의 국가정체성이란 구체적으로 무엇인가? 통시적으로 정리해보자.

한반도에 고려왕조(918~1392)가 있을 때, 중원에서는 주인공이 수시로 바뀌었다. 중원 제국과 조공·책봉 관계를 맺은 고려 입장에서 보면, 황제국이 자주 바뀌었다. 고려가 연호를 수용한 중원의 제국은 5대의 네 나라를 제외하고도 송-요-금-원-명 등 모두 다섯 나라였다. 고려는 이처럼 형세에 따라 새로운 패자를 천자로 인정하곤 했다. 그러면서도 이념적·윤리적 부담은 느끼지 않았다. 중화의 조건이나 기준에서 고려인은 종족을 별로 개의치 않았기 때문

이다. 종족과 무관하게 누구라도 중원의 패자로 떠오르면, 그것을 천명에 따른 결과로 인정하였다.[5]

　　고려인이 종족을 개의치 않은 데에는 크게 두 가지 요인이 있었다. 첫째, 고려 시대의 국제 정세를 들 수 있다. 중원의 패자가 수시로 바뀌는 형국에서 한인이 세운 나라여야 중화 제국이라는 공식에 집착해서는 약육강식의 국제 무대에서 나라를 제대로 유지하기 어려웠다. 현실의 패권을 장악한 제국의 황제를 천자로 인정하지 않을 수 없는 상황이 고려 시대 내내 한반도 외부의 국제 환경이었다. 둘째, 고려에서는 유교적 화이관이 아직 강하지 않았다. 정치사상이나 통치 제도 면에서는 유교화가 꽤 진행되었지만, 아직 유교 사회라고 특정할 만한 단계는 아니었다. 주지하듯이 고려는 불교 사회였다. 유교는 여러 사유 체계 가운데 하나였지, 독보적 위치를 점한 적은 없었다. 이 두 가지 요인이 서로 조응하며 작동했기에, 고려는 시세의 변화에 따라 황제국을 수시로 바꾸면서 새 국제 질서에 적극적으로 참여할 수 있었다.

　　당唐이 몰락한 후 중원은 한인이 전유하는 공간이 아니었다. 송宋이 등장했으나 거란 제국의 위세에 눌리는 형세의 연속이었다. 그나마도 북송의 멸망을 계기로 중원은 더 이상 한인의 땅도 아니었다. 이른바 '정복왕조'가 전성기를 구가하며 중원을 주물렀다. 이런 점에서 볼 때, 명의 건국은 고려 말기와 조선 초기의 신유학자 엘리트들에게는 매우 특별하였다. 북송 몰락 후 무려 240여 년 만에 한인이 다시금 중원을 확실하게 '정화'한, 그래서 매우 특별한 중화 제국이었다. 특히 단순한 강대국 차원이 아니라, 주-한-당-송으로 이어지던 유교적 중화 문명의 담지자, 곧 한인이 세운 중화 제국이자 천자국이었다. 종족 요인에 더하여, 마침 주자학을 하나의 국시로 천명하고 출범한 조선왕조에서는 주자학적 화이관이 매우 강고하였다. 이런 사조에 힘입어, 16세기에 접어들 무렵에는 명·조선 관계의 본질을 이전의 군신 관계에 부자 관계를 추가해 이해하기 시작했다. 충과 효에 동시에 기초한 군부·신자 관계가 바로 그것이다. 임진왜란(1592~1598) 발발 이전부터 명과 조선은 군신 관계를 넘어 부자 관계로까지 발전하였다. 상황에 따라 가변적일 수밖에 없는 국제 관계임에도, 명·조선 관계는 이미 절대 이념화하였다.[6]

군신 관계(충)와 부자 관계(효)는 유교에서 모두 중시하는 의리이지만, 이 둘 사이에는 결정적 차이가 있었다. 군신 관계는 군주의 태도 여하에 따라 가변적이었다. 군주가 왕도를 떠나 악을 행하며 간쟁도 듣지 않으면, 신하가 먼저 군신 관계를 끊고 떠날 수 있었다. 심지어 역성혁명도 가능하였다. 이처럼 군신 관계는 조건부이자 상대적 가치였다. 이에 비해, 부자 관계는 부모가 아무리 패악하더라도 자식으로서는 그 관계를 스스로 끊을 길이 없는 영원불변의 절대적 가치였다. 바로 이 점이 명·청 교체를 맞아 조선인이 (이전 고려인과는 달리) 천자 곧 군부를 바꿔야 하는 상황에 직면하여 심각한 윤리적·이념적 부담을 느낀 이유였다. 인간이라면 거스를 수 없는 천륜天倫 문제가 아주 강하게 복류하고 있었기 때문이다.

16세기를 지나면서 명과 조선의 관계에 부자 관계가 추가된 역사적 중요성은 바로 여기에 있으며, 이것이 바로 조선왕조의 새로운 국가정체성이었다. 명이 주도하는 국제 질서가 존속하는 한, 조선왕조는 정체성 문제라는 이념적 고민 없이 안녕을 유지할 수 있었다. 그러나 17세기 전반 명·청 교체의 격변을 맞아 조선의 국가정체성 문제는 명과 청 사이에서 외교적 선택의 여지를 근원적으로 없애버렸다. 충·효 모두에 기초한 군신[君爲臣綱]·부자[父爲子綱] 의리를 포기하지 않는 한, 조선(신지)이 취할 대응 방법은 사실상 명(군부)과 운명을 함께하는 것 외에는 없었다. 조선이 정묘호란 (1627)을 맞아 위기를 모면하고자 후금과 형제 관계까지는 맺을 수 있었다. 그러나 1636년에 홍타이지가 새롭게 요구한 군신 관계는 조선으로서는 도저히 받아들일 수 없는 패륜에 다를 바 없었다. 이 점이 바로 당시 조선왕조가 갖고 있던 국가정체성의 진수를 잘 보여준다. 또한 청에 대적할 힘이 없음을 잘 알면서도 척화를 외치며 전쟁을 불사할 수밖에 없었던 결정적 이유였다.

이 책의 4장에서 누차 확인했듯이, 척화론자들의 주장에는 명과 조선이 군부·신자 관계로 묶여 있음을 강조한 언설이 많았다. 이는 척화론의 기저에 기존의 군신 관계를 넘어 부자 관계 인식이 강하게 깔려 있었음을 여실히 보여준다. 명과 조선의 관계를 부자 관계로 설명한 자료를 찾는 일은 솔직히 여반장이다. 4장에서 다루지 않은 자료를 통해 다시금 확인해보자.

> 우리나라에 천조天朝는 곧 부모이며, 우리나라에 노적은 곧 부모의 원수입니다. 신자臣子인 자가 부모의 원수와 형제의 의를 맺어서 (부자가) 서로 관계를 끊는 지경에 부모를 (방치해) 둘 수 있겠습니까? … 지난번 오랑캐의 형세가 크게 확장하여 경사京師까지 들이닥쳐 황릉皇陵을 놀라게 하고 더럽혔습니다. 비록 (신이) 자세히 알 수는 없으나, 전하께서는 그때 무슨 생각을 품으셨습니까? 나라가 무너질지언정 의리로는 구차스럽게 생명

을 보전할 수 없다고 (생각하셨겠지만), 병력이 미약하여 모두 출병시켜 정벌에 나서지는 못했습니다. (그런데도) 어쩌 또 차마 이런 시기에 다시 화의를 제창할 수 있겠습니까?[7]

이 자료는 척화론으로 유명한 부교리 윤집尹集(1606~1637)의 상소문 가운데 일부이다. 병자호란이 임박한 상황에서 일부 대신 사이에서 주화 논의가 일자 울분에 차서 상소하였다. 몇 년 전에 북경이 포위당했을 때도 자식으로서 달려가 부모를 돕지 못했는데, 이제 또 화친을 쉽사리 입에 올리니 어떻게 그럴 수 있느냐며 질타하였다. 부자 사이의 의리가 나라의 존망보다 더 중요하다는 밑줄친 말로 자기주장을 뒷받침한 점도 흥미롭다.

이조참판 정온鄭蘊(1569~1641)도 척화론에서 빠질 수 없는 인물이다. 청에 항복하는 마당에서도 그는 조선 국왕의 인신印信은 명 황제가 내린 것이니 청의 홍타이지에게 그것을 바쳐서는 안 된다고 주장하였다. 그의 상소에서도 명과 조선은 부자 관계이고, 청도 그 점을 잘 알고 있다는 발언을 잊지 않았다.[8] 척화의 이유로 부자 관계를 지목한 자료는 이 밖에도 부지기수이다. 심지어 당시 청[후금]에서도 조선이 명을 부모의 나라로 섬기는 사실을 익히 알고 있었다.[9]

이런 이념 무장이 철저했기에, 삼전도 항복(1637)이 갖는 의미는 엄청난 폭발력과 휘발성을 가질 수밖에 없었다. 신자臣子(조선 국왕)가 자신의 군부君父(명 황제)를 공격하여 죽이려는 강도(청 태종) 앞에 나아가 항복한 사건은 단순히 병가지상사 수준의 굴욕이 아니었다. 그것을 훨씬 넘어서는 중차대한 사안이었다. 소중화 유교 국가의 정체성이 뿌리째 흔들리는 미증유의 위기일 수밖에 없었다. 특히 원수 앞에 무릎을 꿇고 엎드려 머리를 조아리며, 앞으로 명과의 모든 관계를 끊고 청의 황제만을 새로운 천자로 섬기겠다고 맹세한 일은 조선의 왕과 신료들 스스로 유교의 양대 가치인 충과 효를 동시에 범한, 그래서 되돌리기 힘든 극악무도한 패륜 행위 그 자체였다.

더 중요한 것은, 그런 행위가 어쩔 수 없었다는 상황 논리로 합리화할 수 없었다는 점이다. 왜냐하면 군신 관계(충)와는 달리 부자 관계(효)는 상황을 초월하는 절대 가치였기 때문이다. 만약 청군의 월등한 군사력 때문에 항복이 불가피했다는 상황 논리가 성립할 수 있다면, 충효에 바탕을 둔 조선의 유교적 지배 논리도 더는 절대적일 수 없을 터였다. 그런데도 삼전도 항복을 계속 변명한다면, 그 후폭풍으로 조선 사회에 어떤 일이 벌어질까? 이에 대해서는 송시열宋時烈(1607~1689)의 분석이 가장 정곡을 찌른다.

그에 따르면, 삼전도 항복으로 새로운 명분이 이미 정해졌으니 지난 치욕은 다시 돌아볼 필요 없다는 (삼전도 항복이 형편상 어쩔 수 없는 일이었다는) 변명이 횡행한다면, 공자 이래의 근본 법도가 모조리 무너질 터였다. 곧 삼강이 무너지고 홍범구주洪範九疇가 두절되어 자식은 부모가 있음을 모르고 신하는 군주가 있음을 모르게 될 테니, 인심이 제멋대로 이반하고 온 세상이 꽉 막혀서 금수의 상태로 전락한다는 것이었다.[10]

여기서 송시열이 지적한 핵심은 바로 자식이 부모에게 효도하지 않고 신하가 군주에게 충성하지 않는 세태가 도래하리라는 깊은 우려였다. 상하·귀천·존비 같은 수직적 위계질서를 끝까지 지켜야 할 나라의 근간, 곧 대방大防이라 여기던 조선왕조로서는 국가 존망이 걸린 중차대한 문제일 수밖에 없었다. 충·효의 가치가 무너진다면, 다른 말로 삼전도 항복을 환경의 영향을 받는 상황 논리로 변명하며 정당화할 수 있다면, 이제는 노비도 상황을 거론하며 주인에게 무조건 복종하지 않을 것이며, 상놈도 양반에게 무조건 순복하지 않을 것이라는 심각한 우려의 표출이었다.[11]

요컨대, 송시열은 그동안 충·효라는 양대 가치로 유교적 양반 지배 체제를 구축했는데, 그 둘을 동시에 범한 삼전도 항복을 어쩔 수 없었다는 상황 논리로 정당화하고 받아준다면, 그것은 바로 충과 효를 상대적 가치로 전환하는 것이고, 정말로 그렇게 되면 조선왕조의 양반 지배 구조가 사실상 붕괴하고 말 것이라는 매우 현실적인 우려를 표명한 것이다. 또한 그럴 수밖에 없는 근본 이유는 바로 명과 조선이 군부·신자 관계로 묶여 있기 때문이라는 점이 송시열의 진단이었다.

따라서 조선의 지배 엘리트층은 외교상으로는 어쩔 수 없이 청을 새 책봉국으로 받아들였지만, 국내에서는 그런 현실을 부정하고, 오히려 이미 망해 사라진 명을 여전히 군부로 간주하며 더 철저하고도 애틋하게 받들었다. 외부적으로는 청질서淸秩序에 합류하여 나라의 안녕을 보장받으면서도, 내부적으로는 그런 청을 누린내 나는 이적 오랑캐라 멸시하며 현실과는 반대의 길을 걸었다. 그렇게 함으로써, 항복으로 인해 야기될 수 있는 지배 이데올로기의 위기를 타개하고자 한 것이다.[12]

결국, 백척간두의 국가 위기에서도 척화론이 여론을 주도한 연유를 단순히 사대 의리나 재조지은이나 예교질서 정도로는 충분히 설명하기 어렵다. 가변적인 군위신강(충)보다 훨씬 더 중요한 절대 불변의 부위자강(효) 논리가 조선왕조의 국가정체성으로 확고하였기 때문이다. 조선의 지배 엘리트들은 군부의 자장 안에 거하는 것을 영원불변의 천륜이라 믿었다. 그래서 부친상을 당한 후에도(명이 망한 후에도) "아버지의 그림자"밖으로 선뜻 발을 내딛으려 하지 않았다. 제사 행위를 절대적으로 중시한 유교 사회 조선에서 아버지와 아들은 생사를 초월한 영원한 관계였기 때문이다.

한편, 죽음을 불사하면서까지 명에 대한 의리를 강조한 이면에는 바로 기득권(지배 구조)을 고수하기 위한 양반지배층의 현실적 이유도 강하게 복류하고 있었다. 이런 점을 제대로 이해해야, 척화론이 조야를 뒤덮었을 뿐만 아니라 조선 후기 내내 정치·지성사의 흐름을 주도한 이유를 제대로 이해할 수 있다. 청질서 안에서 나라의 안녕을 보장받으면서도, 내부적으로는 배청 의식을 확대재생산하며 사상과 의식을 통제한, 그럼으로써 지배 엘리트와 백성 모두 조선왕조의 깃발 아래 결속하는 현실적 이해관계도 엄연하였다.

자구책: 역사 기억의 조작과 '조선중화'라는 자기 의식화

국가정체성 문제는 필연적으로 왕조의 레종데트르를 뒤흔들었다. 특히 항복 당사자인 인조의 권위는 땅에 떨어졌다. 반정의 정당성마저 크게 흔들렸다. 광해군을 축출한 제일 명분이 바로 명에 대한 배신 행위였는데, 이제 자기는 광해군보다 훨씬 더 심각하게 명을 배신했기 때문이다. 따라서 거사 명분의 조정은 필연적 몸부림이었다. 이런 움직임은 정변(반정) 관련 특정 사실을 은폐하거나 역사 기록을 조작하는 모습으로 나타났다.

거사한 지 채 5년도 안 되어 인조 정권이 후금의 침입을 받고 항복에 버금가는 맹약을 체결한 사건은 반정의 정당성을 크게 훼손하였다. 빗발치는 척화 상소에 대하여 인조는 강화가 전쟁을 완화하기 위한 임시 계책일 뿐이지 화친이 아니라고 누차 변명하였다.[13] 그렇지만 손바닥으로 하늘을 가리는 격이었다. 대놓고 말하지는 못할지라도, 인조가 광해군보다 더 심하게 의리를 저버렸다는 인식은 조정 내부에도 팽배해 있었다. 이로부터 9년 후에 발생한 병자호란은 더욱 처참하였다. 고두례叩頭禮를 하며 항복 의식까지 치른 마당에, 이제는 저런 변명조차 입에 담을 수 없었다. 명을 배신하고 그 원수인 청에 항복한 사실은 국내외적으로 명명백백하였다.

거사의 양대 명분은 광해군이 자행한 배명背明과 폐모廢母 행위에 대한 응징이었다. 이 점은 거사 다음 날 인목대비 이름으로 반포한 폐위 및 책봉 교서, 이른바 '반정교서'에 분명하였다. 그런데 맹약 체결과 삼전도 항복을 계기로 배명에 대해서는 함구하고 폐모는 더욱 목청을 높여 강조하는 분위기가 자연스럽게 조성되었다. 인조의 행장을 비롯하여 항복 이후에 나온 거의 모든 자료에서 반정의 명분을 광해군의 폐모 행위에 맞추고, 배명 행위를 언급하지 않은 점은 이런 변화를 알려주는 좋은 증거이다.[14] 인조 정권의 이념적 양 날개라 할 수 있는 반정의 양대 명분 중에서 하나를 잃고 다른 하나만으로 정상적으로 비행하기는 어려웠다. 궁여지책으로,

아직 붙어 있는 한쪽 날개를 더욱 소중히 여겨 강조하는 한편 이미 없어진 다른 쪽 날개도 마치 있는 것처럼 선전하였다.

국가정체성의 심각한 위기 상황을 고려할 때, 양반 지식인 사이에 팽배한 반정 명분의 기억 조작은 어쩔 수 없는 자구책이었다. 그런데 거기에서 그치지 않고 사료를 조작하는 데까지 나아갔다. 그런 증거는 실록에서도 쉽게 찾아볼 수 있다. 5장에서 살폈듯이 인조 사후 『인조실록』을 편찬하면서, 홍타이지가 인조에게 보낸 국서를 다른 것으로 바꿔치기하거나 내용 자체를 적잖이 왜곡하였다. 여기 에필로그에서는, 애초의 반정교서에서 아주 결정적인 단어 하나를 바꾼 사례를 추가로 살펴보자.

정변(반정)은 광해군의 폐위와 인조의 즉위로 연결된 사건이므로, 반정교서는 그 전문을 『광해군일기』 말미에도 실었고, 『인조실록』 서두에도 전재하였다.

> ① 천리를 멸하고 인륜을 깨트려 위로는 황조皇朝에 죄지었고 아래로는 만백성에게 원한을 샀다. 죄악이 이에 이르렀으니, 어떻게 임금(답게) 백성을 사랑하고 조종의 천위天位에 거하면서 종묘사직의 신령을 받들겠는가? 이에 그를 폐위한다.[15]

> ② 천리를 멸하고 인륜을 깨트려 위로는 종사宗社에 죄지었고 아래로는 만백성에게 원한을 샀다. 죄악이 이에 이르렀으니, 어떻게 임금(답게) 백성을 사랑하고 조종의 천위天位에 거하면서 종묘사직의 신령을 받들겠는가? 이에 그를 폐위하고 잘 헤아려 (적당한 곳에) 살게 한다.[16]

①은 『광해군일기』 버전이다. 여기서는 광해군의 죄악으로 위로는 황조, 곧 명에게 죄를 지었다고 명시하였다. 거사 다음 날 반포한 것으로, 최고의 1차 자료이다. 그런데 삼전도 항복과 명나라의 멸망 이후에 편찬한 ②의 『인조실록』 버전에서는 '황조'라는 단어를 '종사'로 바꿔버렸다.[17] 광해군보다 인조가 더욱 심하게 명을 배신했으니, 그의 실록에 교서 내용을 그대로 적기가 어려웠던 정황을 여실히 보여준다. 이 책의 2장에서 살폈듯이, 광해군은 감군어사가 들고 온 황제의 추가 징병 칙서를 단호하게 거부하였다. 제후로서 황제에게 등을 돌린 셈이었다. 그런데 인조 자신은 아예 아버지의 원수 앞에 나아가 항복 의례까지 행하며 목숨을 부지하였다. 따라서 『인조실록』에 광해군을 폐위한 명분을 그대로 실을 수는 없었다. 그렇다고 인조 즉위의 정당성을 밝혀주는 반정교서를 싣지 않을 수도 없었다.

마침내 찾아낸 묘수는 "황조"를 "종사", 곧 조선의 종묘사직으로 바꿔치기하는 기록 조작이었다. 광해군이 득죄得罪한 대상을 명 황제의 조정에서 명에게 200년 이상 사대한 조선의 선왕들로 슬쩍 교체한 것이다. 이렇듯 정변(반정)의 명분에는 시간의 흐름과 상황 변화에 따라 전환과 조작이 적잖이 발생하였다. 그만큼 반정의 성격도 애초와는 다르게 기억되었고, 조작된 기억이 곧 기정사실화의 길을 걸었다.[18]

명마저 몰락한 천붕天崩의 공황 상태에서 인조는 어떤 해결책을 고민할 겨를조차 없이 파란만장한 생을 마감하였다. 인조가 남긴 이런 버거운 유산은 고스란히 효종의 몫으로 남았다. 효종은 삼전도 항복 이후 형 소현세자와 함께 청에 끌려가 8년간 억류되었다가 돌아왔다. 귀국 후 소현세자 일가의 비참한 종국을 지켜보았고, 자신의 세자 책봉에 허다한 신료가 반대하는 소용돌이를 몸소 겪었다. 우여곡절 끝에 즉위한 그에게는 국가적 공황 상태를 돌파할 대안을 제시하고 사대부의 흩어진 민심을 규합하여 왕권을 안정시켜야 할 시대적 임무가 분명하였다. 이에 효종이 제시한 것이 바로 북벌 논의의 선점이었다.

당시에도 조선이 정말로 거대 제국 청을 상대로 북벌을 단행할 수 있다고 믿은 사람은 아무도 없었다. 6장에서 자세히 확인했듯이, 북벌의 성공 가능성을 높이 본 효종의 판단 근거조차도 허술하기 그지없었다. 따라서 효종이 정녕 북벌을 실천에 옮기려 작정하고 북벌을 적극적으로 주창했다고 보기는 어렵다. 그의 북벌론은 군부의 원수를 갚자는 복수설치復讐雪恥 구호를 외침으로써 조선왕조의 국가정체성을 재확립하고 사대부의 민심을 조선왕조의 깃발 아래 다시 규합하기 위한 국내용 정치 선전propaganda이었다.

처음부터 현실성 없는 주장이었지만, 북벌론은 일정 기간 꽤 효과적이었다. 명질서明秩序가 무너지고 천자가 사라져버린 절체절명의 천붕 위기 속에서 절치부심의 북벌 담론을 생성하고 퍼트림으로써 조선왕조의 국가정체성을 다시금 분명히 하는 데 일조하였다. 인조 사후 효종이 친청파를 척결해야 한다는 사대부의 여론을 수용하여 김자점을 제거한 일도[19] 그가 주창한 북벌론의 맥락에서 이해할 수 있다. 북벌에 있어서는 양반 신료들도 국왕과 이해관계를 상당 부분 함께하였다. 각론에서는 적지 않은 이견이 있을지라도, 군부의 원수를 갚자는 당위론에 반대할 이는 아무도 없었기 때문이다. 효종이 노린 것이 바로 이런 선점 효과였다. 북벌 준비라는 명분을 내세워, 왕의 안전과 도성의 수비를 강화하는 군비 증강을 어느 정도 이룬 점도 효종이 얻은 또 다른 성과였다.

이렇듯 북벌론은 항복으로 야기된 왕실의 권위 추락과 국가 통치 이념의 위기에서 벗어나 국내 질서를 확립하고 양반층의 지지를 공고히 다지기 위한 "이데올로기적 국가 장치"로 기능하였다.[20] 효종 사후에 북벌론이 위축되기는 했어도, 현종 대(1659~1674)까지만 해도 정치 무대에서 꾸준히 회자한 이유도 북벌론의 이런 성격에 닿아 있었다.

그런데 강희제康熙帝(재위 1661~1722) 초기에 삼번의 난(1674~1681)을 완전히 진압하고 청질서가 더욱 공고해짐에 따라, 북벌론의 국내 효력도 다할 수밖에 없었다. 따라서 1680년대 이후로는 북벌론을 대체할 새로운 정치 선전 구호가 필요하였다. 다른 말로, 시의성을 잃은 북벌 담론을 공식적으로 접어야 할 시기는 도래했는데, 무엇으로 대체할 것인가라는 문제가 무겁게 다가왔다. 이것이 바로 숙종 대(1674~1720)의 시대 분위기이자, 그가 떠안은 '역사적 사명'이었다.

여기서, 이런 문제를 마주한 숙종이 처한 환경과 입장이 이전의 효종 및 현종과 사뭇 달랐던 점에 주목할 필요가 있다. 효종은 봉림대군으로서 청에 끌려가 8년간 볼모로 지냈고, 그의 아들 현종은 볼모 시절인 1641년 심양에서 태어났다. 이런 사실은 효종과 현종 및 그들의 시대(1649~1674)가 북벌이라는 시대정신으로부터 결코 자유로울 수 없었던 태생적 한계를 시사해준다. 반면에, 숙종은 그런 아픈 과거와는 직접 관련이 없는 '신세대'였다. 양대 전란으로 인해 흐트러진 국가의 이념과 체제를 재건하기 위해 숙종은 북벌이라는 명분에 계속 집착할 필요가 없었다. 못 이룬 북벌의 꿈에 연연할 이유도 없었다. 다만 한 시대를 풍미했던 북벌론과 관련해 숙종이 국왕으로서 힐 일은 이루지 못한 북벌을 패배적인 자세로 방치한 채 종결하는 것이 아니라, 건설적으로 재해석하는 일이었다. 북벌은 실패가 아니라 성공이라는 가시적 성과물을 제시해줄 필요가 있었다. 그런 후에야 새로운 대안도 힘을 받을 터였다.[21]

이 책의 6장에서 상세히 살폈듯이, 조선 조정은 두 차례 나선정벌(1654, 1658)에 임하면서 심각한 공황을 겪었다. 재위 초기부터 효종이 주도하고 신료들이 원론적으로 동의한 정치 선전 구호가 바로 북벌이었는데, 북벌을 실천하기는커녕 오히려 북벌의 대상이던 오랑캐 청의 요구에 따라 출정해 그 지휘를 받은 이율배반적인 문제가 당연히 발생했기 때문이다. 그저 세월이 약일 수도 없었다. 오히려 1680년대부터는 온 천하가 청의 권세 아래 순복하는 형세가 더욱 분명해졌다. 삼전도 항복과 명의 몰락에 더하여 북벌의 실패라는 이중 삼중의 우울한 시대 분위기를 방치하고는 조선왕조를 제대로 추스를 수 없었다. 무엇인가 중대한 전환이 필요하였다. 이런 작업은 나선정벌에 대한 기억의 조작으로 나타났다.

조선 원정군이 청군의 지휘를 받아 흑룡강에서 러시아(나선) 병단을 대파한(1658) 지 32년이 흐른 1690년, 숙종은 당시 원정군 사령관 신류申瀏(1619~1680)의 10주기를 맞아 친히 제문을 써서 내렸다. 내용을 보면, 숙종은 못 이룬 북벌의 꿈을 전혀 한탄하지 않았다. 오히려 10년 전 신류를 위한 만사나 행장에서 언급조차 없던 나선정벌의 전공만을 크게 치하했다. 특히 청의 외압에 대해서는 함구한 채 오로지 조선의 필요에 따라 출병한 원정으로 묘사하였다. 나선정벌이 조선의 조야를 패닉 상태에 빠트린 이유는 북벌의 대상인 청나라 오랑캐의 지휘를 받아 출정했기 때문인데, 나선 원정 과정에서 청의 존재를 아예 지워버림으로써 역사 기억을 조작한 것이다. 마침 나선은 지리상으로 조선의 북쪽에 있었으므로, 그들을 북쪽 오랑캐로 간주하는 데에 큰 무리도 없었다. 그렇다면 조선은 어쨌든 북벌을 감행하여 성공했다는 인식의 전이가 가능하였다. 요컨대, 청의 존재와 역할을 삭제함으로써, 나선정벌은 처음부터 조선의 필요에 따라 조선 스스로 이룩한 북벌의 가시적 성과물로 둔갑한 것이다.

북벌론의 시대를 건설적으로 정리한 1690년을 전후하여, 숙종은 조선왕조 왕통의 재정립에도 주력하였다. 엄연히 왕으로 재위했는데도 종묘에 들지 못한 선왕들을 줄줄이 복권하였다. 퇴위 이래 묘호廟號 없이 그저 왕으로 불리던 공정왕恭靖王(재위 1398~1400)을 정종定宗으로 추상하고 정식으로 종묘에 모신 일(1681), 태조 이성계의 시호를 추증하고 영정을 새로 그린 일(1688), 태조의 잠저潛邸 터에 사적비를 세운 일(1693), 태종이 격하시킨 신덕왕후神德王后(?~1398)를 함흥의 본궁本宮에서 제사한 일(1695), 노산군魯山君을 단종端宗으로 복권하여 당당히 종묘에 들인 일(1698), 종묘를 정비하여 태조 이래 왕통을 다시금 확립한 일(1698) 등은 그 좋은 예이다.[22] 이를 종합적으로 보면, 조선의 건국 군주 태조를 높이고 그 이하 왕통을 어떤 하자도 없이 완벽하게 재구성함으로써 왕조를 중건하려 한 숙종의 의도를 읽어낼 수 있다. 유달리 숙종이 이런 의지를 강하게 표출하고 일관되게 밀어붙인 사실은 그가 당시 조선의 왕통을 강조해야 할 필요성을 강하게 느꼈음을 시사한다.

그런데 그런 필요성은 숙종이 당시 상황을 왕조의 위기로 보았기 때문이기도 하다. 어떤 위기 상황에서 계통이나 정통을 강조하는 현상은 동서고금에서 일반적이었는데, 1690년을 전후하여 숙종이 바로 그런 일련의 작업을 주도한 것이다.

국가정체성 문제와 관련하여 숙종이 시행한 대표 업적에서 1704년 대보단 건립도 빼놓을 수 없다. 대보단은 말 그대로 큰 은혜를 기리는 제단[大報壇]이었다. 정확히는 임진왜란 때 군대를 보내 조선을 왜적 오랑캐로부터 지켜준 명 황제 만력제萬曆帝(재위 1572~1620)의 기일에 그를 제사하기 위한 단이었다. 이는 조선이 군부의 은덕을 잊지 않겠다는 가시적 퍼포먼스performance이자, 새로운 국가 의례였다. 혹시라도 이 사실이 청에 알려질까 봐, 창덕궁 후원 깊은 곳에 단만 쌓았다. 제사를 지낼 때마다 단 위에 천막을 두르고 여러 제사용품을 진설하였다. 제사 절차를 마무리하면, 바로 철거하였다. 그럴 리는 없지만, 혹시라도 청의 사신이 창덕궁을 둘러보더라도 그 용도를 알 수 없도록 만전을 기했다. 온 천지에 오랑캐의 누린내가 진동하고 명 황제를 기리는 향불조차 중원에서 꺼진 지 오래인데, 명 몰락 1주갑을 맞아 조선에서 그 향을 다시 피운 것이다. 국제 무대에서는 초강대국 청에게 사대하지 않을 수 없었지만, 국내에서는 명과 조선의 군부·신자 관계가 영원함을 의례를 통해 직접 보여주면서 스스로 의식화할 수 있는 장치를 고안해 낸 것이다. 국왕의 대보단 친례親禮는 왕대별로 빈도에 차이를 보였으나, 개항 후에도 여전했다. 1894년 일본군이 경복궁을 기습 점령하기 직전까지, 다른 말로 갑오개혁 출범 직전까지도 꾸준히 이어졌다.[23]

이렇듯, 14세의 어린 나이에 즉위한 숙종은 자신에게 주어진 시대적 사명을 대체로 잘 감당하였다. 마침 재위 기간도 길어서, 17세기 20여 년과 18세기 20년에 걸쳐 46년 동안 조선을 성공적으로 재건하고 안정시켰다. 북벌은 성공의 기억으로 찬란하였고, 그동안 흠결이 있던 왕통 문제도 깨끗하게 정돈하였다. 왜란과 호란 때 충절과 절개를 실천한 이들에 대한 보훈과 현창 사업도 꾸준히 진행하였다. 대보단의 건립은 그 절정이자 대단원이었다. 국제 무대에서는 청에게 절대적으로 사대의 예를 다했지만, 적어도 국내에서는 삼전도 항복의 충격을 상당 부분 완화할 수 있었다. 그렇다면 이제 18세기가 무르익으면서 조선왕조는 항복의 트라우마에서 확실히 벗어났을까? 그렇지는 않았다.

숙종 사후에 새롭게 등장한 사조는 '조선중화주의'였다. 흔히 '조선중화'라는 담론이 바로 그것이다. 숙종의 국가 재건 사업은 효과적이었지만, 결정적 한계도 있었다. 바로 청이 지배하는 현실 세계와의 괴리가 컸다는 점이다. 북벌의 성과라는 것도 의도적인 기억 전환 덕분이었지, 현실의 실제 경험은 아니었다. 대보단 제례도 궁궐의 후미진 터에서 행한, 그래서 국내용일 뿐이었다. 그런 '숙종의 시대'가 막을 내린 18세기 조선에서는 이제 새 시대를 이끌 새로운 무엇인가가 필요했다. 이런 상황에서 등장한 것이 바로 이제 "조선만이 중화"라는 자기 의식화 작업이었다.

18세기 조선 지식인들이 중화를 논할 때는 문화적 요소뿐만 아니라 종족 요소도 매우 중시한 점에 주목할 필요가 있다.[24] 조선 후기 양반 지식인들의 중화관에는 한인이 세운 나라(명)여야 중화이고 그 황제만이 천자라는 인식이 강했다. 만주Manchu는 아무리 북경을 점령하고 천자를 자처해도 오랑캐일 뿐이지 천자가 아니라는 인식이 확고부동하였다. 그런데 이런 종족 기준마저도 중화인지 아닌지 판정하는 기준으로는 일관성이 없었다.

국내에서 조선의 중화성中華性을 강조할 때는 종족 요인을 무시하고 문화 요인만 강조하는 경향이 농후하였다. 생물학적이건 문화적이건 종족 개념으로 보자면, 조선은 언어와 복색을 달리하였고 지리상으로도 중원 바깥의 제후국, 곧 외복外服이었다. 스스로 중화를 자처할 수 없는 태생적 한계가 분명하였다. 16세기에 조선이 명 사신들로부터 소중화小中華라 인정받은 기준은 조선이 이적임에도 불구하고 독서지예讀書知禮의 나라였기 때문이다.[25] 이적의 땅에서 탄생한 조선이 중화에 최대한 근접하기 위해서는 종족 기준을 허물고 문화 기준을 강조할수록 유리한 구조였다.

그런데 중원 제국의 중화성을 논할 때는 오히려 종족 요인을 문화 요인 못지않게 강조하는 이중 잣대를 사용하였다. 명·청 교체라는 대전환기에 처하여 조선 지식인들이 느낀 고민의 근본 이유도 중화의 기준에 한인이 주도해야 한다는 종족 개념이 매우 강하게 작용하였기 때문임은 두말할 나위도 없다. 물론 당시 조선은 명을 강력한 제국이라는 국가 개념보다는 문화로서의 중화로 이해한 면도 있다. 2012년의 대토론회(이 장의 주석 25번을 참조)에 참여한 모든 학자가 이에 동의한다. 이때 문화의 기준이 유교적 가치의 수용 정도임은 두말할 나위도 없다. 이른바 '보편 문명'의 담지자로 명을 인식했다는 것이다. 충분히 일리 있으며, 사실에도 근접한 해석이다.

다만 그 실체는 모호하다. 적용상의 어려움도 해결해야 할 과제이다. 단적으로, 청이 천하를 제패하고 중원에서 '보편적' 유교 문명을 탄압하기는커녕 계속 후원했는데, 다른 말로 '보편적' 중화 문명의 정통이 명 몰락 후에도 중원에서 여전한데도, 왜 조선의 지배 엘리트들은 죽음을 불사하면서까지 청을 새로운 중화국으로 수용하지 않았을까? 심지어 왜 그렇게나 병적으로 청을 이적시했을까? 조선인이 그렇게나 중시했다는 보편 문명의 실체는 과연 무엇이었나? 보편은커녕 혹시라도 조선에서만 통용된 매우 특수한 인식 사례는 아니었을까? 그래서 이중 잣대라는 것이다. 요컨대, 종족 요인을 무시하고는 조선이 청을 새 중화로 수용하지 않은 이유를 제대로 설명할 수 없다. 종족을 초월하기보다는 되레 종족 기준으로 청을 이적시한 것이다.

그렇다면 문화 기준은 어떠했을까? 이 또한 기존 연구에서는 '문화'의 기준과 개념을 명시하지 않은 문제가 있다. 이론상으로는 유교적 예법과 인륜의 실천 여부를 기준으로 삼았다고 하지만, 그 자체가 이미 지극히 주관적이다. 적어도 베트남과 일본 등을 포함한 동아시아 문명권 차원에서 볼 때 유교적 가치와 예법이 보편적이었다고 말하기는 어렵다. 예법의 기준조차도 이현령비현령耳懸鈴鼻懸鈴이 얼마든지 가능하였다. 동아시아 3000년 역사를 관통하는 절대 기준은, 다른 말로 시공을 초월하는 보편적 기준은 상식적으로나 원론적으로나 불가능하였다. 어쩌면 그래서 허다한 주석서가 산처럼 쌓였다고도 할 수 있다.

그래서인지는 몰라도, 조선 후기에 중화와 이적을 구분하는 기준은 '의외로' 단순하였다. 고담준론의 관념적 철학 차원이 아니라, 변발이나 좌임左袵 및 옷소매의 넓이 등과 같이 몸치장 관련 양식으로 중화와 이적을 구분하는 일이 아주 일반적이었다. 외모와 복식에는 문화 전체를 함축해 보여주는 표상의 기능이 있다. 그 표상이 실제 생활에 깊숙이 스며들어 절대적 준거로 작동한다면, 그 자체가 곧 목적이 되어 문화 일반을 규정하는 모습이 역사에서는 일반적이다. 조선 후기 상황도 이와 같았다.

수많은 예 가운데, 대보단 제사 후 정조가 내린 시제詩題에 정약용丁若鏞(1762~1836)이 제출한 응제시應製詩는 이런 경향을 생생히 보여준다.

> 우리 하국에는 홀로 은나라의 일월이 떠 있는데〔下國獨懸殷日月〕
> 중원에서는 누가 한나라의 의관을 보존할까?〔中原誰保漢衣冠〕

> (우리) 동쪽 사람에게는 존왕양이의 (춘추) 필법이 오히려 남아 있는데〔東人尚有尊王筆〕
> 중국에는 지금 머리를 싸맬 망건조차 없도다.〔中國今無斂髮巾〕**26**

이 시는 문제를 낸 정조와 그것에 답한 정약용의 (소)중화 의식을 잘 보여준다. 중화와 이적을 구분하는 기준도 분명하다. 변발 여부와 복식이 매우 분명하고도 현실적인 화이 구분 기준으로 강력하게 작동하고 있었음을 잘 보여준다. 이를테면 머리카락을 자르지 않고 상투를 틀어 올리면 중화이고, 변발을 따르면 금수 오랑캐라는 매우 단순한 흑백논리였다. 좀 더 확대해 보자면, "신체발부 수지부모 불감훼상身體髮膚 受之父母 不敢毁傷"을 잘 실천하면 중화이고, 그렇지 못하면 이적이라는 기준이 명확하였다. 『효경孝經』에 나오는 공자의 이 말이 묵향 감도는 책 속에서 문자로만 머물지 않고, 살아 움직이는 화이華夷 이데올로기로서 조선인의 일상 의식 속에 확실하게 자리 잡은 것이다. 단발령(1895)에 분노해 봉기한 을미의병도 이런 맥락에서 보면 쉽게 이해할 수 있다.

이런 점에서 볼 때, 18세기 조선 지식인들에게 명·청 교체는 두 개의 모습으로 다가왔다. 한편으로는 중화가 눈앞에서 사라져버림으로써 그동안 소중화로서 느껴왔던 정체성이 흔들리는 크나큰 위기로 다가왔다. 다른 한편으로는 현실 세계에 강력한 제국으로 등장한 만주인의 겉모습 곧 변발이라는 외관은 조선인에게 오랑캐의 기준을 매우 간명하고도 극명하게 각인해 보여주었다. 천붕의 위기를 현실의 일상에서 몸소 체험할 수 있는 확실한 기제였다.

이에 따라, 강력한 청질서하에서 조선의 국가정체성을 계속 유지하는 방법도 두 가지가 가능하였다. 하나는 이제 천하에서 중화는 조선뿐이라는 인식으로, 이는 형이상학적 관념 세계에서 조선을 기존의 "한족 중화漢族中華"에 가져다 붙이는 방식으로 가능하였다.[27] 이제 조선만이 중화라는 명제는 굳이 논증이 필요치 않은 공리와도 같았다. 사변적 논증도 필요 없이, 그저 한반도 밖으로 한 번만 나갔다 오면 (연행에 그저 따라갔다 오면) 설명이 필요 없을 정도로 확연하였다. 변발이라는 외관이 워낙 분명했기 때문이다.

비슷한 얘기지만, 다른 하나는 조선은 이적이 아니라는 것으로, 현실 세계에서 만주 오랑캐가 세운 청에서 조선을 스스로 격리함으로써 가능하였다. 오래전의 사회학자 섬너William Graham Sumner(1840~1910)에 따르면, 사회 집단은 소속감을 기준으로 내집단in-group과 외집단out-group으로 나눌 수 있는데, 외집단에 대한 적의를 불태움으로써 내집단의 결속과 일체감을 강화하는 사회적 패턴이 분명하였다.[28] 강력한 청질서하에서 조선인이 변발한 청나라 사람을 오랑캐로 규정하고 배척함으로써 반사적으로 획득한 강력한 동류의식과 내부 결속도 이런 범주에 속한다. 부연하자면, 국가 차원의 큰 위기를 맞아 내부 결속을 다지기 위해 외부에 공공의 적을 만들어내는 전략과도 같았다. 대제국 청이 조선에서는 오랑캐라는 이름으로 바로 그 공공의 적 역할을 맡은 셈이었다.

이런 전략은 꽤 주효하였다. 국내용 '조선중화' 의식은 그 비현실성에도 불구하고 18세기 초부터 150년이 넘도록 매우 강력한 국가 이데올로기로 작동할 수 있었다. 조선은 변발하지 않으니 오랑캐가 아니라는 현실적 실체가 그 근간을 받쳐주고 있었기에 전혀 어렵지 않았다. 예전에는 남쪽의 왜倭와 북쪽의 야인野人 정도가 변발했는데, 이제는 중원의 한인마저 모조리 변발하는 미증유의 사태가 발생하였다. 조선이 처한 한반도에서 볼 때, 이제는 온 사방이 변발한 오랑캐가 득실거리며 누린내가 진동하는 극한 상황이었다. "조선만이 중화"라는 구호가 사대부는 물론이고 일반 백성에게도 쉽게 통할 수 있는 가시적 여건이 이미 잘 조성된 것이다. 조선의 자기 정체성은 1637년 삼전도 항복과 1644년 명의 멸망으로 크게 흔들렸으나, 장기적으로는 오히려 오랑캐의 기준을 더 선명히 할 수 있었다. 그런 오랑캐(공공의 적)가 이질적인 외관으로 눈앞에 생생했으므로 '조선중화'라는 의식은 꽤 효과적인 지배 이데올로기로 기능할 수 있었다. 내부용 자기 의식화가 그다지 어렵지 않았다는 것이다.

다만 아무리 그럴지라도 '조선중화'의 기저에는 모화적慕華 的 문명론이 엄연하였다. 그것이야말로 사실상 '조선중화' 사상의 알파요, 오메가였다. 아무리 조선만이 중화라는 자부심을 내세울 지라도 그 바탕에서 모화 사상을 제거한다면 '조선중화' 자체가 공 중분해된다는 뜻이다. '조선중화'의 증거로 널리 인용되는『송원화 동사합편강목宋元華東史合編綱目』에 대해 "우리 역사를 중국 역사에 합함으로써 이夷의 범위에서 벗어나 화華가 되었다는 것이며, 중화 문물은 우리나라에서만 찾을 수 있는 현실이므로 이제 조선은 조 선중화주의를 강조하고 있는 것"으로 풀이한 연구도 있다.[29] 하지 만 이 풀이만 보아도, '조선중화'는 조선을 중국에서 분리함으로써 자존을 취한 게 아니었다. 조선의 문화를 중국의 그것에 귀속시킨, 즉 자존의 바탕을 존화尊華 또는 종화從華에 둔 사조였다. 이런 점을 인지해야, 조선 후기 지식인들이 존화록尊華錄이나 존주론尊周論 같 은 제목의 글은 쓸지언정, 누구도 존조선록尊朝鮮錄 내지는 존아론尊 我論이라는 제목의 글을 쓸 수 없었던 이유를 이해할 수 있다.

요컨대, '조선중화'는 '사실'이 아니라 '의견'에 기초한 이데 올로기로 조선 사회에서 작동하였다.[30] 관념적 의식만으로는 이데 올로기 형성에 한계가 있으므로, 이데올로기는 대개 의례와 관습 의 모습으로 형상화되어 재생산 시스템을 갖춘다. 실제로, 한 사회 의 의례·복식·교육·종교·제사 등의 사회적 행위가 복합적으로 작 용하여 이데올로기를 받쳐준다. 조선 후기의 한 예로, 대보단과 만 동묘萬東廟의 제사는 조선중화 이데올로기를 현실에서 가시적으로 반복해 보여주는 매우 강력한 장치였다. 조선 후기 지배 이데올로 기로서의 조선중화는 이런 작동 과정을 통해 지배양반층의 독점적

지배 질서를 공고히 하는 데 일조하였다.

명·청 교체의 파고를 온몸으로 겪은 조선은 어떤 면으로는 오히려 중화를 상대화하고 자아의식을 강화할 좋은 기회를 맞았다. 조선의 지배 엘리트들은 명·청 교체를 맞아 일종의 탈중화脫中華도 시도하여, 청이 새롭게 구축한 '새 중화' 질서에 현실적으로는 동참하면서도 정신적으로는 거부하였다. 중화의 상대화·객관화를 통해서가 아니라, 중화의 주관적 내면화를 통해 자아의식을 발전시켰다. 그들은 죽은 부모(명)와 자신(조선)을 동일시하는 의식화 작업을 통해 소중화로서의 자기 정체성을 유지하려 하였다. 그러므로 중화를 결코 상대화할 수 없었고, 타자화할 수도 없었다. 지정학적으로 북경의 강력한 영향권 아래 있었던 조선 지식인들은 몸은 비록 청질서에 두면서도 정신만큼은 '옛 중화'의 자기 내면화를 통해 충격을 극복하고자 하였다. 그렇지만 이런 '조선식' 중화론은 그 바탕에 모화 의식이 강력하게 깔려 있었으므로, 자기(조선)를 스스로 높이는 독자적 중화론으로는 나아갈 수 없었다. 오히려 '옛 중화' 내지는 '한족 중화'에 스스로 구속되는 모습을 보였다.[31]

'조선중화' 의식은 '근대'의 파고가 밀어닥친 19세기에도 강고하였다. 이런 의식은 청은 곧 이적이라는 인식과 상통하는데, 개항 시기 의병 운동을 주도한 위정척사衛正斥邪 계열에서 두드러졌다. 위정척사라는 말만 보아도, 정正이 근대적 개념의 조국과 민족이 아니라 교조화한 배타적 유교 문명임은 자명하다. 그렇다면 척결 대상인 사邪의 범주도 분명해진다. 유교적인 게 아니면 모두 '사'라는 것이다. 나의 경험으로는 1970년대 유신 시절만 해도 위정척사 운동을 민족주의 운동으로 배웠다. 하지만 내가 고등학교 교사를 하던 1980년대 중후반에는 교과서에서 그런 설명이 죄다 사라졌다. 조국과 민족보다 중세적 유교 가치를 중시한 위정척사파를 민족주의nationalism 개념으로 설명할 수 없음이 워낙 자명했기 때문이다.

개화파의 선구자로 알려진 박규수朴珪壽(1807~1877)조차도 명에 대한 의리론으로 무장한 인물이었다.[32] 청의 내정간섭이 극심하던 1884~1886년 사이에 고종의 대보단 친례가 유례없이 급증한 사실도 이런 맥락에서 보면 흥미롭다.[33] 위기에 처할 때면 청의 북경에 SOS를 치면서도, 그런 청에서 벗어나고 싶어 한 고종의 기본 심리도 어렵지 않게 이해할 수 있다. 어떤 면으로는, 조선은 개항 (1876)을 지나 1905년 을사조약으로 나라가 사실상 망할 때까지도 삼전도 항복의 트라우마를 완전히 치유하지 못한 상태였다고 할 수 있다.

이와 관련하여, 사진을 하나 보자. 이 사진은 내가 2013년 10월 사학과 가을 답사 때 천안의 독립기념관 관내 어떤 야외 공간에서 찍었다. 약간의 개인 시간이 있어서 관내를 이리저리 둘러보다가 비문을 모아놓은 장소를 발견하였고, 그 가운데 사진의 비문 내용이 너무나 흥미로워 사진으로 여러 장 담았다.

실제 내용은 사진으로도 분명히 확인할 수 있다. 비석의 내용은 1938년 천도교 대도주 박인호朴寅浩(1855~1940)가 주도한 "멸왜滅倭 기도 운동"의 핵심 기도문 가운데 일부이다. 아침과 저녁 식사할 때마다 드리라고 한 기도 내용이다. 동학의 최제우崔濟愚 (1824~1864)가 지은 『용담유사龍潭遺詞』 소재 〈안심가安心歌〉에서 일부를 가져왔으며, 동학의 이념과 한울님의 힘으로 왜적을 멸망시

[그림3. 멸왜 기도 운동 기도문]

키고 끝까지 맞서 싸우겠다는 의미를 가진 기도문이다.**34**

　　특히 사진에 보이는 기도문의 내용은 아주 명료하다. 말 그대로 왜놈을 멸절하자는 강력한 주장이자, (현실에서는 그것이 불가능하니) 초월적 존재에게 함께 의탁하는 논조이다. 1938년 천도교가 주도한 항일 운동에서 꽤 중요한 기도문이었다. 여기서 주목할 점은 바로 "대보단에 맹세하고 한의 원수까지 갚자"라는 부분이다.

　　여기서 "한의 원수"에 해당하는 한문을 확인해야 저 문구의 의미를 제대로 파악할 수 있다. 한글에서 "한의 원수"라고 할 때, 원수를 갚아야 할 주체는 "한"이다. 그러면 "한"은 누구이며, 그 원수는 누구일까? 문맥상으로 원수가 왜적임은 분명해도, 한이 누구인지는 모호하다. 〈안심가〉의 "한의 원수"에 해당하는 한문과 풀이로는 현재 세 가지 버전이 있다.

① 恨怨讐, 한＝원한 (사무친) 원수[35]

② 汗怨讐＝한汗이라는 원수[36]

③ 汗夷怨讐＝한汗 오랑캐 원수[37]

일단 ①은 설득력이 좀 떨어진다. "대보단에 맹세하고 한의 원수 갚아 보세"를 바로 이어 "중수한 한의 비각 헐고 나니 초개같고" 문구가 나오는데, 여기서 비각은 삼전도비임이 문맥상 확실하다. 따라서 "한 원수"와 "한의 비각"에서 "한"을 "恨"으로 풀이하기보다는 "汗"으로 보는 편이 훨씬 매끄럽다. 한汗은 "칸"의 한자어 표기로, 17세기 당시 조선에서도 후금이나 청의 군주를 가리켜 흔히 사용하였다.

그렇다면 ②와 ③ 중에서는 어느 쪽이 더 적절할까? 당연히 ③이다. "汗의 원수"라고 할 때 한국어에서는 "한이라는 사람의 원수"라는 의미가 워낙 강하기 때문이다. 〈안심가〉 전체 문맥과 전혀 어울리지 못한다. 반면에, "한이원수汗夷怨讐"라고 하면 "한이"와 "원수"가 동일인이 된다. 따라서 "한이원수"는 "이적 오랑캐 칸 원수 놈"이라는 의미로 병자호란의 원흉인 홍타이지를 정확하게 가리킨다. 19세기 후반 당시만 해도 "이夷"의 한글 표기가 혹시 "의"에 가깝지 않았을까, 라는 생각이 든다.

어쨌든 분명한 점은 숭명배청 의식으로 무장한 18세기 조선 지배 엘리트들의 자기 의식화 작업의 여파가 19세기 후반 당시 상당히 민족적 행보를 보이던 동학의 염원(기도)에까지 강력하게 살아 있었다는 사실이다. 더 나아가 1930년대 식민지 조선의 천도교 항일 기도문으로 이어졌다. 왜놈을 무찔러 대보단에 보고하고 (명

나라에 대한 은혜를 갚고) 되놈을 기리는 삼전도비를 부수어 치욕을 씻고 싶다는 염원이 면면히 계승되어 20세기 민족운동에까지 반영된 것이다.

여기서 이런 문제를 장황하게 논할 필요는 없다. 다만 내가 말하려는 핵심은 이렇다. 개항 이후 조선에서 배외排外 움직임은 다양하면서도 많았는데, 그런 실천의 기저에 내재한 의식의 근원이 무엇인가, 라는 점이다. 개항 이래 구국 운동에서 상당히 민족적이라는 평을 받은 동학·천도교 종단조차 항일 구국 전쟁의 명분으로 대보단을 신성시하고 홍타이지에 대한 복수를 강조했다면, 이를 어떻게 해석해야 할까? 특히 웬만한 지식인이라면 내셔널리즘 nationalism의 의미를 이미 적잖이 숙지한 20세기에 들어선 후에 등장한 저런 기도문의 역사적 의미를 어떻게 설명할 수 있을까?

이런 데까지 문제의식이 미칠 때, 비로소 삼전도 항복의 충격과 그 강력한 여파를 통시적 관점에서 제대로 이해할 수 있다. 바로 앞서 거론한 천도교 사례에서 보듯, 19세기 말 위정척사의 뿌리가 17세기 중엽 척화론과도 직결되는 양상을 쉬이 이해할 수 있다. 개항 후의 국가 위기에서도 소수의 개화파보다는 위정척사가 다수를 점했고, 그래서 지식인 사회의 주류를 형성한 상황 전개를 역사적 맥락에서 이해할 수 있을 것이다. "아버지의 그림자"가 그만큼 이 땅에 짙게 드리워 있었다는 얘기다.

현재성: 조선과 대한민국의 국가정체성 문제

조선의 국가정체성 문제는 현재 대한민국의 국가정체성 문제와도 일부 상통하는 면이 있다. 10여 년 전에 있었던 '건국절' 파동을 비롯해 대북 정책, 한중 관계, 한미 관계, 한일 관계 등 이런저런 국내외 정책을 놓고 첨예하게 대립하는 21세기 한국의 현실이다. 이런 정치적 현상과 정치 지형도는 대한민국은 어떤 나라이며, 어떤 나라여야 하는지에 대한 국민적 합의가 매우 약하기에 나타나는 현상이라 할 수 있다.

대한민국은 미국 덕분에 탄생했고, 미국 덕분에 공산 세력으로부터 살아남았고, 미국과 일본 덕분에 경제 발전에 성공했으니 앞으로도 국제 질서나 환경의 변화를 초월하여 미국의 동아시아 정책을 적극적으로 충실히 따라야 한다는 신념으로 무장한 사람들이 대립의 한 축을 형성한다. 세계정세의 변화에 따라 대북 정책이나 미국·중국PRC·일본 등을 상대하는 외교 노선에도 약간의 변화를 줄 필요가 있다고 말하는 사람들이 다른 한 축이다. 물론 이 가운데 어느 진영을 선택하는지가 문제라는 의미는 아니다. 정파의 이해관계에 따라 정책 노선은 얼마든지 다를 수 있다. 다만 한국은 진영 논리와 편 가르기 현상이 너무 심해서 문제인데, 이는 국가정체성이라는 공통분모가 너무 약하다는 것과 상통한다.

해방과 함께 분단과 전쟁이라는 핏빛 형극이 한국 현대사에 짙게 드리운 탓에, 대한민국의 국가정체성이나 레종데트르를 놓고도 아직껏 국민적 합의가 명확하지 않다. 이런 현실을 굳이 이 책의 에필로그에서 소환하는 이유는 350여 년 전 조선이 겪은 극한의 경험도 바로 국가정체성 문제로 발생했기 때문이다. 차이점이라면 조선에서는 국가정체성이 너무 천편일률적으로 강고해서 문제였고, 대한민국에서는 정작 지금까지 민주 공화국다운 국가정체성이 무엇인지 합의하는 과정조차 별로 없었던 점이 문제라면 문제였다.

한국이 주체적 독립을 이루지 못한 여파는 너무나 컸고, 지금도 계속 진행형이다. 분단과 전쟁은 필연적으로 남북한 모두에 국가정체성 문제를 남겼다. 대한민국의 국시가 한때 반공이었던 사실은 그 한 예이다. 한국사 교과서에서 "민주주의" 앞에 반드시 "자유"라는 수식어를 넣어야 한다는 최근의 시비 역시 '대한민국은 어떤 나라이며 어떤 나라여야 하는가'라는 국가정체성 문제의 충돌이었다. 헌법 1조에는 대한민국을 민주 공화국이라고 명시했지만, 민주 공화국이란 어떤 나라인지에 대한 의식도 약했고 교육도 부실하였다. 나라가 워낙 가난하다 보니 민주주의라는 고상한 가치보다는 현실의 배고픔을 벗어나는 일에 민심이 쏠렸다. 설상가상으로 분단과 냉전이 지속하면서, 대한민국은 민주 공화국이 아니라 독재 공화국으로 더욱 강하게 진화하였다. 또한 그 독재 공화국 시절에 보릿고개를 타개한 탓에, 그때를 절대적으로 미화하고 그런 과거에 조금이라도 이의를 제기하면 '빨갱이'로 낙인찍는 정서는 지금도 여전하다.

대한민국에서 정파 간 싸움은 왜 이리도 죽기 살기로 치열할까? 나는 대한민국이란 어떤 나라인지, 어떤 나라여야 하는지에 대한 국민적 합의가 제대로 이루어진 적 없는 현실이 결정적 문제라고 진단한다. 거의 모든 정쟁의 뿌리에는 대한민국의 국가정체성 문제에 대한 합의가 없다는 점이 공통으로 드러난다. 삼전도에서 항복한 후에도, 다른 말로 한반도를 둘러싼 세계정세와 국제 질서가 급변한 후에도, 조선의 지배 엘리트들은 옛 "아버지의 그림자"에서 벗어나기는커녕 그 안에 계속 안주함으로써 내부의 기득권을 지키려 하였다. 대한민국은 그런 국가정체성마저도 아직 합의 단계에 도달하지 못한 처지다.

일전의 '건국절' 파동이나 최근의 "홍범도 흉상" 및 "건국전쟁" 논란 등은 모두 대한민국의 국가정체성 문제와 직결된 사안이다. 학계에서 한때 뜨거웠던 "식민지 수탈론"과 "식민지 근대화론" 논쟁도 비슷한 자장 안에서 발생하였다. 이승만을 국부, 곧 나라의 아버지로 위치하려는 요즘의 일부 움직임도, 한국의 근대화를 무조건 일본 덕으로 설명해버리는 뉴라이트 그룹도, 한국의 근대화를 오로지 자생적·자율적으로 보려는 민족주의 계열도, 학문으로서의 역사보다는 이념으로 역사를 다루는 데에 아주 익숙하다.[38] 이념 논쟁이 심하다는 것은 대한민국의 국가정체성이 무엇인지 아직 결론을 도출하지 못했다는 방증이기도 하다. 분단의 진짜 비극은 바로 여기에도 있다.

이제 이 '긴' 에필로그를 정리해보자. 역사를 "현재와 과거의 대화"라 정의한다면, 또는 역사란 "현재완료 진행형"이라고 내방식대로 정의한다면, 병자호란이라는 조선의 경험을 현재로 끌어와 악화일로의 신냉전 상황과 유비하며 대화하는 일은 나름대로 의미가 있을 것이다. 특히 그 화두가 국가정체성이라면 이를 나위도 없다. 17세기에 국가정체성 문제로 큰 곤욕을 치른 쓰라린 경험의 본질을 제대로 파악하고, 그것을 현재로 끌어와 대한민국의 국가정체성 문제와 연동하여 고민해보자는 제안만으로도 이 에필로

그에 어느 정도 의의가 있지 않을까, 생각한다.

　　외교란 상황에 따라 융통성이 있어야 하며, 실제로도 그럴 수밖에 없다. 그런데 국제 무대에서 외교의 한 대상을 아버지로 여긴다면, 그래서 자식으로서는 어떤 상황에서도 저버릴 수 없는 절대적 존재로 규정한다면, 그 나라에 외교란 존재할 수 없을 테다. 아버지의 뜻을 따르는 일 외에는 달리 취할 행보가 없을 것이기 때문이다. "아버지의 그림자" 안에 거하면서는 주체적 외교가 불가능하기 때문이다. 자식이라 해도 어릴 때라면 모를까 성인이 된 후에는 자기 노선을 펼 수 있어야 한다. 동맹 관계를 고려하면서도 자기 외교가 있어야 한다. 동서고금을 막론하고 국제 무대에서는 그렇게 하는 것이 주권국의 모습이다. 이 책에서 다룬 17세기 조선은 국가정체성이 너무 절대 이념화한 나머지 국제 환경의 변화에 융통성 있게 대처하지 못했다. 사대한 지 200년이 넘도록 성인으로 충분히 성장하지 못했으며, 몸은 성인인데도 정신적으로는 "아버지의 그림자" 밖으로 나서려고도 하지 않았다. 지배 엘리트들의 그런 선택은 이후 조선왕조의 진화 방향성마저 좌우해버렸다. 그렇다면 2024년 현재 대한민국이 외교에서 어려움을 겪는 이유는 무엇일까?

1장 프롤로그: 왜 국가정체성 문제인가?

1   조선에서 왜란과 호란이 갖는 주요 차이점에 대해서는 계승범, 「조선 특사의 후금
     방문과 명질서의 균열」, 서강대학교 동양사연구실 편, 『한중관계 2000년: 동행과
     공유의 역사』, 소나무, 2008 참조.

2   조선 전기 조선의 명 인식이 군부·신자 관계로 이념화한 현상과 그 의미에 대해서는
     계승범, 『조선시대 해외파병과 한중관계』, 푸른역사, 2009, 139~145쪽과 215~222쪽
     참조.

3   이 문제는 이 책의 4장 「척화론의 양상과 명분, 1627~1642」 중 "척화론의 의미"에서
     상세히 다룬다.

4   재조지은 담론의 정치적 기능에 대해서는 한명기, 『임진왜란과 한중관계』,
     역사비평사, 1999, 67~88쪽 참조.

5   유재성, 『병자호란사』, 국방부전사편찬위원회, 1986.

6   한명기, 『정묘·병자호란과 동아시아』, 푸른역사, 2009; 구범진, 『병자호란,
     홍타이지의 전쟁』, 까치, 2019; 허태구, 『병자호란과 예, 그리고 중화』, 소명출판,
     2019.

7   이런 평론은 계승범, 「삼전도 항복과 조선왕조의 국가정체성 문제: 허태구,
     『병자호란과 예, 그리고 중화』(소명출판, 2019)에 대한 종합비평」, 『조선시대사학보』
     91, 2019 참조. 한편 이들 저서에 대한 서평으로는 노영구, 「동아시아 차원의
     정묘·병자호란 이해와 새로운 출발점: 한명기의 『정묘·병자호란과 동아시아』를
     읽고」, 『역사비평』 90, 2010; 정해은, 「정묘·병자호란 연구의 새로운 지평, 그리고
     남아 있는 문제: 한명기, 『정묘·병자호란과 동아시아』(푸른역사, 2009)」, 『역사와
     현실』 77, 2010; 허태구, 「병자호란 연구의 새로운 정초 [서평] 구범진(2019),
     『병자호란, 홍타이지의 전쟁』, 까치, 403쪽」, 『인문논총』 76-3, 서울대학교
     인문학연구원, 2019; 이재현, 「오해와 왜곡의 한재 속에서 태종우(太宗雨) 같은 책:
     『병자호란, 홍타이지의 전쟁』, 구범진, 까치, 2019년」, 『복현사림』 37, 2019; 계승범,
     「1637년 청나라의 조선 정복 전쟁: 구범진, 『병자호란, 홍타이지의 전쟁』(까치,
     2019)에 대한 서평」, 『동북아역사논총』 69, 2020; 우경섭, 「자초한 전쟁이 아닌,
     피할 수 없었던 전쟁: 병자호란의 성격과 역사적 의미에 대한 새로운 해석 [서평]
     허태구(2019), 『병자호란과 예, 그리고 중화』, 소명출판, 387쪽」, 『인문논총』 76-
     4, 서울대학교 인문학연구원, 2019; 김창수, 「'당대적 맥락'이라는 연구의 실천:
     『병자호란과 예, 그리고 중화』(허태구, 소명출판, 2019)」, 『역사비평』 131, 2020 등
     참조.

8   영어권 학계에서 임진왜란 연구에 비해 병자호란 연구가 매우 미미한 현상과 그
     이유에 대해서는 계승범, 「영어권 학계의 호란 관련 연구 관심」, 『한국사학사학보』
     46, 2017 참조.

9 이런 문제의식에 기초한 영어권 논저로는 김자현(JaHyun Kim Haboush)의 연구가 대표적이다. JaHyun Kim Haboush, "Constructing the Center: The Ritual Controversy and the Search for a New Identity in Seventeenth-Century Korea," in JaHyun Kim Haboush & Martina Deuchler, eds., *Culture and the State in Late Chosŏn Korea*, Cambridge: Harvard University Asia Center, 1999; JaHyun Kim Hoboush, "Contesting Chinese Time, Nationalizing Temporal Space: Temporal Inscription in Late Chosŏn Korea" in Struve, Lynn A., ed., *Time, Temporality, and Imperial Transition: East Asia from Ming to Qing*, Mannoa: University of Hawaii Press, 2005; JaHyun Kim Haboush, The Great East Asian War and Birth of the Korean Nation, New York: Columbia University Press, 2016(김자현 지음, 주채영 옮김, 『임진전쟁과 민족의 탄생』, 너머북스, 2019) 참조. 한편 국내 학계에서는 주로 조선중화, 중화계승, 대보단, 만동묘 등을 핵심 주제어로 삼은 연구들이 바로 이 후유증이나 타개책을 다룬 성과물이다. 다만 그 수가 상당하므로, 여기서는 일일이 전거를 제시하지 않는다.

10 광해군의 외교 노선 성격을 중립 외교로 보는 것이 학계의 통설이다. 하지만 이중 외교 내지는 사실상 친후금 노선이었다는 반론도 있다. 이에 대해서는 계승범, 「광해군 대 말엽(1621~1622) 외교 노선 논쟁의 실제와 그 성격」, 『역사학보』 193, 2007; 계승범, 「조선시대 한중관계 이해의 몇 가지 문제」, 『동아시아사 입문』, 동북아역사재단, 2020 참조.

11 이에 대한 연구사 정리는 이 책의 3장에서 제공한다.

2장 광해군 대 말엽 외교 노선 양상과 정사 논쟁, 1618~1622

1 대표적으로 한명기, 『임진왜란과 한중관계』, 역사비평사, 1999, 224~325쪽; 계승범, 『조선시대 해외파병과 한중관계』, 푸른역사, 2009, 147~211쪽; 장정수, 「17세기 전반 조선과 후금·청의 국교 수립 과정 연구」, 박사학위논문, 고려대학교, 2020, 2장 등을 꼽을 수 있다.

2 가장 앞선 것으로는 계승범, 「광해군 대 말엽(1621~1622) 외교 노선 논쟁의 실제와 그 성격」, 『역사학보』 193, 2007 참조. 이 책의 1장은 이 논문을 수정·보강하여 작성하였다.

3 심하 패전 이후의 조정 논쟁에 대해서는 한명기, 「광해군 대의 대중국 관계: 후금 문제를 둘러싼 대명 관계를 중심으로」, 『진단학보』 79, 1995; 계승범, 「조선감호론 문제를 통해 본 광해군 대 외교 노선 논쟁」, 『조선시대사학보』 34, 2005; 계승범, 「광해군 대 말엽(1621~1622) 외교 노선 논쟁의 실제와 그 성격」, 『역사학보』 193, 2007; 장정수, 「17세기 전반 조선과 후금·청의 국교 수립 과정 연구」, 박사학위논문, 고려대학교, 2020, 3장 3절 등을 참조.

4 『淸史稿校註』 I, 本紀 I(臺北, 國史館, 1986), 14쪽. 후금의 심양 공략 과정에 대해서는 『太祖高皇帝實錄』 7:52左~55右 天命 6년 3월(『大淸歷朝實錄』, 新京, 大滿洲帝國國務院, 1937) 기사에 자세하다. 이하 원전의 우측면은 右로, 좌측면은 左로 표시하였다.

5 요동 장악 이후 후금 지도부의 내부 사정에 대해서는 Gertraude Roth Li, "The Rise of the Early Manchu State: a Portrait Drawn from Manchu Sources to 1636", Ph. D dissertation, Cambridge: Harvard University, 1975, pp. 44~101; Frederic Wakeman, Jr., *The*

Great Enterprise: The Manchu Reconstruction of Imperial Order in Seventeenth-Century China, Vol.I,
Berkeley: University of California Press, 1985, pp. 64～74 참조.

6 『淸太祖武皇帝實錄』3:14좌(『續修四庫全書』368, 上海古籍出版社, 2002). 한편 만주국
   칸滿州國汗을 만주황제滿州皇帝로 기록한 본도 있다(『太祖高皇帝實錄』7:22좌, 6년
   3월 계해).

7 『광해군일기』166권 13년 6월 1일 신미(4). 특별한 설명이 없는 한 중초본中草本이다.
   괄호 안 숫자는 해당 일자에 들어 있는 기사의 순서를 가리킨다.

8 『광해군일기』166권 13년 6월 19일 기축(6).

9 『광해군일기』166권 13년 6월 2일 임신(8).

10 『광해군일기』165권 13년 5월 29일 경오(2).

11 『광해군일기』166권 13년 6월 27일 정유(2).

12 계승범, 「광해군 대 말엽(1621~1622) 외교 노선 논쟁의 실제와 그 성격」, 『역사학보』
   193, 2007.

13 『광해군일기』166권 13년 6월 1일 신미(4).

14 『광해군일기』166권 13년 6월 22일 임진(5).

15 『광해군일기』169권 13년 9월 9일 정미(2).

16 『광해군일기』168권 13년 8월 28일 정유(6).

17 『광해군일기』169권 13년 9월 10일 무신(3); 『만운선생문집晚雲先生文集』2:2좌,
   『한국역대문집총서韓國歷代文集叢書』456, 경인문화사, 1999, 318쪽.

18 『만운선생문집』, 부록 4우, 442쪽.

19 『광해군일기』169권 13년 9월 10일 무신(3).

20 『광해군일기』169권 13년 9월 10일 무신(3).

21 『자암집紫巖集』5:19좌~20우 및 5:24좌, 『한국문집총간韓國文集叢刊』35,
   민족문화추진회, 1992. 한편 조선과의 선린 관계를 중시한 누루하치의 외교 정책은
   이 책의 3장에서 상세히 다룬다.

22 『광해군일기』169권 13년 9월 11일 기유(1).

23 『광해군일기』172권 13년 12월 5일 임신(3). "… 然正論之人 心常嘉悅曰 國家不可無此等
   正論 必須培養正論於此 彌縫賊釁於彼 實出於愛君誠心 …"

24 실록 기사에 나오는 박승종의 의견은 대개 이런 식인데, 이것도 예외는 아니다.
   현실에 맞게 차선책을 구사해야 한다는 말을 늘어놓아 광해군의 뜻에 따르는
   듯하면서도, 그의 결론은 늘 회답 불가였다. 따라서 박승종이 광해군의 외교 노선에
   동조했다고 볼 수는 없다. 조정의 중론 운운은 왕명을 기피하기 위한 핑계일 뿐,
   박승종 자신이 왕명을 받들 의사가 별로 없었다. 아울러 허태구의 논문(「광해군 대
   박승종의 정치적 위상과 대외인식」, 『한국학연구』60, 2021)도 함께 참조.

25 『광해군일기』172권 13년 12월 5일 임신(3).

26 『광해군일기』172권 13년 12월 8일 을해(2).

27 『광해군일기』172권 13년 12월 9일 병자(2).

28 『광해군일기』 I72권 I3년 I2월 2I일 무자(2).

29 『광해군일기』 I72권 I3년 I2월 9일 병자(I). "傳曰 虜書又來 兇狡益 …"

30 『광해군일기』 I72권 I3년 I2월 9일 병자(2).

31 『광해군일기』 I72권 I3년 I2월 26일 계사(2). "傳曰 我國兵力 其果如遼陽兵力乎 答書不可不送 而明知其必不抵當 而徒畏一時邪議 欲置宗社何地 且徒愛其身 不恤國家之危亡 且上强執羈縻之計 卽以爲後日歸罪於君上之意也 古之大臣果如是乎 …"

32 『광해군일기』 I74권 I4년 2월 27일 계사(2).

33 『광해군일기』 I4년 4월 II일 병자(I). "謀國不臧 賊兵臨江 宗社危亡 迫在朝夕 衣君衣食君食 而何忍不念宗社之危亡乎 本司惟以罷出爲事 如是而無事乎 …"

34 『광해군일기』 I74권 I4년 2월 30일 병신(I).

35 『광해군일기』 I77권 I4년 5월 I0일 을사(5). 박규영은 심하의 패전으로 강홍립과 함께 후금에 억류되어 있던 조선 장수 박난영朴蘭英의 아우로, 광해군의 독촉으로 후금에 파견되었다. 그러나 비변사의 반대로 끝내 서신을 휴대하지 못하고 들어갔다가 자신도 억류되었다.

36 『광해군일기』 I77권 I4년 5월 II일 병오(7).

37 『광해군일기』 I76권 I4년 4월 25일 경인(4).

38 이에 대해서는 다음 소절에서 상론한다.

39 『광해군일기』 I78권 I4년 6월 25일 기축(2, 4). 예조참의 목장흠睦長欽과 평안감사 박엽朴燁 등을 예로 들 수 있다,

40 『광해군일기』 I78권 I4년 6월 25일 기축(4).

41 『열조통기列朝統紀』 광해군 I3년, 『순암총서順庵叢書』, 성균관대학교 대동문화연구원, I970, 4I4쪽.

42 『광해군일기』 I8I권 I4년 9월 I일 갑오(3). 이 실록 기사는 『열조통기』의 기사와 일치한다. 다만 "朝鮮國王致書後金國汗殿下"라는 첫 문장만 없다. 아마도 실록 편수 과정에서 의도적으로 삭제한 듯하다.

43 『광해군일기』 I83권 I4년 II월 II일 계묘(2).

44 이 내용은 이 책의 3장에서 상세히 다룬다.

45 『광해군일기』 I67권 I3년 7월 25일 갑자(2); 『太祖高皇帝實錄』 8:6b〜7a, 天命 6년 7월 기미.

46 『광해군일기』 I69권 I3년 9월 26일 갑자(I). "傳曰 毛將之來住也 啓我國不測之禍 …"

47 『광해군일기』 I70권 I3년 I0월 I0일 정축(I·3).

48 『광해군일기』 I69권 I3년 9월 I7일 을묘(2).

49 『광해군일기』 I70권 I3년 I0월 I0일 정축(3). "… 但天將旣住我境 有主客之道焉 安遣使臣 遽請勸還 非但事禮未安 恐不無他日執言之地 …"

50 『광해군일기』 I72권 I3년 I2월 22일 기축(I). "… 天道惡盈而厭亂 此虜驟勝而驕 豈無可衰之日 可乘之便乎 …"

51 당시 조선 조정에서는 피살된 한인을 578명으로 집계하였다. 『광해군일기』 I73권

14년 I월 5일 신축(2) 참조. 반면에, 후금 측 기록에 따르면, 이때 아민이 이끈 기병대 5000기가 강을 건너 공격하여 한인 1500여 명을 죽였다고 한다.『太祖高皇帝實錄』 8:10 우, 天命 6년 II월 무술 참조. 조선 측 기록은 숫자를 줄였을 가능성이, 후금 측 기록은 과장하여 늘렸을 가능성이 크다.

52 『광해군일기』172권 13년 12월 18일 을유(I).

53 『광해군일기』172권 13년 12월 23일 경인(I), 26일 계사(4), 14년 I월 I일 정유(3).

54 李光濤,「朝鮮稱訟毛文龍功德碑文攷」『大陸雜誌』II-6, 臺北: 大陸雜誌社 I955.

55 한 예로,『일사기문逸史記聞』,『대동야승大東野乘』58,『국역대동야승』I4, 민족문화추진회, I975, 원문 II0쪽 참조. "… 其後毛將入椵島 … 雖無赫赫靜邊之大功 亦有時時耀兵之微勞 … 十年榮貴一朝寃死 吁可惜也可惜也 爲袁崇煥所斷 …"

56 대표적으로 김시양金時讓(I581~I643)의『하담파적록荷潭破寂錄』,『대동야승』 72, 민족문화추진회, I975; 장만張晚(I666~I629)의『낙서선생문집洛西先生文集』 3:40右~43右『한국역대문집총서』2454, 경인문화사, I997 참조.

57 『휴옹집休翁集』2:25右,『한국역대문집총서』2221, 경인문화사, I997. "聞道椵島中 … 毛將昔來此 義氣能感人 東人皆愛慕 …"

58 『광해군일기』I75권 14년 3월 14일 경술(2), 4월 18일 계미(I).

59 『광해군일기』I77권 14년 5월 I일 병신(5).

60 『광해군일기』I76권 14년 4월 26일 신묘(I).

61 『광해군일기』I76권 14년 4월 I일 병인(I), 4일 기사(4), 5일 경오(2). 참고로, 이정구는 서인 계열, 박정길은 대북 계열 인물이다. 박정길은 계해정변(인조반정)이 일어나던 날 밤 궁궐에서 살해당했으나, 이정구는 날이 밝자 바로 예조판서에 임명되었다.

62 『광해군일기』I76권 14년 4월 2일 정묘(I). "… 而我國人心 則每以起疑唐將爲 慮 遷就不決 將見宗社之危 坐致風塵之變 天下萬古 豈有如此痛迫之事乎 雖百度下諭 李廷龜以病時留平山 朴鼎吉一事不爲周旋 … 不有君命 略不用意善諭 痛愧之狀 難可盡言 …"

63 『광해군일기』I76권 14년 4월 5일 경오(3). "昨見西報 山東諸將爭欲出來 梁監軍亦請來 而陶軍門游監軍諸唐將出來者甚多云 雖非此賊 我國果能无事乎 …"

64 『광해군일기』I77권 14년 5월 I일 병신(5).

65 『광해군일기』I76권 14년 4월 18일 계미(2).

66 『광해군일기』I76권 14년 4월 23일 무자(I); 14년 4월 25일 경인(3).

67 『광해군일기』I77권 14년 5월 I일 병신(5), 2일 정유(3).

68 『광해군일기』I77권 14년 5월 I일 병신(5), 2일 정유(3).

69 『광해군일기』I77권 14년 5월 2일 정유(3).

70 『광해군일기』I77권 14년 5월 2일 정유(4).

71 『광해군일기』I77권 14년 5월 2일 정유(4).

72 『광해군일기』I77권 14년 5월 3일 무술(I).

73 『광해군일기』 177권 14년 5월 18일 계축(3).

74 『광해군일기』 177권 14년 5월 27일 임술(2); 14년 6월 10일 갑술(1).

75 이 논쟁에 대해서는 계승범, 『조선시대 해외파병과 한중관계』, 푸른역사, 2009, 174~179쪽 참조.

76 계승범, 「조선감호론 문제를 통해 본 광해군 대 외교 노선 논쟁」, 『조선시대사학보』 34, 2005.

77 『존주휘편尊周彙編』 권2, 『조선사대·척사관계자료집朝鮮事大·斥邪關係資料集』 I, 여강출판사, 1985, 66~69쪽.

78 『광해군일기』 46권 10년 6월 20일 정축(6). "… 相顧而言曰 我國事大二百年來 曾有如此 賤辱汚衊之甚者乎 聖意所在 本爲澤民 臣等所爭 只欲循義 與其得罪於天朝 寧得罪於聖明 而 終不能力辨極陳 使君臣上下 俱被莫大詬責 …"

79 당시 광해군의 절박한 처지에 대해서는 계승범, 『조선시대 해외파병과 한중관계』, 푸른역사, 2009, 244~254쪽 참조.

80 『광해군일기』 177권 14년 5월 11일 병오(3). "… 乃於監軍留館之日 暴聖上事大之誠 侈皇 朝眷遇之恩 擧一國應行之禮 則其於監軍 不有光乎 …"

81 『광해군일기』 177권 14년 5월 15일 경술(2). "… 當此華人往來之時 侈皇朝眷遇之恩 暴 聖上感動之誠 播諸遠通 昭揭日星 則不但增光於今日 抑亦有辭於天下 …"

82 『광해군일기』 178권 14년 6월 16일 경진(3); 14년 7월 1일 을미(1·2·3).

83 『연려실기술練藜室記述』 21, 『국역연려실기술』 5, 민족문화추진회, 1967, 665쪽.

84 『광해군일기』 178권 14년 6월 29일 계사(3); 14년 7월 10일 갑진(1).

85 『광해군일기』 182권 14년 10월 9일 신미(1).

86 『광해군일기』 183권 14년 11월 8일 경자(2).

87 『광해군일기』 183권 14년 11월 17일 기유(1), 12월 28일 기축(5).

88 계승범, 「삼전도 항복과 조선의 국가정체성 문제」, 『조선시대사학보』 91, 2019.

89 광해군의 외교 노선을 중립 정책으로 개념화한 초기 연구자는 1930년대 초 다가와 고조田川孝三와 이나바 이와키치稻葉岩吉였다. 田川孝三, 「毛文龍と朝鮮との關係について」, 『靑丘說叢』 3, 1932; 稻葉岩吉, 「光海君時代の滿鮮關係」, 京城: 大阪屋號書店, 1933) 참조. 이후 해방 후에도 많은 학자가 이를 그대로 수용하였다. 대표적으로 이병도, 「광해군의 대후금 정책」, 『국사상의 제문제』 I, 국사편찬위원회, 1959 참조. 그러나 중립의 정확한 개념이 무엇인지 분명히 밝히고 나서 논의를 전개한 연구는 찾아볼 수 없다. 중립 외교 비판에 대해서는 계승범, 「삼전도 항복과 조선의 국가정체성 문제」, 『조선시대사학보』 91, 2019 참조.

90 상세한 논의는 계승범, 「광해군 대 말엽(1621~1622) 외교 노선 논쟁의 실제와 그 성격」, 『역사학보』 193, 2007 참조.

91 『광해군일기』 172권 13년 12월 5일 임신(3). "… 且臣與同僚 所見終始無違 近緣臣遘疾 沈綿 不與人接 有何一分專主講和之心哉 特以虜勢漸熾 國勢漸弱 每欲以禮自固 姑緩兵禍而 已 然正論之人 心常嘉悅曰 國家不可無此等正論 必須培養正論於此 彌縫賊釁於彼 實出於愛 君誠心 …"

92 『광해군일기』 172권 13년 12월 26일 계사(2). "我國兵力 其果如遼陽兵力乎 答書不可不送 而明知其必不抵當 而徒畏一時邪議 欲置宗社何地 且徒愛其身 不恤國家之危亡 …"

93 조선에서 정正·사邪·이단異端 등의 용어가 갖는 의미에 대해서는 Donald Baker, "A Different Thread: Orthodoxy, Heterodoxy, and Catholicism in a Confucian World," in JaHyun Kim Haboush and Martina Deuchler, eds., *Culture and State in Late Chosŏn Korea*, Cambridge: The Harvard University Asian Center, 1999, pp. 199~230 참조.

94 한 예로 전해종, 『한중관계사 연구』, 일조각, 1970, 50~58쪽 참조. 이 견해는 영어권 학계에서도 널리 수용하였다. John King Fairbank, ed., *The Chinese World Order: Traditional China's Foreign Relations*, Cambridge: Harvard University Press, 1968, chapter 8 참조.

3장 정묘호란의 동인과 목적, 1623~1627

1 田川孝三, 「光海君の姜弘立に對する密旨問題に就て」, 『史學會報』 I, 京城帝大史學會, 1931; 稻葉岩吉, 『光海君時代の滿鮮關係』, 大阪屋號書店, 1933, 242~261쪽; 洪熹, 「廢主 光海君論」, 『靑丘學叢』 20, 1935; 이병도, 「광해군의 대후금 정책」, 『국사상의 제문제』 I, 국사편찬위원회, 1959 등을 참조.

2 김종원, 「정묘호란 시의 후금의 출병 동기」, 『동양사학연구』 12·13, 1978; 김종원, 『근세 동아시아 관계사 연구』, 혜안, 1999, 59~85쪽.

3 한명기, 『임진왜란과 한중관계』 역사비평사, 1999, 368쪽.

4 『인조실록』 15권 5년 2월 15일 임자(9).

5 『인조실록』 15권 5년 2월 2일 기해(5·7). 한편, 초기에 정묘호란 연구를 이끈 전해종과 김종원도 모두 정치·외교·군사적 이유를 출병의 제일 요인으로 꼽았다. 전해종, 『한중관계사 연구』, 일조각, 1970, 114~127쪽; 김종원, 「정묘호란 시의 후금의 출병 동기」, 『동양사학연구』 12·13, 1978 참조.

6 어떤 사건을 분석할 때 사용하는 동인·동기·명분·목적·이유·원인·배경 등의 단어에는 의미상 일정한 차이가 있다. '동인'과 '동기'는 사실상 동의어로, 어떤 일이나 행위를 불러일으킨 직접적인 계기를 뜻한다. '명분'은 어떤 일을 꾀하면서 내세우는 정당한 구실의 의미로, 행위를 합리화하는 핑계이기도 하다. 이에 비해, '목적'은 그 사건을 일으킴으로써 실제로 얻으려는 것이다. '이유'는 그 사건이 왜 발생했는지에 대한 해석이자 분석이며, '원인'의 뜻도 이와 대동소이하다. 다만 '원인'은 역사적 인과 관계를 강조한 면이 좀 더 강하다. '배경'은 이 모든 의미를 내포하되, 어떤 일을 가능케 한 주변 정황까지 망라한다. 엇비슷한 용어들을 이렇게 일일이 정의하는 이유는 정묘호란의 '동인'과 '목적'을 제대로 살피기 위함이다.

7 한명기, 『정묘·병자호란과 동아시아』, 푸른역사, 2009, 46~57쪽.

8 의주를 너무 쉽게 함락하다 보니 가도 공략보다는 계속 남진했을 것이라는 견해가 있다(劉家駒, 「天聰元年阿敏等伐朝鮮之役與金國朝鮮兄弟之盟」, 『食貨月刊』 洛西先生文集 7-10, 1978). 그러나 첫 전투 승리만으로 전쟁의 전체 목표를 일거에 바꿨다는 설명은 비상식적이다. 특히 아민이 남진 속도를 늦추면서까지 줄곧 조선과 강화하려 했음을 고려할 때, 저런 설명은 설득력이 없다.

9   이 3장은 계승범, 「정묘호란의 동인 재고」, 『열상고전연구』 71, 2020을 일부 손질한
     것이다.

10   한명기, 『임진왜란과 한중관계』, 353~406쪽.

11   한명기, 『임진왜란과 한중관계』, 361~366쪽.

12   이 책의 2장 참조.

13   한명기, 「조중 관계의 관점에서 본 인조반정의 역사적 의미: 명의 조선에 대한
     '의제적 지배력'과 관련하여」, 『남명학』 16, 2011.

14   계승범, 「계해정변(인조반정)의 명분과 그 인식의 변화」, 『남명학연구』 26, 2008.

15   계승범, 「삼전도항복과 조선왕조의 국가정체성 문제」, 『조선시대사학보』 91, 2019.
     다만 내용을 대폭 보강하였다.

16   여러 자료에 기초하여 입관 전 조선과 청(후금) 사이에 오고 간 서신들만 따로 모은
     張存武·葉泉宏 編, 『淸入關前與朝鮮往來國書彙編 1619~1643』, 臺北: 國史館, 2000에도
     ⓒ 시기에는 아무런 자료가 없다.

17   정묘년 화약의 형식과 성격은 맹약이었다. 이에 대해서는 남호현, 「조청 관계의 초기
     형성 단계에서 '맹약'의 역할: 정묘호란기 조선과 후금의 강화 과정을 중심으로」,
     『조선시대사학보』 78, 2016 참조.

18   『인조실록』 16권 5년 4월 1일 정유(6). 『淸太宗實錄』 卷2 天聰 원년 3월 14일 신사(1)의
     기사도 후금이 조선에 요구한 주요 내용은 대개 일치한다.

19   『인조실록』 15권 5년 2월 9일 병오(5).

20   『인조실록』 15권 5년 2월 15일 임자(9).

21   유소맹, 이훈·이선애·김선민 옮김, 『여진 부락에서 만주 국가로』, 푸른역사, 2013,
     385~386쪽.

22   유재성, 『병자호란사』, 국방부 전사편찬위원회, 1986, 48~49쪽.

23   Frederic Wakeman, Jr., *The Great Enterprise: The Manchu Reconstruction of Imperial Order in
     Seventeenth-Century China*, Vol. I, Berkeley: University of California Press, 1985, pp. 83~85.

24   『인조실록』 권17 5년 10월 28일 신유(2).

25   『인조실록』 권17 5년 11월 2일 을축(3).

26   『인조실록』 권17 5년 12월 25일 무오(4).

27   『인조실록』 권17 5년 11월 2일 을축(3).

28   『인조실록』 권18 6년 2월 1일 계사(1).

29   『인조실록』 권13 4년 윤6월 15일(2).

30   『인조실록』 권18 6년 5월 28일 무자(2). 아울러 정묘호란 직후 개시를 위한 교섭과
     현황에 대해서는 정성일, 「정묘호란과 조선의 무역정책: 1629년 日本國王使의 上京과
     관련하여」, 『사학연구』 49, 1995 참조.

31   전해종, 『한중관계사 연구』, 일조각, 1970, 123~130쪽.

32   김종원, 『근세 동아시아 관계사 연구』, 혜안, 1999, 96~102쪽.

33   『淸太宗實錄』 卷2 天聰 원년 1월 8일 병자(1). "丙子命大貝勒阿敏 … 朝鮮屢世獲罪我國

理宜聲討 然此行非專伐朝鮮也 明毛文龍 近彼海島 倚恃披猖 納我叛民 故整旅徂征 若朝鮮
可取 則竝取之 …"

34 『광해군일기』 147권 11년 12월 17일 병인(5). "… 奴酋子壻甚多 其爲將者三人 第三子洪
大時 常勸其父 欲犯我國 其長子菊貴永介 則每以四面受敵 譬怨甚多 則大非自保之理 極力主
和 務要安全 非愛我也 實自愛也 …"

35 광해군의 회신을 받기까지 후금과 조선 사이에 고조되던 긴장 국면은 이 책의
2장에서 상세히 다루었다.

36 『자암집紫巖集』권5 19면 (6월 초2일). "奴酋諸子 皆以爲 朝鮮之於南朝 自爲有同父子 且
無信物 其不慾相和可知 不如盡殺其將士 破遼之後 何所恃乎 貴盈哥曰 不可以其無信物 而殺
其將士也云云 …" 한편 최근에 『책중일록柵中日錄』의 역주본이 나왔다. 이민환 지음,
중세사료강독회 옮김, 『책중일록』, 서해문집, 2014, 참조.

37 『자암집』권5 16면(3월 23일). 참고로, 강홍립이 이끌고 투항한 조선군 포로는 약
4000명이었다. 따라서 이때 포로 중 약 10퍼센트가 처형당한 셈이다.

38 『滿洲實錄』卷7 天命 7년 3월(2). "是月 帝集諸王大臣 議曰 皇天見祐 將遼東地方 付與我等
然遼陽城大 且多年傾圮 東南有朝鮮 西北有蒙古 二國俱未服 若釋此而征明國 難免內顧之憂
…"

39 Gertraude Roth Li, The Rise of the Early Manchu State: A Portrait Drawn from Manchu
Sources to 1936, Doctoral Dissertation, Cambridge: Harvard University, 1975, pp.44-46

40 『滿文老檔』71冊, 天命 11년 3월 19일. "丙寅年三月十九日 劉學成奏稱 … 乃汗自取廣寧以
來 馬步之兵 三年不戰 主將怠惰 兵無戰心也 兼之 車梯籐牌朽壞 器械無鋒 及汗視寧遠甚易
故天降勞苦於汗也 …"

41 『인조실록』 14권 4년 10월 24일 계해(1). "… 唐將徐孤臣言 賊將劉愛塔 開原之人 而早年
被擄者也 使鏟子李姓者 持諺書出送日 奴酋死後 第四子黑還勃烈承襲 分付 先搶江東 以除
根本之憂 次犯山海關寧遠等城云"

42 홍타이지의 즉위 전후 후금 내부의 권력 관계에 대해서는 송미령, 「천총연간
(1627~1636년) 지배 체제의 확립 과정과 조선 정책」, 『중국사연구』 54, 2008 참조.
이 논문에 따르면, 조선 원정에 나선 후금군 내부의 의견도 일치하지 않는 경우가
많았다.

43 Gertraude Roth Li, The Rise of the Early Manchu State: A Portrait Drawn from Manchu
Sources to 1936, Doctoral Dissertation, Cambridge: Harvard University, 1975, pp. 46-55.

4장 척화론의 양상과 명분, 1627~1642

1 계승범, 「계해정변(인조반정)의 명분과 그 인식의 변화」, 『남명학연구』 26, 2008.

2 『인조실록』 15권 5년 2월 15일 임자(11). "司諫尹煌上疏曰 今日之和名爲和 而實則降也
…" 및 『인조실록』 15권 5년 2월 16일 계축(2) "… 夫和字 兩國相好之意也 降字 一國屈
伏之謂也 臣不敢知 今日之事 爲兩國相好乎 爲一國屈伏乎 …"

3 『인조실록』 15권 5년 2월 16일 계축(1) "上下敎曰 尹煌疏中 所謂降字 極兇慘 未知以何事
爲降乎 … 降者 屈膝稱臣之謂也 尹煌忍爲此說 陷君不測 爾 宜如是掩護 今日人心 槪可知也
爾等雖以降字 不以爲怪 於予則此言極重 不敢恝視矣"

4 『인조실록』 15권 5년 2월 1일 무술(9), 8일 을사(2), 10일 정미(9), 15일 임자(11).

5 『인조실록』 15권 5년 2월 9일(2), 14일 신해(9), 23일 경신(5), 3월 1일 무진(6).

6 『인조실록』 15권 5년 2월 15일 임자(11). "今日之和 名爲和而實則降也 … 乃以千乘之尊 親接醜虜之差 悖慢無禮 侮辱備至 而殿下恬然不知爲恥 臣不勝痛哭焉 …"

7 『인조실록』 15권 5년 2월 30일 정묘(8). "… 豈忍見一賊差 先自惛怯 屈千乘之尊 與犬羊 盟乎 …"

8 『인조실록』 15권 5년 2월 16일 계축(2). "… 昔者趙宋之君 惑於汪黃之議 甘心和虜 決幸 東南 先斬陳東 以絶正論 …"

9 『인조실록』 15권 5년 2월 22일 기미(3). "… 曲從其請 以揭帖爲名 而不書年號 則是亦去 正朔也 君臣之分 天經地義 截然不可犯 寧以國斃 豈忍爲此 …"

10 『연려실기술』 25권, 「정묘노란丁卯虜亂」, 원문 523쪽. "… 設令不從此言 和議不成 大防 所在 決不可輕毀 … 事大之道 莫重於年號 一番差謬 後悔無及 …"

11 『인조실록』 17권, 5년 10월 5일 무술(9); 『연려실기술』 권24, 「李仁居獄」.

12 『승정원일기』 인조 5년(정묘) 10월 1일 갑오(21) … 大抵凶奴者, 自絶于天, 故天下之大 賊也, 殺其父, 妻其母, 所謂犬戎者, 此也。二百年禮義之封疆, 反爲犬戎之地, 則宗社何依, 聖 廟何托? 被髮左衽, 其可忍乎? 殺其父, 妻其母, 其可忍乎? 思之至此, 寧死爲安, …

13 "독서지예"는 조선에 온 명 사신들이 조선을 소중화로 인정하는 근거의 관용적 표현이었다. 계승범, 「파병 논의를 통해 본 조선 전기 대명관의 변화」, 『대동문화연구』 53, 2006 참조.

14 『인조실록』 22권 8년 3월 11일 신묘(3). "… 況父母在難 其忍坐視而不爲之救乎 竊念皇朝 之於我國 實是父母之邦 而且有再造之恩 今者奴賊詬天 圍逼皇城 累月不解 凡在藩邦 固當赴 難之不暇 而尙無命一將發一卒 助戰之擧 誠可痛也 臣恐我國家 無面目立天地也 矧今陳副 摠移揭請援 如彼其懇 則國勢與兵力 非所可論 臣子之義 豈忍晏然越視乎 …"

15 군신 관계와 부자 관계 사이의 이런 차이에 대해서는 계승범, 『조선시대 해외파병과 한중관계』, 푸른역사, 2009, 139~145쪽 및 216~219쪽 참조.

16 『인조실록』 15권, 5년 2월 4일 신축, 9일 병오.

17 단독 저서로는 류재성, 『병자호란사』, 국방부전사편찬위원회, 1986; 한명기, 『정묘·병자호란과 동아시아』, 푸른역사, 2009; 구범진, 『병자호란, 홍타이지의 전쟁』, 까치, 2019; 허태구, 『병자호란과 예, 그리고 중화』, 소명출판, 2019 등을 참조.

18 『인조실록』 32권 14년 3월 1일 병오(2). "… 今者此虜 益肆猖獗 敢以僭號之說 託以通議 遽以書來 此豈我國君臣所忍聞者乎 不量强弱存亡之勢 一以正義斷決 郤書不受 胡差等累日要 請 終不得接御 至於發怒而去士女 都人士女 雖知兵革之禍 迫在朝夕 而反以斥絶爲快 況八路 若聞朝廷有此正大之擧 危迫之機 則亦必聞風激發 誓死同仇 豈以遠近貴賤 而有間哉 忠義之 士 各效策略 勇敢之人 自願從征 期於共濟艱難 以報國恩"

19 『인조실록』 32권 14년 5월 26일 기사(1). "… 金虜僭號之後, 慢侮我國, 比年益甚。我以數 千里封疆, 豈可一向畏縮, 坐受其辱哉? … 我兵雖怯, 苟得良將, 明其紀律, 則可變怯爲勇, 豈必 下於虜人哉? 當今之計, 莫如厚養士卒, 使民俱有愾忾之心, 申明軍律, 以示退必孥戮之意。…"

20 『인조실록』 32권 14년 6월 17일 경인(2). "… 我國臣事中朝 敬待漢人 乃禮之當然也 凡漢 人所爲 我豈可以號令禁斷也 當約和之初 我國以不背中朝 爲第一義 而貴國乃謂 朝鮮不背南

朝 自是善意 遂定交隣之契 此上天之所監臨也 今者每以向南朝接漢人責我 此豈約和之本意
也 以臣向君 乃窮天地 亘古今之大義也 以此爲罪 則我國豈不樂聞而順受乎 … 我國自前代
事中朝稱東藩 未嘗以强弱成敗 變其臣節 我國之素稱禮義自守者 專在於此 今我大明 乃二百
餘年混一之主 我國安得以一失遼瀋一片地 輒萌異心 從貴國所爲耶 抑有一說 中朝於我國 至
尊也 … 且夫天心所係 實在乎民 設使我國 守義被兵 兵禍雖酷 原非其君之罪 則民心必不去
而國命或可保 …"

21 『인조실록』 33권, 14년 9월 19일 경신(1).

22 『인조실록』 33권, 14년 9월 19일 경신(2). "… 和事是非 不須多辯 但自丁卯至于十年 少無
自强之策 今若更修和好 日就委靡 則終亦必已後已 況我國以尊中國攘夷狄 爲立國之本 在昏
朝送河瑞國 往來虜中 反正之初 數罪昏朝中一款 卽此耳 今若更與僭虜通好 則人心之不服 當
何如哉 …"

23 정묘·병자호란 때의 화친으로 반정의 제일 명분을 상실한 문제와 그 타개책에
대해서는 계승범, 『모후의 반역: 광해군 대 대비폐위논쟁과 효치국가의 탄생』,
역사비평사, 2021, 302~323쪽에 상세하다.

24 『인조실록』 33권, 14년 9월 22일 계해(1). "… 故臣愚以爲 擧義回軍 克彰尊周之義者 我
國興王之業也 其在子孫反是道 則必拂逆乎天意民心 而無以保有國家矣 扶植三綱 重光祖宗
之業者 殿下繼緖之本也 … 我國人民 其心自然 視天朝如父母 此非敎令所能爲也 丁卯之
和 雖在僭號之前 名以弟兄 而義士之含憤猶極 況當今日僭號之後 復假緩兵之名 再尋和好之
約則人之不言而敢怒者 將何如也 夫諸侯之國 而與僭號之賊通使 則臣未知此使何名也 諸侯
之國 而與僭號之賊通書 則臣未知此書何名也 … 則與昏朝之送河瑞國者何別 臣恐思亂之民
得爲口實也 …"

25 『인조실록』 33권, 14년 11월 21일 신유(2). "… 臣恐通使不已 必求稱臣 稱臣不已 必求割
地 滿朝臣僚 其爲左袒之陪臣乎 擧國人民 其爲左袒之人民乎 言之至此 直欲蹈海 …"

26 『인조실록』 33권, 14년 11월 21일 신유(2). "… 春間絶和之擧 實出於大明大義尊一統 初不
計其成敗存亡也 國人信之 皇勅奬之 義聲旣播 士氣稍伸 曾未幾何 國是中變 … 是以 正論摧
盡 異議肆行 … 伏願 殿下念大義之所在 因衆心之所同 斫案而絶和議 懸膽而勵三軍 無忘皇
勅之奬 亟停信使之行 …"

27 『인조실록』 33권, 인조 14년 12월 2일 임신(1). "彼若以此後文書 不書帝號則不受 爲恐嚇
之地 則我亦以雖被兵禍 斷無聽許之意 爲答可也"

28 『인조실록』 39권 17년 11월 25일 무인(3).

29 『인조실록』 39권 17년 12월 11일 계사(3). "備局啓請 勿載大砲於西船曰 此擧雖被脅迫
萬不獲已 唯當塞責而已"

30 『인조실록』 39권 17년 12월 26일 무신(1); 40권 18년 윤1월 27일 기유(3).

31 『인조실록』 40권 18년 2월 8일 기미(2) 및 13일 갑자(2).

32 『인조실록』 40권 18년 2월 27일 무인(2); 3월 25일 병오(2); 4월 23일 갑술(2).

33 이에 대해서는 『심양장계』 庚辰年 5月 22日, 5月 25日, 5月 26日, 7月 初3日, 7月 20日,
원전 101~103, 105~106, 110쪽; 『인조실록』 41권 18년 7월 11일 경인(1) 참조.

34 이 문단의 내용은 『심양일기瀋陽日記』 庚辰年 6月 27日 丁亥; 9月 初6日 甲午;
『심양장계瀋陽狀啓』 庚辰年 7月 初3日, 7月 20日, 7月 28日, 8月 19日, 9月 6日, 9月

24日(원전 105~115쪽) 내용에 기초하였다.

35 1차 심옥의 추이에 대해서는 田川孝三,「瀋獄問題について (上)」,『青丘學叢』17, 京城: 青丘學會, 1934에 자세하다. 한편 1차 심옥에 연루된 사람들의 갖가지 일화는 『연려실기술』26권 仁祖朝故事本末「瀋獄諸囚」(원문 599~604쪽) 참조.

36 『인조실록』41권 18년 10월 15일 임술(1); 26일 계유(3); 29일 병자(2).

37 금주 전투 상황과 조선군의 역할에 대해서는 劉家駒,「清初徵兵朝鮮始末(下)」, 『食貨月刊』, 落西先生文集 12-12, 1983, 438~442쪽 참조.

38 『인조실록』42권 19년 5월 4일 무인(1); 9월 7일 경진(1).

39 『인조실록』42권 19년 10월 22일 갑자(2).

40 2차 심옥의 배경과 추이에 대해서는 寺內威太郎,「17世紀前半の朝中關係の一齒句: 第二次瀋獄を中心に」,『駿台史學』96, 1996; 『연려실기술』26권 仁祖朝故事本末「獨步」(원문 595~598쪽) 참조. 이 문단의 내용은 이 자료에 근거한다.

41 조선 후기 임경업 소설이 민간에 유행한 실상 및 그 연구사 정리는 강현모,『한국 설화의 전승 양상과 소설적 변용』, 역락, 2004, 237~260쪽 참조.

42 『인조실록』33권 14년 8월 20일 신묘(2).

43 삼전도 항복 이후 척화론자를 극도로 미워한 인조로서도 조정 내부의 척화론을 잠재울 수 없던 당시 분위기로는 이병윤,「인조와 김상헌: 삼전도 항복 이후 척화신 처분 논쟁」, 석사학위논문, 서강대학교 사학과, 2023 참조.

44 주화와 척화에 대한 이귀의 생각으로는 김용흠,「정묘호란과 주화·척화 논쟁」, 『한국사상사학』26, 2006 참조.

45 주화와 척화에 대한 최명길의 생각으로는 허태구,「최명길의 주화론과 대명리」, 『한국사연구』162, 2013; 한명기,『최명길 평전』, 보리, 2019, 12장 참조.

46 한명기,『임진왜란과 한중관계』, 역사비평사, 1999, 67~88쪽.

47 계승범,『조선시대 해외파병과 한중관계』, 푸른역사, 2009, 215~222쪽.

48 허태구,『병자호란과 예, 그리고 중화』, 소명출판, 2019, 319~330쪽.

49 척화론 관련 연구사 검토로는 허태구,「정묘·병자호란 전후 주화·척화론 관련 연구의 성과와 전망」,『사학연구』128, 2017 참조.

50 이에 대해서는 계승범,「파병 논의를 통해 본 조선전기 대명관의 변화」, 『대동문화연구』53, 2006에 상세하다.

51 이 말은 송의 유학자 나종언羅從彦(1072~1135)이 한 말이다.『豫章學案』,『宋元學案』 序 1右, 臺北: 臺灣商務印書館, 1973 참조.

52 계승범,「의병의 개념과 임진의병」,『서강인문논총』33, 2012.

53 계승범,『정지된 시간: 조선의 대보단과 근대의 문턱』, 서강대학교출판부, 2011, 225~230쪽. 세조 때 예외가 한 번 있었지만, 조선 건국과 함께 환구단의 제천례 기능은 확실하게 사라졌다. 이런 과정에 대해서는 한형주,『조선초기 국가제례 연구』, 일조각, 2002, 20~63쪽 참조.

54 『퇴계전서退溪全書』권8,「禮曹答日本國左武衛將軍源義淸」"… 天無二日 民無二王 春秋 大一統者 乃天地之常經 古今之通義也 大明爲天下宗主 海隅出日 罔不臣服 能行此者 惟我國

家之事中朝 是也…"

55 『율곡전서栗谷全書』拾遺 4,「貢路策」"… 臣聞下之事上 不以夷險而易其心 不以盛衰而廢 其禮 … 今夫以小事大 君臣之分已定 則不度時之艱易 不揣勢之利害 務盡其誠而已 …"

56 『송자대전宋子大全』권5「封事」, 己丑封事(한국고전번역원 DB). "… 若曰 我已屈身於彼 名分已定 則弘光之弑 先朝之恥 有不可顧 竊恐 此說得行 則自孔子以來 大經大法 一切掃地 而將使三綱淪九法斁 子焉而不知有父 臣焉而不知有君 人心僻違 天地閉塞 而混爲禽獸之類 矣 可不懼哉 …"

57 송시열이 느낀 이런 위기의식의 심각성에 대해서는 정두희, 『조선 시대 인물의 재발견』, 일조각, 1997, 90~117쪽도 아울러 참조.

58 북벌론의 실상에 대해서는 다음 5장에서 상세히 다룬다.

59 『송자대전宋子大全』권5「封事」, 己丑封事(한국고전번역원 DB). "… 伏願 殿下堅定於心 曰°此虜者君父之大讎°矢不忍共戴一天 蓄憾積怨 忍痛含冤 卑辭之中°愈怒愈蘊 金幣之中 薪 膽愈切 … 假使成敗利鈍 不可逆睹 然吾於君臣父子之間°旣已無憾°則其賢於屈辱而苟存°不 亦遠乎"

5장 전쟁 원인의 기억 바꾸기, 1637~1653

1 일부 차이는 이블린 로스키가 처음 발견하고 학계에 보고하였다. Evelyn S. Rawski, "War Letters: Hongtaiji and Injo during the Second Invasion of Korea," in Francesca Fiaschetti & Julia Schneider eds., *Political Strategies of Identity Building in Non-Han Empires in China*, Wiesbaden: Otto Harrassowitx, 2014 참조. 다만 그는 차이를 발견하고 흥미를 표출하는 데 그쳤을 뿐, 꼼꼼히 대조하지는 않았다.

2 5장은 계승범, 「같은 전쟁 다른 기록: 병자호란 초기 홍타이지의 국서와 조선왕조의 국가정체성 문제」, 『동양사학연구』 147, 2019를 토대로 일부 수정·보완하였다.

3 『인조실록』 33권, 14년 12월 13일(계미)~14일(갑신).

4 『順治初纂漢文太宗實錄』 崇德 2년 정월 2일(임인);『인조실록』 34권 15년 1월 2일 임인(2).『순치초찬한문태종실록』(이하『순치본』이라 칭함)은 河內良弘, 『中國第一歷史檔案館藏 內國史院滿文檔案 譯註, 崇德 二·三年分』,京都: 松香堂書店, 2010의 활자본 자료를 참고하였다. 가와치 요시히로의 이 책은 1637~1638년의 상황을 전하는 만문당안滿文檔案 기록을 일본어로 역주하고, 그에 해당하는 『순치본』의 한문을 병기한 자료이서이다. 이 자료집의 해제에 따르면『순치본』은 타이베이 고궁박물원 소장 자료인데, 가와치는 고궁박물원에 근무하는 지인의 도움으로 복사본을 받아 보았다.『청태종실록』의 개찬이 적지 않음을 고려할 때 가와치의 지적대로 현재로서는 최고본最古本인 것 같다. 여기서는 바로 이 『순치본』을 저본으로 삼았다.

5 이 국서는 張存武·葉泉宏 編, 『淸入關前與朝鮮往來國書彙編, 1619-1643』, 臺北: 國史 館, 2000, 197~198쪽에서도 확인할 수 있다.『滿淸入關前與高麗交涉史料』에서 뽑은 자료인데, 가와치 요시히로가 제시한『순치본』수록 국서 내용과 거의 같다. 같은 문장에서 일부 서로 다른 글자를 사용하거나, 의미를 바꾸지 않는 한도 내에서 약간의 가감이 보이는 정도이다.

6 『太宗文皇帝實錄』卷32, 崇德元年 11月 29日.

7 정확한 대조를 위해 두 자료의 전문을 제시하면 다음과 같다. 주제별로 필자가
   문단을 나누었는데, 각 문단은 동그라미 안의 숫자로 표시하였다. 『太宗文皇帝實錄』
   卷32, 崇德元年 11月 29日. "①寬溫仁聖皇帝 諭朝鮮官屬軍民人等知悉 朕親統大軍來 此原
   非好用兵戈 利茲疆土也 ②朕與爾國 壤地相接 從無嫌隙 向欲常相和好 奈爾國君臣不願 己
   未歲助害我 興兵構怨 其端自爾國發之 當時猶念大義姑為容隱 未遽加兵 及既得遼東之後
   屬我版圖 爾國又招誘我遼民 而獻之明廟 復容匿明人居於爾地 給以糧餉 協謀圖我 朕是以怒
   而興師有丁卯年之役也 朕猶念鄰國之誼兵不深入 結好而歸 此豈爾兵將之力能退我師哉 蓋
   朕憫民命之傷殘 念交鄰之大義 欲仍敦和好 故撤師耳 ③邇來十年之間 爾國君臣納我叛亡 盜
   我物產 明之孔耿二將來歸 爾又興兵截戰 我兵往援 爾以鎗礮拒敵 戰爭又自爾啟之 又明欲侵
   我 索船於爾 爾即與之 及朕刷船征明 爾輒不敢發 爾居兩國之間 若皆不與猶可也 乃與明而
   不與我 豈非助明而圖我乎 ④且我國使臣 不令接見 所遺之書 又不開視 悖慢無禮 又自爾行
   之 今爾主又與平安道洪觀察使密書 其言皆欲與朕棄盟修邊 啟釁尋仇 ⑤朕因是特起義兵 聲
   罪致討 原非欲加害爾等也 亦爾之君臣 貽禍於爾等耳 爾等但安居樂業 慎毋輕動 如妄自竄走
   恐遇我兵見害 凡拒敵者必誅 奔逃者則俘之 傾心歸順者 秋毫無犯 更加恩養 諭爾有眾 咸使聞
   知" 및 『인조실록』 15년 1月 2일 임인. "①大淸國寬溫仁聖皇帝 詔諭朝鮮官民人等 朕此番
   來征 原不爲嗜殺貪得 本欲常相和好 爾國君臣先惹釁端故耳 ②朕與爾國 從來毫無仇隙 爾國
   於己未年 協相明朝 起兵害我 朕尚欲全隣國之道 不肯輕動干戈 及得遼東之後 爾國復助明朝
   招納我叛亡而獻之 復容彼人於爾地 給以糧餉 協謀圖我 朕赫斯怒 丁卯義師之擧 職此故也
   此時 非爾國兵強將勇 能退我師也 蓋朕見生民塗炭 終惜隣交 敦和好而歸耳 ③邇來十年之間
   爾國君臣 納我叛亡 獻之明朝 明將來投 興兵堵截 及我援兵至彼 爾兵對敵 是弄兵之端 又
   起於爾國 明朝索船侵我 爾國隨卽付之 及朕索船欲征明朝 輒靳不肯發 是特助明朝 而圖害
   我也 ④且信使不令見王 國書竟不開視 朕之使臣 偶得爾國王 與平安道觀察使密書云 丁卯
   之變 權許羈縻 今以正義斷決 閉關修備 曉諭列邑 忠義之士 各效策略云 其他辭 難以悉數
   ⑤朕以此故 特擧義兵 爾等塗炭 實非予願 爾國君臣 自令汝輩遭殃耳 然爾等安家樂業 切毋
   妄自奔逃 罹我鋒鏑 若拒者必戮 順者必懷 逃者必俘 其在城在野 有傾心歸順者 秋毫無犯 必
   重養之 諭爾有眾 咸使聞知"

8 『승정원일기』 인조 15년 1月 2일 임인. 한편, 주지하듯이 『승정원일기』는 영조
   20년(1744) 화재로 상당 부분 소실되었다. 이에, 영조 22년(1746) 5월에 개수 작업을
   시작하여, 인조~경종 연간의 자료를 1년여 만에 완성하였다. 본고에서 중요한
   자료로 활용하는 인조 15년 정월 2일의 기사 내용은 이 개수본 『승정원일기』에
   기초했으므로 사료적 가치가 다소 떨어질 수 있다. 그럴지라도 개수 작업에 꽤
   충실을 기했으므로, 인조 15년 당시의 기록과 대동소이하다고 보아 1차 사료로
   활용해도 별 무리는 없을 것이다.

9 『順治本』 숭덕 2년 정월 2일 임인. "①大淸寬溫仁聖皇帝 招諭朝鮮國王 我兵東征兀良
   哈時 爾國兵裁戰一次 後又協助明朝 來侵我國 然我猶念隣國之好 竟不介懷 及獲遼地 爾
   復招納吾民 獻之明朝 朕始赫怒興師 於丁卯年伐爾 職此故也 豈恃强凌弱 無故動兵耶
   ②爾丁卯年陽和誤我 今竟絶和好 令爾邊臣 聚集忠義之士 激勵勇敢之人 抑何爲也 今朕親
   統大兵 陳師爾地 爾何不令智謀者效策 勇敢者效力 以當一戰 朕旣不豈朕恃强 侵爾之地乎
   ③爾乃弱少之邦 反攖我疆界 採蔘捕獵者 何故 ④爾之逃民 爾輒献於明朝 及明朝之孔耿二將
   來歸 朕兵至彼處接應 爾兵以鳥鎗擊戰 又何故 是兵端先自爾啓也 ⑤朕之弟姪諸王 致書於爾
   爾云外國諸王 從無致書之例 何爲置而不視 丁卯年往征之時 爾遁入島中 遣使求成 不從朕之

弟姪諸王而誰從耶 朕之弟姪何不如爾 又外藩諸王貝子 致書於爾 爾竟置不視 彼等何不如爾 彼乃大元皇帝子孫 何卑於爾 ⑥大元時 爾朝鮮國年年歲貢 今何尊大如是 致書不視 爾乃心昏 且驕矣 爾朝鮮國 非歸附遼金元三朝 每年奉貢稱臣而圖存者乎 爾朝鮮國自古及今 歷世以來 曾有不奉貢稱臣人國 而得自存者乎"(河內良弘, 7쪽)

10 『승정원일기』인조15년 1월 2일 임인. "①大淸國寬溫仁聖皇帝 招諭朝鮮國王 我國先年 率東征兀良哈時 爾國起兵邀擊 後又協助明朝 荼毒我國 然我念隣好 竟不介意 及得遼地 爾 復招納吾民而歸之明朝 朕赫斯怒 丁卯年興師伐爾者以此 曾亦有恃强凌弱 無故興師者乎 ②邇來何故 反誘爾邊臣 有不得已權許羈縻 今以正義斷出 卿其曉諭列邑 使忠義之士 各效策 略 勇敢之人 自願從征等語 今朕親統大兵來征 爾何不令智謀者效策 勇敢者從征 而身當一戰 哉 朕旣不恃强大 毫不相犯 ③爾以弱少之國 反撓我境 採蔘圍獵者 何故 ④朕有逃民 亦爾輒 納而獻之明朝 及明朝之孔耿將來歸 朕兵至彼應接 爾兵放槍砲截戰者 何故 是弄兵之端 又啓 於爾國也 ⑤朕之弟姪諸王 致書於爾 爾竟拒而不納 彼乃大元皇帝之後 何不如爾 ⑥大元時 爾朝鮮納貢不絶 今日自高如是耶 不納來書者 爾之昏暗驕敖 至此極矣 爾朝鮮 與遼金元三朝 年年奉貢 世世稱臣 自古以來 曾有不北面事人 而得其自便者乎"

11 『順治本』숭덕 2년 정월 2일 임인. "朕旣以弟善視爾 爾愈作背逆 自成仇敵 陷害生民 遺棄 城廓宮室 離別妻子 奔逃載道 入此山城 得延千年否 慾湔丁卯之辱 反壞目前安樂 自招其禍 如今年之棄城廓宮室 入入山城 因爾之惡 壞國殃民 遺笑萬世 又何以湔之 旣慾湔丁卯之辱 何 不出戰 乃效婦人潛藏也 爾雖入此城 意欲偸生 朕肯縱爾乎"(河內良弘, 7쪽)

12 『順治本』숭덕 2년 정월 2일 임인. "朕之諸姪諸王 在內文武諸臣 在外歸附諸王貝子 扶朕 定鼎 爾如何云 非爾君臣所忍聞者 夫帝號之定否 寧在爾耶 爾言亦太僭矣 天佑之 則匹夫爲天 子 天禍之 則天子降爲庶民"(河內良弘, 7쪽)

13 『順治本』숭덕 2년 정월 2일 임인. "爾修整城郭 頓失待我使臣之禮者 何故 又令我使臣見城宰臣 欲設計執之 爾又父事明朝 專圖害我者 何故 此乃罪之大者 彼小罪又何 可勝數哉 朕以此故率大兵 來至爾八道"(河內良弘, 7쪽)

14 『順治本』숭덕 2년 정월 2일 임인. "爾父事之明朝 試令援爾與朕觀之 寧有子受禍而父不救 之理 不然"(河內良弘, 7쪽)

15 『승정원일기』에서는 홍타이지의 1월 1일 자 서신의 전반부만 기록하고, 그 말미에 "내하 남한일기內下南漢日記"라고 부기하였다. 이는 임금이 일기청日記廳에 내린 『남한일기』의 내용에 의거하여 기록했다는 의미다. 그렇다면 국왕 영조가 참고하라고 내려보낸 『남한일기』는 어떤 본이었을까? 원본 『승정원일기』가 소실된 후 개수 작업을 계획하던 시기, 승정원은 소문을 듣고 남한산성에 있던 『남한일기』한 질을 궐내로 옮겨 들였다. 며칠 후 영조는 이 『남한일기』를 직접 열람하였다(『승정원일기』영조 21일 12월 15일 임자; 21일 무오; 29일 병인). 그리고 나서 약 5개월 후 일기청에 당상관들을 배속시키고 본격적으로 개수를 시작하였다. 따라서 "內卜南漢日記"는 바로 이 『남한일기』임이 확실하다. 이 『남한일기』는 현재 흔히 '석지형石之珩의 『남한일기』'로 알려져 있는데, 최근에 그 저자가 석지형이 아니라 당시 승정원 주서들이었을 것으로 새롭게 분석한 연구가 나왔다(김남일, 「병자호란 시기 『승정원일기』의 전거 자료 『南漢日記』 연구」, 『한국사학사학보』 32, 2015). 한편 이 『남한일기』는 홍타이지의 1월 2일 자 서신 내용을 거의 완전하게 담고 있다(석지형, 『남한일기』권2, 정월 2일, 국립중앙도서관 전자책 온라인자료, 177-180면). 이는 『남한일기』가 당시 남한산성의 급박한 상황에서 홍타이지의

서신을 그대로 베껴 적었음을 강하게 시사한다. 그만큼 사료적 가치가 높다. 문제는 원래 『승정원일기』에서 홍타이지의 서신을 어떻게 기록했는가인데, 현재로서는 알 수 없다. 그렇다면 영조 대 일기청 주서들은 왜 『남한일기』의 서신 내용을 그대로 전재하지 않고, 알맹이가 빠진 전반부만 옮겨 적었을까? 그 이유도 정확히 알 수는 없으나, 지금까지 본문에서 논한 이유를 18세기 중반 영소 대 승정원 주서들도 강하게 공감하고 있었기 때문이라는 해석이 가능하다.

16 『太宗文皇帝實錄』卷32, 崇德元年 11月 29日. 원문은 주 7번 참조.

17 『남한일기』 2권, 인조 15년 정월 2일 임인(국립중앙도서관 전자책, 177면).

18 『太宗文皇帝實錄』卷32, 崇德元年 11月 29日. "… 爾主又與平安道洪觀察使密書 其言皆欲 與朕棄盟修怨 啟釁尋仇 …"

19 『인조실록』 15년 1월 2일 임인(2). "… 朕之使臣 偶得爾國王 與平安道觀察使密書云 丁卯 之變 權許羈縻 今以正義斷決 閉關修備 曉諭列邑 忠義之士 各效策略云 其他辭 難以悉數 …"

20 최근 한 연구에서는 청 태종 즉위식에 참석한 조선 사신 나덕헌羅德憲과 이확李廓이 만인이 보는 앞에서 고두례를 거부한 데 대한 홍타이지의 분노를 병자호란의 핵심 요인으로 보았다(구범진, 『병자호란, 홍타이지의 전쟁』, 까치, 2019, 64~71쪽). 이는 바로 "진하 거부"에 대한 홍타이지의 격노로, 다양한 침공 요인들 가운데 하나였음은 분명하다.

21 『인조실록』 15년 1월 3일 계묘(3).

22 『인조실록』 15년 1월 11일 신해(3번째 기사).

23 河內良弘, 40~47쪽 참조. 『順治本』 내용은 張存武·葉泉宏 編, 『淸入關前與朝鮮往來國書彙編, 1619-1643』(臺北: 國史館, 2000), 202~204쪽에서도 확인할 수 있다.

24 『順治本』 숭덕 2년 정월 17일. "… 朕以丁卯盟誓 和好爲重 曾以爾敗盟事實 屢加申諭 爾不 畏上天 不恤民禍 背壞盟好 爾與邊臣之書 爲朕使臣英俄代等所得 始買知爾國有搆兵之意 朕輒對爾春秋二信使 及諸商人云 爾國如此無狀 朕將往征 可歸語爾王 下至庶人 明白論遣 非以詭謫興師也 且備書爾敗盟啟釁之事 告之於天 然後擧兵 朕若似爾負盟 將自畏天譴矣 爾 實背盟 故天降災殃 爾何反似漠不相關之人 猶援天誑語哉 …"(河內良弘, 40~41쪽)

25 張存武·葉泉宏 편, 『淸入關前與朝鮮往來國書彙編, 1619-1643』, 臺北: 國史館, 2000, 193~196쪽에서 일부 확인이 가능하다. 「大淸皇帝諭朝鮮官民書」(숭덕 원년 12월 2일)와 「淸皇招降朝鮮安州守臣諭」(숭덕 원년 12월 16일)가 그 예이다. 전자는 『동문휘고同文彙考』에서, 후자는 『淸太宗實錄初纂本』에서 수집하였다.

26 『인조실록』 15년 1월 11일 신해(3). "… 小邦僻在海隅 惟事詩書 不事兵革 …"

27 『順治本』 숭덕 2년 정월 17일. "… 己未之歲 爾無故侵我 朕以爾國必諳兵事 故敢來犯 今 又啟釁 朕以爲爾必精練矣 孰意猶然未習耶 爾固好兵者 儻猶未習 今而後更加精練可也 …"(河內良弘, 43쪽)

28 이는 강홍립이 이끈 1만 2000여 조선군의 심하 원정 참여를 가리킨다. 이 원정의 전투 상황에 대해서는 Ray Huang, "The Liao-tung Campaign of 1619," *Oriens Extrenus*, Vol. 28-1, 1981 참조. 조선의 파병 여부를 놓고 벌어진 조정 논쟁의 추이에 대해서는 계승범, 『조선시대 해외파병과 한중관계』, 푸른역사, 2009, 165~175쪽에 상세하다.

29 『順治本』숭덕 2년 정월 17일. "… 天下大矣 天下之國多矣 救爾難者 止明朝一國耳 天下諸 國之兵 豈盡至耶 明朝與爾國誕妄 無忘忌之言 何以終不已耶 今旣困守山城 將及身命 猶不知 恥 出此空言何益哉 …"(河內良弘, 43쪽)

30 『인조실록』15년 1월 11일 신해(3). "… 徒以世受皇明厚恩 名分素定 曾在壬辰之難 小邦 朝夕且亡 神宗皇帝動天下之兵 拯濟生靈於水火之中 小邦之人 至今銘鏤心骨 寧獲過於大國 不忍負皇明此無他 其樹恩厚 而感人深也 恩之加人 非一道 苟有能活其生靈之命 救其宗社之 危者 則發兵而救難 與回兵以圖存 其事雖殊 其意則一也 …"

31 『인조실록』15년 1월 11일 신해(3). "… 不然 而惟快一朝之忿 務窮兵力 傷兄弟之恩 閉自 新之路 以絶諸國之望 其在大國 恐亦未爲長算 以皇帝之高明 何不慮及於此乎 …"

32 『順治本』숭덕 2년 정월 17일. "… 夫爾練兵繕城 欲壞兄弟之義 且脩路造車 預備兵器 惟俟 朕西征之後 乘間竊發 欲毒我國耳 豈有施惠於我國者哉 凡若此者 爾自以謂不絶衆望也 自以 謂高明也 自以謂長算也 朕亦以謂誠哉長算 …"(河內良弘, 42~43쪽)

33 『인조실록』15년 1월 11일 신해(3). "… 秋殺而春生 天地之道也 矜弱而恤亡 伯王之業也 今皇帝方以英武之略 撫定諸國 而新建大號 首揭寬溫仁聖四字 蓋將以體天地之道 而恢伯王 之業 則如小邦之願改前愆 自托洪庇者 宜若不在棄絶之中 玆欲更布區區 以請命於執事"

34 『順治本』숭덕 2년 정월 17일. "… 朕之內外諸王大臣 固以此尊號相我矣 朕非不恢霸王之 業 而無故興兵 圖滅爾國 害爾民也 正欲辨曲直耳 天地之道 福善禍淫 總不可違 朕體天地之 道 以施仁育 順命者撫之 逆命者討之 攖鋒者誅之 不服者俘之 務令崛强者知警 挾詐者詞窮 今爾與朕爲敵 故興兵討伐 若爾國盡入版圖 朕有不生養安全 字若赤子者乎 且爾信口美言 終 不相符 內外前後 往來文移 謂我兵所獲者 往往呼我兵爲奴賊 此是爾之君臣 素號我兵爲賊 故啓口不覺至此 賊者潜身竊取之謂 我果爲賊 爾何不擒捕而置之不問耶 爾以口舌詈人 諺所 云羊質虎皮者 誠爾之謂也 我國有云 犯人行貴敏而言貴遜 故我國每以行不逮言爲恥 豈若爾 國欺罔狡詐 奸僞虛誑 淪入肌髓 恬不知愧 如此其妄言無忌哉 今爾有衆欲生耶 亦宜出城歸命 欲戰耶 亦宜亟出一戰 兩兵相接 上天自有處分也"(河內良弘, 46~47쪽)

35 『인조실록』15년 1월 23일 계해(12). "侍講院說書兪棨上疏曰 … 臣寧與陳東之死 不忍與 此輩 共立天壤間也 …"참고로, 진동은 북송 말기부터 남송 초기에 걸쳐 금에 대하여 최강의 척화론을 주도하다가 끝내 처형당한 인물이다.

6장 북벌론의 실상과 기억 바꾸기, 1649~1690

1 북벌을 빌미로 한 군사력 강화의 실태에 대해서는 이태진,『조선 후기의 정치와 군영제 변천』, 한국연구원, 1985, 154~173쪽; 송양섭,「효종의 북벌 구상과 군비 증강책」,『한국인물사연구』7, 2007 등을 참조.

2 강만길,『고쳐 쓴 한국근대사』, 창작과비평사, 1994, 63~66쪽.

3 북벌 움직임을 진정한 북벌 준비라기보다는 국내의 정치 상황을 타개하기 위한 명분론적 정책으로 파악한 최초의 견해로는 이이화,「북벌론의 사상사적 검토」, 『창작과비평』38, 1975 참조.

4 『宋書拾遺』권7, 雜著「握聳說話」"… 上因喟然曰 今日之所欲言者 當今大事也 彼虜有必亡 之勢 … 故欲養精砲十萬 愛恤如子 皆爲敢死之卒 然後俟其有釁 出其不意 直抵關外 則中 原義士豪傑 豈無響應者 直抵關外 有不甚難者 虜不事武備 遼瀋千里 了無操弓騎馬者 似 當如入無人之境矣 且以天意揣之 我國歲幣 虜皆置之遼瀋 天意似欲使還爲我用 而我國被

虜人 不知其幾萬 亦豈無內應者耶 今日事 惟患其不爲而已 不患其難成 …"이 책에서는 한국고전번역원에서 제공하는 온라인 자료를 참고했다.

5   이 이론에 대해서는 Louis Althusser, "Ideology and the Ideological State Apparatus," in his (translated by Ben Brewster) *Lenin and Philosophy and Other Essays*, New York: Monthly Review Press, 1972, 2001, pp. 85~126; 루이 알튀세르, 김동수 옮김, 『아미엥에서의 주장』, 솔출판사, 1991, 75~130쪽 참조.

6   『현종실록』 부록 「顯宗大王行狀」.

7   계승범, 『정지된 시간: 조선의 대보단과 근대의 문턱』, 서강대학교출판부, 2011 참조.

8   1차 원정의 전말에 대해서는 계승범, 『조선시대 해외파병과 한중관계』, 푸른역사, 2009, 248~251쪽에 상세하다. 전투 위치에 대한 고증으로는 계승범, 「17세기 중반 나선정벌의 추이와 그 동아시아적 의미」, 『사학연구』 110, 2013 참조.

9   2차 원정의 시말에 대해서는 계승범, 『조선시대 해외파병과 한중관계』, 푸른역사, 2009, 251~255쪽 참조.

10 『통상공실기統相公實記』 I:1b, 「北征奏凱夜述懷」, "客船無寢聽胡笳 故國茫茫萬里賒 惟有此心頃刻去 玉階朝罷又還家." 『통상공실기』는 신류의 6세손인 신호응申顥應이 1869년에 목판본으로 간행한 일종의 문집이다. 여기서는 박태근, 『국역 북정일기』, 한국정신문화연구원, 1980에 수록된 영인본을 참조하였다. 더 자세한 해제는 같은 책, 41쪽 및 46쪽 참조.

11 『통상공실기』 I:1左, 「北征奏凱夜述懷」, "萬里成功世所稀 客心何事復長唏 今行自異瀋河役 却羨金公死未歸"

12 한명기, 『임진왜란과 한중관계』, 역사비평사, 1999, 273~275쪽 참조.

13 『인조실록』 42권 19년 10월 22일 갑자.

14 조선 후기 국가 차원의 임경업 현창 사업에 대해서는 『충민공임장군요람忠愍公林將軍要覽』, 충민공임경업장군기념사업회, 1977, 82쪽에 일목요연하다. 정조의 어제비명御製碑銘에 대해서는 같은 책, 98~103쪽 참조. 한편 박정희 유신정권 때 출판된 이 요람 자체도 후대의 선양 사업 중 하나일 것이다.

15 임경업 관련 유적과 민간 전설에 대해서는 이경선, 『한국의 전기문학』, 민족문화사, 1988, 5~29쪽을 참조. 임경업 소설의 유행 및 그 연구사 정리는 강현모, 『한국 설화의 전승 양상과 소설적 변용』, 역락, 2004, 237~260쪽을 참조. 임경업의 신격화에 대해서는 주강현, 「서해안 어업생산풍습: 어업 생산력과 임경업 신격화 문제를 중심으로」, 『역사민속학』 1, 1991 참조.

16 『통상공실기』 2:3左右, "… 統戎南海鯨波息 推轂西關虎節高 石勒燕山心早許 塵棲楚劒計許抛 …"

17 필자는 이 만사를 해석함에 있어 박태근, 『국역 북정일기』, 한국정신문화연구원, 1980, 134쪽에 있는 주해의 도움을 받았다.

18 『통상공실기』 2:3左, "… 心雄白首猶看劒 志在黃龍痛飮觴 …"

19 박태근, 『국역 북정일기』, 한국정신문화연구원, 1980, 135쪽.

20 『통상공실기』 2:17左右, "甲戌四月 領兵赴寧古塔 討叛胡 指麾方略 克奏膚功 及還 清將曰 尙有遺擊 當更駐數月 調兵給餉 公曰 賊若未破 雖經年防戍 亦所不辭 今旣剖巢燻穴

仍留塞外 不幾於河上之逍遙乎 自會寧徂寧古 川原阻絕 倘遇霖潦 則輸運紅腐之米 竟爲無用
之物 且秋序若盡 邊地早寒 士卒凍死 不亦哀乎 辭甚劃切 淸將許歸 八月班師 上嘉之 特陞嘉
善"

21 계승범,『조선시대 해외파병과 한중관계』, 푸른역사, 2009, 270~273쪽.

22 『통상공실기』 2:2左右, "…奧在戊戌 北鄙有猘 血人于牙 有不能制 出師桓桓 風揮日舒 剖穴
燻巢 威讋穹廬 班師獻凱 益應寵擢…"

23 『葛庵先生文集』 권23,「統制使申公墓碑銘」, "…戊戌夏 日可部落擾北海上 淸人屢戰皆敗
請兵於我 上慮賊勢鴟張 爲我北邊憂 命公往討之 公承命卽行…" 한국고전번역원 온라인
공개 자료.

24 『성호사설星湖僿說』, 민족문화추진회, 1978, 1권 天地門「黑龍江源」; 8권 人事門
「車漢日記」.

25 『오주연문장전산고五洲衍文長箋散稿』, 天地編 地理類 人種,「羅禪辨證說」.
한국고전번역원(민족문화추진회) 온라인 공개 자료.

26 한글『비시황전』은 박태근,『국역 북정일기』, 한국정신문화연구원, 1980,
173~185쪽에 실려 있는 것을 참고하였다. 나선정벌을 배경으로 한『비시황전』같은
소설에 보이는 의도적 허구성에 대해서는 계승범,「위서와 소설 사이: 17세기 北征
錄을 통해 본 북정일록」,『서강인문논총』 50, 2017 참조.

27 『북정일록』이 소설이면서도 마치 나선정벌의 사료처럼 자리를 잡은 이유와
과정에 대해서는 계승범,「위서와 소설 사이: 17세기 북정록을 통해 본 북정일록」,
『서강인문논총』 50, 2017; 계승범,「역사소설로 본 조선 후기 '역사 만들기'의 일면」,
『한국사학사학보』 38, 2018 참조.

28 홉스봄 등이 사용한 '전통 만들어내기inventing tradition'라는 표현은 적극적인
역사 왜곡 현상을 잘 보여준다. Eric Hobsbawm and Terrence Ranger, eds., *The Invention
of Tradition*, Cambridge: Cambridge University Press, 1983에 실린 논문들을 참조. 특히
홉스봄이 쓴 서문 "Introduction: Inventing Tradition", pp. 1~14을 참조.

7장 에필로그: 조선의 국가정체성과 '아버지의 그림자'

1 나당전쟁이 신라의 승리로 끝난 해인 676년을 한반도 통일 왕국의 시작점으로
잡았다. 고구려 멸망(668) 직후에는 나당전쟁의 추이에 따라 한반도 통일 왕국의
확립이 불확실했기 때문이다.

2 稻葉岩吉,『光海君時代の滿鮮關係』, 京城: 大阪屋號書店, 1933; 이병도,「광해군의
대후금 정책」,『국사상의 제문제』 I, 국사편찬위원회, 1959 참조.

3 혹시라도 어떤 유명인의 어록에 비슷한 문구가 있는지는 모르겠으나, 명분과
실리에 내재한 이런 불가분의 관계는 필자가 역사를 공부하면서 터득하였다.

4 재조지은으로는 한명기,『임진왜란과 한중관계』, 역사비평사, 1999, 44~88쪽
참조. 예교질서에 대해서는 허태구,『병자호란과 禮, 그리고 중화』, 소명출판,
2019 참조. 이 밖의 설명은 대개 통설처럼 알려진 것이기에, 굳이 전거를 제시하지
않는다.

5 김순자,「고려말 대중국 관계의 변화와 신흥 유신의 사대론」,『역사와 현실』 15,

1995; 도현철, 「고려말기 사대부의 대외관: 화이론을 중심으로」, 『진단학보』 86, 1998. 참조. 참고로, 이들 연구에 따르면, 중화의 의미를 단순히 형세나 문화뿐만 아니라 한족 중심의 종족 차원으로 이해하려는 움직임은 원·명 교체기를 맞아 사대부층에서 태동하기 시작하였다.

6　명·조선 관계의 본질이 부자 관계로 자리 잡는 과정과 그 시기가 16세기였음은 계승범, 『조선시대 해외파병과 한중관계』, 푸른역사, 2009, 139~135쪽 및 216~219쪽 참조.

7　『인조실록』 33권 14년 11월 8일 무신(1). "… 天朝之於我國 乃父母也 奴賊之於我國 卽 父母之仇讐也 爲人臣子者 其可與父母之仇讐 約爲兄弟 而置父母於相忘之域乎? … 而頃者 虜勢張甚 逼近京師 震汚皇陵 雖不得明知 殿下於斯時也 當作何如懷耶 寧以國斃 義不可苟 全 而顧兵弱力微 未能悉賦從征 亦何忍更以和議 倡於此時乎 …"

8　『인조실록』 34권 15년 1월 30일 경오(1). "… 彼若求納皇朝之印 則殿下當爭之曰 自祖 宗受用此印 今將三百年 此印還納於明朝 不可納於淸國云 彼若求助攻天朝之兵 殿下當爭之 曰 天朝父子之恩 淸國亦知之 敎子攻父 有關倫紀 … 伏願 殿下以此二者爭之 無得罪於天下 後世 不勝幸甚 …"

9　한 예로, 『인조실록』 28권 11년 6월 16일 병자(1) 참조.

10　『宋子大全』 卷5 「封事」, 己丑封事(한국고전번역원 DB). 원문과 번역문은 이 책의 4장 (4)절 참조.

11　송시열이 느낀 이런 위기의식의 심각성에 대해서는 정두희, 『조선시대 인물의 재발견』, 일조각, 1997, 90~117쪽도 아울러 참조.

12　계승범, 『정지된 시간: 조선의 대보단과 근대의 문턱』, 서강대학교출판부, 2011, 61~62쪽.

13　『인조실록』 15권 5년 2월 4일 신축(12), 9일 병오(2).

14　전방위적으로 발생한 반정 명분의 조정 움직임에 대해서는 계승범, 「계해정변(인조반정)의 명분과 그 인식의 변화」, 『남명학연구』 26에 상세하다.

15　『광해군일기』 187권, 15년 3월 14일 갑진(1). "夫滅天理 斁人倫 上以得罪於皇朝 下以結 怨於萬姓 罪惡至此 其何以君國子民 居祖宗之天位 奉廟社之神靈乎 玆以廢之."

16　『인조실록』 1권, 1년 3월 14일 갑진(7). "夫滅天理 斁人倫, 上以得罪於宗社, 下以結怨 於萬姓, 罪惡至此, 其何以君國子民, 居祖宗之天位, 奉宗社之神靈乎? 玆以廢之, 量宜居住

17　실록청 사관들이 반정교서의 내용마저 일부 조작한 정황에 대해서는 계승범, 「인목대비 폐위 논쟁의 본질과 인조반정의 성격 변화: 오수창 교수의 비평에 답함」, 『역사비평』 141, 2022 참조.

18　계승범, 「인목대비 폐위 논쟁의 본질과 인조반정의 성격 변화」, 『역사비평』 141, 2022

19　이에 대해서는 최기준, 「효종 초 김자점 제거 과정과 효종의 정통성 문제」, 『한국문화연구』 43, 2022 참조.

20　이 이론에 대해서는 Louis Althusser, "Ideology and the Ideological State Apparatus," in his (translated by Ben Brewster) *Lenin and Philosophy and Other Essays*, (New York: Monthly Review Press, 1972, 2001), pp.85~126 참조. 한글 번역으로는 김동수 옮김,

『아미엥에서의 주장』, 솔, 1994, 75~130쪽에 있는 「이데올로기와 이데올로기적 국가장치」를 참조.

21 계승범, 『정지된 시간: 조선의 대보단과 근대의 문턱』, 서강대학교출판부, 2011, 91~92쪽.

22 숙종이 단행한 왕통 (재)정비에 대해서는 한 교양서가 종합적으로 잘 정리하였다. 윤정, 『국왕 숙종, 잊혀진 창업주 태조를 되살리다』, 여유당, 2013 참조. 이 책의 내용이 숙종으로 수렴하지는 않지만, 숙종이 굳이 300여 년 전의 창업 군주 태조와 그 관련 인물들을 수시로 호명해 현실로 불러낸, 또는 그럴 수밖에 없었던 고도의 정치 행위를 왕조 중건 의지로 읽어낸 점은 탁월하다. 노산군 복권 과정에 대해서는 계승범, 「역사화해 관점에서 본 조선 숙종 대 노산군 복권 조치」, 『서강인문논총』 57, 2020 참조.

23 대보단의 성격과 친례 양상에 대한 통시적 연구로는 계승범, 『정지된 시간: 조선의 대보단과 근대의 문턱』, 서강대학교출판부, 2011; Seung B. Kye, "The Altar of Great Gratitude: A Korean Memory of Ming China under Manchu Dominance, 1704-1894", *Journal of Korean Religions*, 5-2, 2014 참조.

24 조선이 곧 중화라는 "조선중화朝鮮中華" 의식의 역사적 의미와 해석을 놓고 학계에서는 약 10년 전에 논쟁을 벌였다. 한국사연구회에서 마련한 토론장은 열기가 자못 뜨거웠다. 이때 발표 내용은 우경섭, 「조선중화주의에 대한 학설사적 검토」, 『한국사연구』 159, 2012 및 계승범, 「조선후기 조선중화주의와 그 해석 문제」, 『한국사연구』 159, 2012 참조. 당시 토론자는 배우성·조성산·허태구·정다함 네 명이었다. 아울러 김영민, 「조선중화주의의 재검토: 이론적 접근」, 『한국사연구』 162, 2013도 함께 참조.
　　우경섭을 비롯하여, 일부 학자는 조선 후기의 중화론에 종족이나 국가를 초월하는 면이 있었다고 본다. 하지만 나로서는 동의하기 어렵다. 한인漢人을 뭐라고 정의할지 문제는 차치하더라도, 조선인과 한인 양자만이 아니라 적어도 당시 동아시아 한자 문명권의 여러 종족이 공유하는 중화론이어야 초종족성超種族性을 논할 수 있지 않을까? 그런데 과연 몽골·일본·베트남까지 포함하여 종족을 초월하여 동아시아인들이 공유한 중화론이 존재하기는 했는가? 조선 후기의 중화론에 초국가 성격이 다분했는가, 라는 질문은 어떨까? '초종족'과 마찬가지로, '초국가'라는 개념도 복수의 국가가 한데 어울려 형성한 '문명권' 차원에서 사용할 필요가 있다. 18세기 조선의 중화론이 유아독존식의 국내용 사조였음은 자명한데, 그렇다면 그런 중화론의 초종족성이나 초국가성超國家性이란 구체적으로 무엇을 이르는가? 중원의 청 지식인들이 조선의 배타적·방어적 중화론을 공유하기라도 했단 말인가? 바로 이웃한 일본 지식인들은 어땠는가? 또한 초국가라면 대개 여러 국가의 경계를 넘나드는 '보편성'을 띠기 마련인데, 조선 후기 지식인들의 중화 인식이 과연 동아시아 맥락에서 어떤 보편성을 가질까? 조선의 중화론이 국내용임을 부정할 수 없다면, 되레 조선만의 매우 특수한 사례로 보는 것이 합리적일 것이다.

25 이에 대해서는 계승범, 「파병 논의를 통해 본 조선 전기 對明觀의 변화」, 『대동문화연구』 53, 2006 참조.

26 정약용(1762~1836), 『다산시문집茶山詩文集』 2, 민족문화추진회, 1994, 331~332쪽.

27 나는 조선 후기 지식인들이 강조한 중화론의 성격을 응축한 개념어로 "한족 중화"라는 표현을 학계에 보고한 바 있다. 이에 대해서는 계승범, 『정지된 시간: 조선의 대보단과 근대의 문턱』, 서강대학교출판부, 2011, 33~44쪽, 161~167쪽, 248쪽 264쪽 참조.

28 William Graham Sumner and Albert Galloway Keller, *Folkways: A Study of Sociological Importance of Usages, Manners, Customs, Mores, and Morals*, (Boston: Ginn and Company, 1906, 1940) 참조.

29 대표적으로 정옥자, 『조선 후기 조선중화사상 연구』, 일지사, 1998, 228~229쪽 참조. 한편, 『송원화동사합편평강목』이 제국주의 침략에 따른 위기의식의 발로임을 인정하면서도 한국 문명의 역사발전을 이끌기에는 적합하지 않았던 한계를 지적하는 목소리도 크다. 관련 연구로는 오영섭, 「19세기 중엽 위정척사파의 역사서술: 화서학파의 宋元華東史合編綱目」, 『한국학보』 60, 1990; 박인호, 「'송원화동사합편강목'에 나타난 화서학파의 역사 인식」 『조선시대사학보』 27, 2003 참조.

30 "사실보다는 의견opinione magis quam re"에 기초한, 다른 말로 비록 사실이 아닌 허구적 상상에 따른 이념일지라도 그것이 사회구성원들의 심리와 적절히 부합할 때 그 사회의 안정에 도움을 준다는 스피노자Spinoza의 신정국가론神政國家論은 '조선중화' 의식과도 잘 어울린다. 스피노자가 말한 '히브리 신정국가'에 대해서는 진태원, 「신학 정치론에서 흡스 사회계약론의 수용과 변용」 『철학사상』 19, 2004); Etienne Balibar, Translated by Peter Snowdon, *Spinoza and Politics*, London: Verso, 1998, pp. 1~49 (진태원 옮김, 『스피노자와 정치』, 이제이북스, 2005, 16~78쪽); 진태원, 「스피노자와 알튀세르에서 이데올로기의 문제: 상상계라는 쟁점」 『근대철학』 3-1, 2008 등을 참조.

31 계승범, 「조선의 18세기와 탈중화 문제」, 『역사학보』 213, 2012.

32 김명호, 『환재 박규수 연구』, 창비, 2008.

33 계승범, 『정지된 시간: 조선의 대보단과 근대의 문턱』, 서강대학교출판부, 2011, 201~218쪽.

34 https://blog.naver.com/bohun1102/221358869887, 한국보훈복지의료공단이 발행한 온라인 자료를 참고하였다.

35 『註解 용담유사』, 정민사, 1983, 241쪽.

36 백세명 편저, 『天道敎經典解義』, 천도교중앙총부, 1963, 233쪽.

37 윤석산 주해, 『龍潭遺詞』, 동학사, 1999, 99쪽.

38 국내 한국사학계에 만연한 이념성에 대해서는 계승범, 「현재와 대화하는 조선시대사」, 『역사학보』 261, 2024 참조.

참고문헌

1차 자료

『葛庵先生文集』(한국고전번역원 온라인 DB)

『洛西先生文集』, 『韓國歷代文集叢書』 2454, (경인문화사, 1997).

『南漢日記』(국립중앙도서관 전자책)

『茶山詩文集』(민족문화추진회, 1994)

『大東野乘』, 『국역 대동야승』(민족문화추진회, 1975),
　　　『逸史記聞』
　　　『荷潭破寂錄』

『晩雲先生文集』, 『韓國歷代文集叢書』 456 (경인문화사, 1999)

『滿洲實錄』(국사편찬위원회 온라인 DB)

『비시황전』(박태근, 『국역 북정일기』, 한국정신문화연구원, 1980)

『星湖僿說』(민족문화추진회, 1978)

『宋書拾遺』(한국고전번역원 온라인 DB)

『宋子大全』(한국고전번역원 온라인 DB)

『順治初纂漢文太宗實錄』(河內良弘, 『中國第一歷史檔案館藏 內國史院滿文檔案 譯註, 崇
　　　德　二·三年分』, 京都: 松香堂書店, 2010)

『承政院日記』(국사편찬위원회 온라인 DB)

『瀋陽日記』(『역주 소현심양일기』 I-4, 민속원, 2008)

『瀋陽狀啓』(『국역 심양장계』 I-3, 세종대왕기념사업회, 1999~2000)

「안심가」(독립기념관 소재 춘암 박인호 비문)

『練藜室記述』, 『국역 연려실기술』(민족문화추진회, 1967)

『豫章學案』(『宋元學案』, 臺北: 臺灣商務印書館, 1973)

『列朝統紀』, 『順庵叢書』(성균관대학교 대동문화연구원, 1970)

『五洲衍文長箋散稿』(한국고전번역원 온라인 DB)

『龍潭遺詞』(동학사, 1999)

『註解 용담유사』(정민사, 1983)

『天道敎經典解義』(천도교중앙총부, 1963)

『紫巖集』, 『韓國文集叢刊』 35 (민족문화추진회, 1992)

『朝鮮王朝實錄』(국사편찬위원회 온라인 DB)
　　　『光海君日記』 중초본
　　　『肅宗實錄』

『仁祖實錄』
『顯宗實錄』
『孝宗實錄』

『尊周彙編』,『朝鮮事大斥邪關係資料集』 I (여강출판사, 1985),

『清史稿校註』(臺北, 國史館, 1986).

『清實錄』(국사편찬위원회 온라인 DB)

『淸入關前與朝鮮往來國書彙編 1619〜1643』(張存武葉泉宏 편, 臺北: 國史館, 2000)

『淸太祖武皇帝實錄』(『續修四庫全書』368, 上海古籍出版社, 2002).

『忠愍公林將軍要覽』(충민공임경업장군기념사업회, 1977)

『太祖高皇帝實錄』(『大淸歷朝實錄』, 新京, 大滿洲帝國國務院, 1937)

『太宗文皇帝實錄』(『大淸歷朝實錄』, 新京, 大滿洲帝國國務院, 1937)

『統相公實記』(박태근,『國譯 北征日記』, 한국정신문화연구원, 1980)

『休翁集』,『韓國歷代文集叢書』2221, (경인문화사, 1997).

2차 자료

강만길,『고쳐 쓴 한국근대사』, 창작과비평사, 1994.

강현모,『한국 설화의 전승 양상과 소설적 변용』, 역락, 2004.

계승범,「조선감호론 문제를 통해 본 광해군 대 외교 노선 논쟁」,『조선시대사학보』
    34, 2005.

계승범,「파병 논의를 통해 본 조선 전기 대명관의 변화」,『대동문화연구』53, 2006.

계승범,「광해군 대 말엽(1621〜1622) 외교 노선 논쟁의 실제와 그 성격」,『역사학보』
    193, 2007.

계승범,「조선 특사의 후금 방문과 明秩序의 균열」, 서강대학교 동양사연구실 편,
    『한중관계 2000년: 동행과 공유의 역사』, 소나무, 2008.

계승범,「계해정변(인조반정)의 명분과 그 인식의 변화」,『남명학연구』26, 2008.

계승범,『조선시대 해외파병과 한중관계』푸른역사, 2009.

계승범,『정지된 시간: 조선의 대보단과 근대의 문턱』, 서강대학교출판부, 2011.

계승범,「조선의 18세기와 탈중화 문제」,『역사학보』213, 2012.

계승범,「조선후기 조선중화주의와 그 해석 문제」,『한국사연구』159, 2012.

계승범,「17세기 중반 나선정벌의 추이와 그 동아시아적 의미」,『사학연구』110, 2013.

계승범,「위서와 소설 사이: 17세기 北征錄을 통해 본 北征日錄」,『서강인문논총』50,
    2017.

계승범,「영어권 학계의 호란 관련 연구 관심」,『한국사학사학보』46, 2017.

계승범,「같은 전쟁 다른 기록: 병자호란 초기 홍타이지의 국서와 조선왕조의
    국가정체성 문제」,『동양사학연구』147, 2019.

계승범,「삼전도 항복과 조선왕조의 국가정체성 문제: 허태구,『병자호란과 예, 그리고

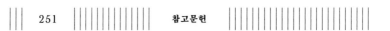

중화』(소명출판, 2019)에 대한 종합비평」, 『조선시대사학보』 91, 2019.

계승범, 「역사화해 관점에서 본 조선 숙종 대 노산군 복권 조치」, 『서강인문논총』 57, 2020.

계승범, 「정묘호란의 동인 재고」, 『열상고전연구』 71, 2020.

계승범, 「조선시대 한중관계 이해의 몇 가지 문제」, 『동아시아사 입문』, 동북아역사재단, 2020.

계승범, 『모후의 반역: 광해군 대 대비폐위논쟁과 효치국가의 탄생』, 역사비평사, 2021.

계승범, 「인목대비 폐위 논쟁의 본질과 인조반정의 성격 변화: 오수창 교수의 비평에 답함」, 『역사비평』 141, 2022.

계승범, 「현재와 대화하는 조선시대사」, 『역사학보』 261, 2024.

구범진, 『병자호란, 홍타이지의 전쟁』, 까치, 2019.

김남일, 「병자호란 시기 『승정원일기』의 전거 자료 『南漢日記』 연구」, 『한국사학사학보』 32, 2015.

김명호, 『환재 박규수 연구』, 창비, 2008.

김순자, 「고려말 대중국 관계의 변화와 신흥 유신의 사대론」, 『역사와 현실』 15, 1995.

김영민, 「조선중화주의의 재검토: 이론적 접근」, 『한국사연구』 162, 2013.

김용흠, 「정묘호란과 주화·척화 논쟁」, 『한국사상사학』 26, 2006.

김종원, 「정묘호란 시의 후금의 출병 동기」, 『동양사학연구』 12·13, 1978.

김종원, 『근세 동아시아 관계사 연구』, 혜안, 1999.

남호현, 「조청관계의 초기 형성 단계에서 '盟約'의 역할: 정묘호란기 조선과 후금의 강화 과정을 중심으로」, 『조선시대사학보』 78, 2016.

도현철, 「고려말기 사대부의 대외관: 화이론을 중심으로」, 『진단학보』 86, 1998.

박인호, 「'송원화동사합편강목'에 나타난 화서학파의 역사 인식」, 『조선시대사학보』 27, 2003.

박태근, 『국역 북정일기』, 한국정신문화연구원, 1980.

송미령, 「천총연간(1627~1636년) 지배체제의 확립과정과 조선정책」, 『중국사연구』 54, 2008.

송양섭, 「효종의 북벌 구상과 군비 증강책」, 『한국인물사연구』 7, 2007.

오영섭, 「19세기 중엽 위정척사파의 역사서술: 화서학파의 宋元華東史合編綱目」, 『한국학보』 60, 1990.

우경섭, 「조선중화주의에 대한 학설사적 검토」, 『한국사연구』 159, 2012.

유소맹, 이훈·이선애·김선민 옮김, 『여진 부락에서 만주 국가로』, 푸른역사, 2013.

유재성, 『병자호란사』, 국방부전사편찬위원회, 1986.

윤정, 『국왕 숙종, 잊혀진 창업주 태조를 되살리다』, 여유당, 2013.

이경선, 『한국의 전기문학』, 민족문화사, 1988.

이병도, 「광해군의 대후금 정책」, 『국사상의 제문제』 I, 국사편찬위원회, 1959.

이병윤, 「인조와 김상헌: 삼전도 항복 이후 척화신 처분 논쟁」, 석사학위논문, 서강대학교 사학과, 2023.

이이화, 「북벌론의 사상적 검토」, 『창작과 비평』 38, 1975.

이태진, 『조선후기의 정치와 군영제 변천』, 한국연구원, 1985.

장정수, 「17세기 전반 조선과 후금청의 국교 수립 과정 연구」, 박사학위논문, 고려대학교, 2020.

전해종, 『한중관계사 연구』, 일조각, 1970.

정두희, 『조선시대 인물의 재발견』, 일조각, 1997.

정성일, 「정묘호란과 조선의 무역정책: 1629년 日本國王使의 上京과 관련하여」, 『사학연구』 49, 1995.

정옥자, 『조선 후기 조선중화사상 연구』, 일지사, 1998.

주강현, 「서해안 어업생산풍습: 어업생산력과 임경업 신격화 문제를 중심으로」, 『역사민속학』 I, 1991.

진태원, 「신학 정치론에서 홉스 사회계약론의 수용과 변용」, 『철학사상』 19, 2004.

진태원, 「스피노자와 알튀세르에서 이데올로기의 문제: 상상계라는 쟁점」, 『근대철학』 3-I, 2008.

최기준, 「효종 초 김자점 제거 과정과 효종의 정통성 문제」, 『한국문화연구』 43, 2022.

한명기, 「광해군 대의 對中國 관계: 후금 문제를 둘러싼 대명관계를 중심으로」, 『진단학보』 79, 1995.

한명기, 『임진왜란과 한중관계』, 역사비평사, 1999.

한명기, 『정묘병자호란과 동아시아』, 푸른역사, 2009.

한명기, 『최명길 평전』, 보리, 2019.

한명기, 「조중관계의 관점에서 본 인조반정의 역사적 의미: 명의 조선에 대한 '擬制的 지배력'과 관련하여」, 『남명학』 16, 2011.

허태구, 「최명길의 주화론과 대명의리」, 『한국사연구』 162, 2013.

허태구, 「정묘병자호란 전후 주화척화론 관련 연구의 성과와 전망」, 『사학연구』 128, 2017.

허태구, 『병자호란과 예, 그리고 중화』, 소명출판, 2019.

허태구, 「광해군 대 박승종의 정치적 위상과 대외 인식」, 『한국학연구』 60, 2021.

稻葉岩吉, 『光海君時代의 滿鮮關係』, 京城, 大阪屋號書店, 1933.

寺內威太郞, 「17世紀前半の朝中關係の一齒句: 第二次瀋獄を中心に」, 『駿台史學』 96, 1996.

劉家駒, 「天聰元年阿敏等伐朝鮮之役與金國朝鮮兄弟之盟」, 『食貨』 7-10, 1978.

劉家駒, 「淸初徵兵朝鮮始末 (下)」, 『食貨月刊』, 12-12, 1983.

李光濤, 「朝鮮稱訟毛文龍功德碑文攷」, 『大陸雜誌』 11-6, 1955.

田川孝三, 「毛文龍と朝鮮との關係について」, 『靑丘說叢』 3, 1932.

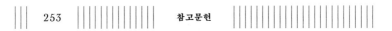

田川孝三,「藩獄問題について（上）」,『青丘學叢』17, 1934.

洪熹,「廢主 光海君論」,『青丘學叢』20, 1935.

Althusser, Louis, "Ideology and the Ideological State Apparatus", in his (translated by Ben Brewster) *Lenin and Philosophy and Other Essays*, New York: Monthly Review Press, 1972, 2001: 김동수 옮김,『아미엥에서의 주장』, 솔, 1994.

Baker, Donald, "A Different Thread: Orthodoxy, Heterodoxy, and Catholicism in a Confucian World", in JaHyun Kim Haboush and Martina Deuchler, eds., *Culture and State in Late Choson Korea*, Cambridge: The Harvard University Asian Center, 1999.

Balibar, Etienne, Translated by Peter Snowdon, *Spinoza and Politics*, London: Verso, 1998: 진태원 옮김,『스피노자와 정치』, 이제이북스, 2005.

Fairbank, John King, ed., *The Chinese World Order: Traditional China's Foreign Relations*, Cambridge: Harvard University Press, 1968.

Haboush, JaHyun Kim, "Constructing the Center: The Ritual Controversy and the Search for a New Identity in Seventeenth-Century Korea", in JaHyun Kim Haboush & Martina Deuchler, eds., *Culture and the State in Late Chosŏn Korea*, Cambridge: Harvard University Asia Center, 1999.

Haboush, JaHyun Kim, "Contesting Chinese Time, Nationalizing Temporal Space: Temporal Inscription in Late Choson Korea in Struve", Lynn A., ed., *Time, Temporality, and Imperial Transition: East Asia from Ming to Qing*, Mannoa: University of Hawaii Press, 2005.

Haboush, JaHyun Kim, *The Great East Asian War and Birth of the Korean Nation*, New York: Columbia University Press, 2016; 주채영 옮김, 2019,『임진전쟁과 민족의 탄생』, 너머북스, 2019.

Hobsbawm, Eric and Ranger, Terrence, eds., *The Invention of Tradition*, Cambridge: Cambridge University Press, 1983.

Huang, Ray, "The Liao-tung Campaign of 1619", *Oriens Extrenus*, Vol. 28-1, 1981.

Kye, Seung B., "The Altar of Great Gratitude: A Korean Memory of Ming China under Manchu Dominance, 1704~1894", *Journal of Korean Religions*, 5-2, 2014.

Li, Gertraude Roth, "The Rise of the Early Manchu State: a Portrait Drawn from Manchu Sources to 1636", Ph. D dissertation, Cambridge: Harvard University, 1975.

Rawski, Evelyn S., "War Letters: Hongtaiji and Injo during the Second Invasion of Korea", in Francesca Fiaschetti & Julia Schneider eds., *Political Strategies of Identity Building in Non-Han Empires in China*, Wiesbaden: Otto Harrassowitx, 2014.

Sumner, William Graham & Keller, Albert Galloway, *Folkways: A Study of Sociological Importance of Usages, Manners, Customs, Mores, and Morals*, Boston: Ginn and Company, 1906, 1940.

Wakeman, Jr., Frederic, *The Great Enterprise: The Manchu Reconstruction of Imperial Order in Seventeenth-Century China*, Berkeley: University of California Press, 1985.

찾아보기

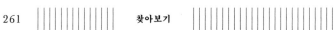

아버지의 그림자

2024년 6월 7일 1판 1쇄

지은이
계승범

편집 **디자인**
이진, 이창연, 조연주 박다애, 신종식

제작 **마케팅** **홍보**
박흥기 이병규, 김수진, 강효원 조민희

인쇄 **제책**
천일문화사 J&D바인텍

펴낸이 **펴낸곳** **등록**
강맑실 (주)사계절출판사 제406-2003-034호

주소 **전화**
(우)10881 경기도 파주시 회동길 252 031)955-8588, 8558

전송
마케팅부 031)955-8595, 편집부 031)955-8596

홈페이지 **전자우편**
www.sakyejul.net skj@sakyejul.com

블로그 **페이스북** **트위터**
blog.naver.com/skjmail facebook.com/sakyejul twitter.com/sakyejul

ⓒ 계승범 2024

ISBN 979-11-6981-205-4 03910